民間文書與媽祖廟之研究

卓克華◎著

謹以本書敬獻于

文化大學 吳智和教授 在天之靈

　　敬輓之：
智能才學人稱海內明史專家
和合處世榮退從此化龍仙遊

　　復悼之：
吳子明史與時進，學界眾口稱專業。
近當榮退林泉日，從此息肩品茗樂。
羅東波濤掀地起，溽暑寒雲滿天鋪。
兼程弔祭尤傷懷，夢裡雲漢化龍遊。
——書寫既竟，心猶餘哀，回想卅年，
　　硯席相交，品茗暢敘，兄竟先歸，
　　放聲一哭，悲乎。

趙　序

媽祖廟　古蹟情

　　《民間文書與媽祖廟之研究》著者卓克華教授與筆者因古
蹟結緣，筆者於民國72年在內政部民政司史蹟維護科承辦古蹟
及地方志書文獻業務，當時古蹟保存政策才在國內起步，《文
化資產保存法》對古蹟修復之相關規定不盡完備，故以行政命
令做相對配套措施，凡古蹟修復前必須先做調查研究，古蹟之
歷史沿革不容悖離史實，卓教授因參與古蹟修復之調查研究，
就此與其結緣。

　　歲月匆匆行走，世間情誼最久，筆者與卓教授相知近三十
年，以當前在古蹟界的輩分，我倆應算是元老級之列，很遺憾
當前執事者未能尊重過往投入古蹟保存的參與者，殊不知在國
內古蹟保存尚在啓蒙時期，是如何堅持理念貫徹政策，並與反
對者不斷進行溝通，以及評鑑古蹟時考慮諸多因素，嘔心瀝血
的過程，想起往事情景，歷歷在目，無法忘懷。筆者很想就多
年來參與古蹟保存之運作及實務經驗撰寫有關古蹟管理維護專
書及台灣古蹟史，一直未有行動，反觀卓教授賡續著書立說，
「好學近乎知」，其好學精神著實是位令人尊敬、佩服的學者。

　　歷史如果是一首歌，古蹟就是其中一個個音符，當這些

音符逐漸消逝時，這首歌就不再完美而動聽了。我們應該珍惜保存這些音符，才能讓這首歌悠揚的唱下去。古蹟見證歷史，不重視古蹟，就是毀棄歷史。本書所納入的雲林麥寮拱範宮、彰化二林仁和宮、彰化南瑤宮、馬祖金板境天后宮、新竹長和宮、新竹天后宮、香山天后宮、羅東震安宮等係主祀天上聖母媽祖，當年筆者承辦古蹟鑑定時皆曾參訪過，然對相關背景資料尚有所不足，書內經著者根據蒐集之文獻史料，使其內容更為完整正確，足見著者的嚴謹及用心。

正信的宗教文化能夠導正社會風氣，能夠淨化個人的心靈，媽祖為中國沿海各省居民主要之信仰，影響中國人的生活深遠。今天媽祖信仰在社會的功能扮演著重要角色，稱媽祖信仰為台灣之核心信仰實不為過。

針對目前媽祖信仰的發展與變遷，要使媽祖文化成為台灣的特色，確有必要促使產、官、學合一，集思廣益，才能推動順暢。現階段的台灣，政府對宗教文化的輔導做的比較少，政府組織再造上路，中央機關的內政部將成立宗教及禮制司，政府對宗教文化應該扮演什麼角色？政府要以怎麼樣的角度及指導方式來鼓勵從事宗教、文化藝術的活動？相信有識之士都抱著滿懷希望與期待，希望未來有更好的宗教文化政策，充實人民的生活。

本書可以說是探究臺灣媽祖廟的最佳讀本，可引發更多對媽祖文化的研究探討，使媽祖信仰更加發揚光大，確實意義非凡。閱讀本書之後，謹建議讀者應再親身走訪體驗，長一份見識，增一份閱歷，透過對古蹟的瞭解，緬懷先人刻苦奮發的精

神，可以省思未來的方向，也能夠加深對於生長土地的孺慕熱
愛之情。

趙文傑

謹識於瓊林書苑
民國101年9月1日
作者現任內政部專門委員
並為中華民國文化資產維護學會秘書長、
中華海峽兩岸文化資產交流促進會常務理事

王　序

　　與克華教授相識已近十年，記得雙方在開會的場合第一次
見面時，因互相熟讀對方的作品而一見如故，話匣子一開似乎
就停不下來。十年之間，見面的次數不多，維持淡淡的君子之
交，但每次見面總是談得非常愉快。克華教授成名甚早，早期
以行郊研究知名，後來轉入民間信仰與寺廟的研究，取得了很
好的成績。不過英雄總多磨難，十二年前突然的腦中風，對他
是一大打擊，導致身體行動略有不便。令人佩服的是克華教授
並沒有因爲身體上的磨難而終止研究，直到現在他仍然筆耕不
輟，且產量不少，令身體健康的我輩頗感汗顏。

　　此次克華教授將他過去研究媽祖廟的相關論文以「民間文
書與媽祖廟之研究」爲書名集結出版，呈現他有關媽祖廟的系
列研究，也特別強調這些媽祖廟研究應用了許多古文書與碑記
等資料。臺灣的寺廟研究在史料的應用上，有關清代的方志、
文集，日治時期的寺廟台賬、寺廟調查書等，都已經是相當普
遍性的材料。細緻的寺廟研究，有時就需要特別透過寺廟內部
的牌匾、文物與古文書、碑記等種種資料來進行。古文書一詞
是臺灣的用法，大陸稱契約文書，以古文書所包括的種類而
言，民間文書與官方文書乃相對應，克華教授想發揚古文書在
民間祠廟研究上的用意相當明顯。本書在內容上有雲林麥寮拱
範宮、彰化二林仁和宮、彰化南瑤宮、馬祖金板境天后宮、新
竹長和宮、新竹天后宮、香山天后宮以及羅東震安宮等幾座重

　　要的媽祖廟，每篇文章克華教授都獨具慧眼的點出該廟歷史發展上的問題，並透過古文書與碑記及相關史料等，加以論述。克華教授在寺廟研究上累積了深厚的功力，故往往能由寺廟中若干的史料及物件而提出發人深省的論述，此書的出版值得對臺灣寺廟研究有興趣的讀者一讀。

　　克華教授文思敏捷，除史學研究外，對於詩詞也有所鍾愛，身體的病痛更激發他以詩文抒發內心憂悶的心情，其詩文蘊含諸多感情，更顯露其為性情中人的性格。值克華教授新書出版之際，略述我對本書作者的認知與瞭解，也讓吾人對此一飽受病痛折磨的史學工作者的精神與毅力，表達誠摯的敬意。是為序。

王志宇 謹識

民國101年9月6日
逢甲大學歷史與文物研究所教授兼所長

黃　序

　　克華兄邀請我為本書《民間文書與媽祖廟之研究》寫序，在盛情難卻情形下，我就藉由這次機會，談談我所認識的老朋友卓克華先生，並粗淺地提出對本書的理解與大家分享。

　　記得第一次遇到克華兄是我們一起在宜蘭做古蹟歷史建築的調查工作的機會，大約已是十七、十八年前的事了，我們晚上住在旅社同一房間，工作結束閒來無事便促膝長談，博學多聞風趣幽默的個性、帶有一些憤世忌俗玩世不恭的態度，我們本來不是很熟的關係，很快便如多年老友般無所不聊，他對很多事情的看法亦令我眼界大開而受益良多。後來有一次在花蓮的歷史建築測繪工作機會，我們又住在一起，晚上相約在花崗山花蓮青年活動中心旅館附近散步聊天，年齡雖然稍長我一兩歲的他，但卻有很多的人生閱歷，他談到年輕時曾在補習班從事教學工作，當時有非常豐厚的收入，但辛苦忙碌工作的背後，卻換來對身體的損耗及家庭的影響，更導致日後中風行動不便與家庭失和。後來因為教育環境變化，便離開補習界到各大學與專科學校教書，因為廣博的學教內容與風趣的上課方式，很快獲得學生的愛戴，最後在佛光大學升等取得教授資格，乃實至名歸。

　　克華兄與本人曾經在同一所學校（中國科技學院）任教，當時有很多機會與他碰面，可以時常聽到他的高談闊論或心中抱怨，而我有什麼問題或疑惑也常向他請教，他總是不吝指點

迷津，讓我受益良多。後來他離開轉到佛光大學任教，因為工作地點不在一起，便不常碰面，偶爾相遇他總是很關心我的教學工作與求學狀況。本人如有相關古蹟或歷史建築調查研究工作，有關歷史部分我一定請克華兄幫忙，而他即使再忙都會全力支援完成使命，因為他在這方面的學養與人望，有他出面協助都可以順利完成，所以對我而言，他不僅是我的良師益友亦是很好的工作夥伴。

克華兄在歷史學術方面的成就，尤其是在古蹟歷史建築文化方面，可說是當今翹楚，而他最令我敬佩的是他對學問求知若渴，對眞相追根究柢的態度，雖然身體中風而不適於行，但他並不因而阻礙或改變他的觀念。記得有一次他因為身體不適住院治療，我聞訊趕赴醫院探望，即使柔弱的身體在意識不清、言語不明的情況下，仍然勉強打起精神告訴我，他一定在幾天後完成答應我的工作，令我感動萬分，所以他的為人給我很大啓示，人生在逆境時更要樂觀進取積極面對，能認識他實是我這生很大的榮幸。

本書《民間文書與媽祖廟之研究》主要是探討台灣與馬祖地區媽祖廟天后宮的發展與變遷歷程，克華兄將這些多年研究成果整理彙集而成。他透過古蹟歷史建築調查研究機會，從廟方取得一手民間文書或口述歷史資料，再從這些檔案資料中抽絲剝繭挖掘事件眞相，加上他本人在這方面豐厚的知識與閱歷，找出這些媽祖廟天后宮之興建過程與發展歷程。本書的內容，可以指引一般大眾對傳統廟宇或媽祖神明的認識，更對歷史或古蹟建築發展有興趣的人士，提供這方面詳細的資料與參考文件。今天有機會替老友的新書寫序，實在內心既喜悅但又

惶恐，因為要我談到對本書的心得，這對並非學歷史的我，實感汗顏而不知從何談起，最後我想就將我這些年來對克華兄的認識以及對本書閱讀後提出一些感想與心得，希望能讓大家多瞭解他的為人與做事態度，從另一角度去閱讀克華兄的新書。

黃天浩

民國101年9月25日

執業建築師暨中國科技大學助理教授

目　錄

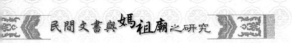

第一章

雲林麥寮拱範宮

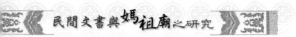

第一節　拱範宮之創建年代與時代背景

　　雲林縣麥寮拱範宮、北港朝天宮、馬鳴山鎮安宮、台西安西府，號稱雲林縣香火最旺、信徒最多的四大廟。拱範宮位於今雲林縣麥寮鄉中正路三號。拱範宮之創建年代有如下四種說法：

(一)康熙二十四年（1685）乙丑：據林錦元《麥寮拱範宮沿革誌》記載：拱範宮崇祀開山聖母之始，溯於公元1685年清康熙二十四年乙丑，由湄洲純真老禪師，佩奉湄洲廟（原朝天閣）正六媽神像，自海豐港登陸到臺，恭祀於故海豐街。聖母威靈顯赫，百禱百應，普受崇敬，經地方善信虔誠叩求聖母金身留臺永祀，遂發起建廟，並新塑諸神像以便崇祀，廟名「拱範宮」意求「拱衛範圍之生靈平安永康」。迨至乾隆年間，新虎尾溪洪水成災，分三大支流沖入海豐港，港口埋沒，居民流離，旋奉聖母指示，於公元1742年乾隆七年壬戌，神人一志，遷建於現處，迄今朝民國九十六年（2007）廟史已達三百二十三年。[1] 此說之出處源自昭和十三年（1938）八月之「天后廟拱範宮改築敘」碑文所述：

我麥寮建廟伊始，據故老相傳之言：自康熙時代有湄洲僧佩奉天后六媽雲遊渡臺，卓錫於故海豐港街之拱範

宮。洎乾隆年間，溪水氾濫，分三大支流橫沖入街，遭難居人皆流離失所，市井坵墟，諸豪商乃相土地之高低，辨水味之鹹淡，開設商埠，於此地招集失所之難民而家焉！而廟名仍稱拱範，沿舊號也。

(二)嘉慶五年（1800）庚申：此說出自光緒二十年（1894）倪贊元《雲林縣采訪冊》所記：[2]

拱範宮：在麥寮街，三楹、三進，廊房九間，嘉慶庚申年公建。前殿祀天上聖母，後殿祀觀音大士。道光壬辰年，舉人林廷璋，林世賢重修。

(三)乾隆十九年（1754）甲戌：此說出自日治初期（明治三十年，光緒二十三年，1897）調查之《社寺廟宇明細賬》，記拱範宮創建年代為乾隆十九年，位在海豐堡麥寮街，廟宇建地二百坪，廟地一千二百九十八坪。[3]

(四)乾隆五十年（1785）乙巳：此說明出自相良吉哉《台南州祠廟名鑑》記載：所在地崙背庄麥寮，奉祀神明有媽祖、觀音佛祖、文昌公、關羽、朱衣公、千里眼、順風耳，信徒有一萬人，例祭日為舊曆二、六、九月各十九日、三月二十三日，管理人林連來（住麥寮六十五番），財產有宅地零點三七七零甲，養魚池有零點四一三零甲。廟之沿革：乾隆五十三年，當地發生海嘯全庄住家皆流失，獨媽祖廟倖免於難，庄民奇之，以後在虎尾溪南岸遷祀。嘉慶十七年、明治

三十九年（1906）有大修繕，直迄今日[4]。另增田福太郎在《台灣宗教信仰》之記載與之大同小異，只是創建年代語焉不詳，記「乾隆五十餘年創建」，傳奇神蹟多了一則：「昔麥寮庄（今之崙背庄麥寮）附近遭土匪攻擊，傳聞因媽祖著白衣，跨神馬率兵出陣，土匪狼狽逃走。」並對清代之海豐港注解「今之虎尾郡海口庄內」等等。[5] 兩人之紀錄所以大同小異，蓋皆源自大正年間調查登錄的〈寺廟台賬〉，文同，茲不再贅錄。

以上諸說，紛紜不一，莫衷一是，更有拱範宮媽祖乃分香自鹿港天后宮之說法，[6] 益增困擾。以下試先從拱範宮創建年代稽考起：

上述諸說，以乾隆年代居多，且出自日人之調查，似乎可信，但歷史考證，不是以數量為據。以傳述年代而論，以倪贊元著述去古年代最接近，則似以嘉慶年間可信，但光緒二十年（1894）離嘉慶五年（1800）也有九十四年之久，也未必可信，蓋諸說均採自後人傳說之詞，屬二手、三手史料，皆不可據憑，然則創建年代究竟為何？竊以為仍以康熙年間可信，理由如下：

1. 今廟中猶存一石製古香爐，上面落款為「康熙辛丑仲夏吉旦／泉州弟子曾初敬奉」，辛丑年為康熙六十年（1721）。

2. 廟後殿左側廂房供奉開山和尚純真璞公禪師牌位，牌位正面（陽面）落款如下：「開山傳臨濟正宗圓寂比丘上

純下眞□璞老和尚蓮座／孝徒妙音妙化孝孫徒善圓仝奉
祀」，妙音、妙化、善圓分別爲拱範宮七、八、九代
住持，任期分別自嘉慶六年（1801）至道光二十一年
（1841）[7]，可知此牌位乃創製嘉道年間，但隨著近年鹿
港龍山寺之整建，出土兩方古墓碑，其中之一即純眞和
尚（詳見下文），雖不能因此而證明純眞和尚爲康熙年
間人，但也至少證明確實有其人其事。

　　但創建年代卻無法精確指出爲康熙二十四年（1685），前
引碑文只是指出「康熙時代」並無明確講出幾年，廟方之所以
指明爲康熙二十四年（1685），說穿了只是要避開爲鹿港舊祖
宮分香之說法，因爲舊祖宮的諸多傳說創建年代之一正是康熙
二十四年（1685），拱範宮之明確說明創建於二十四年，只是
想要證明兩廟興建於同時，因此沒有誰從誰分香而來的問題。

　　另外要注意的一點是：碑文中很清楚的說明「湄洲僧……雲
遊渡台，卓錫於……拱範宮」，是以純眞和尚到達海豐港街時，
早已有了拱範宮，換言之，拱範宮創建於先，純眞和尚佩奉六媽
來到爲後，這又符合清初《大清律》之規定：「凡寺觀庵院，除
先年額設，現年處所外，不許私自剙建增設，違者杖一百，僧道
還俗，發邊充軍。若僧道不給度牒，私自簪剃者，杖八十。」[8]
也就是說不許僧道私自創建寺廟，或私自收徒弟，簪剃出家，這
也說明了爲何清代臺灣許多屬於道教或民間信仰的廟宇，常有
許多僧侶住持的現象，因爲他們不能私自創建寺廟，只能住持
現成的寺廟宮觀，更何況清代臺灣純佛寺少，宮觀多，也無從
選擇，更容易形成佛道不分、三教合一的俗信現象。

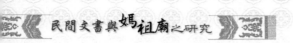

這裡還需進一步說明，爲何拱範宮的創建歷史年代會紛紜不一，這又與海豐港街的滄海桑田，變動不一的自然地理環境有關。

按，台灣西部沿海之平原與港灣，大體可分爲沿海、平地、丘陵三部分地域與地形，港灣地帶多屬沙岸，易形成河口港與潟湖港（即泊地未必位在河口入海處），因而使得臺灣西部沿海多半具有「洲潟海岸地形」的特徵，其變遷易形成濱外沙洲→濱外沙洲與陸地連結成沙嘴→沙嘴內側形成潟湖港→潟湖淤淺陸化成沼澤溼地→沙嘴變爲沙丘→沙丘化爲新海堤，潟湖開發成鹽田、或農地、或水產養殖→外海又形成另一道濱外沙洲→沿海聚落不斷向大海方向推進。因此臨海及臨河的聚落，在梅雨及颱風季節期間，將直接面對洪水威脅，故一開始或事後在聚落選址的考慮，基於實際的生活經驗，當然會選擇「避洪」的區位特性，以及在建築規模、建材、形式上會配合當地風土。

此外沿海聚落居民所面對的海是「內海」（也即是潟湖），而非「外海」，洪泛時，內海或潟湖可當作具有蓄存洪水功能的「洪水緩衝區」，在洪泛發生時，發揮調節功能，不必然發生致命的災情。[9] 但是港灣就不一樣了，隨著漂沙及土石流淤積的作用，港口可能時深時淺，港道可能時寬時窄，更可能舊港口淤積陸化，洪水沖出一新港口；反之，也有可能新口被淤積，舊口反而又沖出一航道，造成港口位置變遷不一，時上時下，時左時右，或寬或狹，或深或淺，變幻不定，遷徙不時。

台灣西部的大河，基本上多屬於枯洪流量懸殊的荒溪型河

流，流路在河口地帶多呈扇狀分流，由一分爲多，向海奔流，導致流路不穩定，河道變遷頻仍，因此臨河聚落較其他內陸聚落不穩定。拱範宮所在的昔年海豐港更是如此。

雲林縣位於台灣中部西岸，介於濁水溪、北港溪、清水溪和台灣海峽之間，轄域地形以濁水溪沖積扇爲主體，沖積扇以濁水溪爲界，北翼屬於彰化縣，有彰化平原；南翼屬於雲林縣，有嘉南平原。而雲林地區地處濁水溪沖積扇的南半部，其境內的河道系統錯綜複雜。根據水系分布，可知濁水溪下游河道，在雲林地區曾有過相當頻繁的變遷，河道的變動，不僅常造成水患，危及居民生命財產的安全，另一方面也反映出地表的高度變化，影響到農地的水田化。河道的時常變動與梅雨季節的河水暴增，這些頻率密集的水患，不僅導致雲林地區大片街庄田園頓成澤國，且在洪水退後，砂礫泥淖遍野，吾人可在清代志書中常見「田園多浸」、「沖壞村莊埤圳」、「沖毀民廬甚多」、「木石民舍多被漂流，屍橫溪埔，不計其數」等等字句，可作佐證，可知雲林縣自古以來，不僅水災頻繁，而且經常災情慘重。[10] 因此就此一面向來審視拱範宮創建於康熙年間，後因大水沖毀的民間耆老傳說，可信度相當高，不必以鄉野傳說而鄙棄之。

再次，尙可以清代志書之記載作爲佐證，予以申述一、二：

清代早期志書並無海豐港、街之紀錄，尤其是修於康熙年間的蔣毓英《台灣府志》、高拱乾《台灣府志》，並無任何隻字片語提到海豐港、街，但刊於康熙五十六年（1717）的周鍾瑄《諸羅縣志》，在〈卷一封域志·山川〉中很明確的提

到虎尾溪合濁水溪，北分東螺溪，又南匯西螺溪，最後「匯於
海豐港，海汊，商船到此，載脂麻、粟、豆。港水入至北路防
汛前止，入於海。」值得注意的地方是在提到「台仔挖」時，
下注「舊港名，港口原有浮嶼，內可泊船，近年嶼沒港淺，南
風時人多於此捕魚。」，可知早在康熙年間，此一帶港口即是
潟湖港，一方面河道變動不一，港口也是變徙不一。而海豐港
也不僅僅是一進出農作土產的港口而已，周鍾瑄前引書在〈卷
七兵防志・總論〉中已建議朝廷「後壠諸港實與鹿仔、三林、
海豐、笨港各水汛相為表裏，宜割半線以上別為一縣。」同卷
「水師防汛」中記「海豐港原係笨港汛巡邏，添設海豐港一
汛，遊、守按季更輪，千、把總一歲再更。各港汛並設砲台、烟
墩、望高樓，以防意外之警。」再記「三林港，南距海豐港，北
距鹿仔港各水程一潮。……另分海豐港，在三林、笨港之中，取
汲之所。目兵十名，防守港岸，設砲台、烟墩、望高樓各一。」
[11] 凡此皆足以凸顯海豐港在康熙五○年代已崛起，已是重要的
商港、海防要港，更重要的是中部諸港的補給淡水的「取汲之
所」。

　　雍正年間的海豐港情形，尹士俍《台灣志略》上卷〈全郡
形勢〉載：「彰邑雖新設未久，而城郭市廛，頗就條理，衙署
營盤，漸成局面。……市有鹿港、海豐之盛，規模宏遠，不亞
鳳、諸。」、「彰邑所轄為……海豐港保，合十二保，計八千
零三十戶，共男女三萬四千六百五十三丁口。……其敬媽祖諸
神，亦仿郡城。……鹿仔港亦水陸四達之區，穀行、糖舖，其
盛倖於笨港。……海豐、水林各港，多捕魚討海以為業者，頗
食貧自安。」[12] 簡單數行，描繪出海豐港之盛況，一方面商況

可匹亞鹿港，一方面點出媽祖信仰熱烈，而另一方面則又突顯此地區中下階層百姓以捕魚討海為業，也能安貧樂道。一地一港之市集商貿不是一夕可蹴，顯然海豐港自康熙年間的發展，直到雍正年間的發達繁華也是至少經歷了三十年左右，因此就此一面向從志書文獻的探討析論，拱範宮之創建於康熙年代，可能性很高，只是一開始是草寮茅舍的小祠。

　　本節針對拱範宮創建於康熙年代之可能性，作了一番探討縷析，末了再針對「廟名」的意涵做簡單的分析：

　　《沿革誌》中解釋廟名「意求拱衛範圍之生靈平安永康」，這是誤解了「範」之一字，「範」是指「壼範」，是頌揚媽祖的后德母儀值得模範，值得學習。「拱」指眾信徒兩手合抱致敬，環繞拱衛且拱拜，當然也可以解釋為天后媽祖「垂拱而治」，要之「拱範」兩字要比台灣其他媽祖廟之取名「×天」、「慈×」典雅得多，且符合祂「天后」的身分地位，我們從正殿中諸多楹聯可以得到印證，廟方實在不可再解釋成「範圍」涵意，既狹窄且錯誤，只是不知當初取此廟名者是誰？是何方雅士文人？更無法確定是否一開始就取此廟名（按碑文紀錄是說沿襲舊號，恐未必可信，廟的建築一開始僅是一草寮小祠，便取號拱範宮，與情理不合），亦或是後來遷建才取此名，這一切只有待追尋更多史料而說明了。

第二節　清領時期的遞嬗

　　雲林地區各地的開墾，早自明末就有傳聞顏思齊、鄭芝

龍等人沿著北港溪、舊虎尾溪向東北方，進入口湖、水林、北港、土庫、虎尾及嘉義西海岸的一部分，其後又由此分之向西北發展。因此，雲林縣早期開拓以西南方為主，而北港尤為據點核心。嗣後至明鄭時代設屯拓田，開墾地區集中在今北港、水林、斗南、斗六、古坑一帶，僅是點狀散布。其中又可分成兩路，一路來自西邊，以蚊港為起點，但面臨西部濱海地區多沙洲、沼澤，不易開拓之環境，所以並不順利，因此開拓年代也較晚。

另一路來自東邊，由竹山往斗南、林內、北港及水林附近，該地域富有水利之便，較為順利，但卻面對著原住民平埔族他里霧社、猴悶社、柴里（斗六）社之抗爭。但大體而言，康熙中葉，大批漢人入墾，加快水利灌溉的開發，聚落日多，且是固定性集村，「漢番」關係也日趨緩和，漢人取得了相當的成果。[13] 因此雲林地區的開拓，康熙年間以斗六丘陵為主，雍正年間則以濁水溪沖積扇為主，海岸隆起平原則遲至乾隆年間才開拓完成。但是海豐堡為濱海地區，地利不肥、灌溉缺乏，旱田居多，故形成以種植耐旱雜糧的「麥」為主，出現了麥寮的聚落與地名。

麥寮街的興起與其港口海豐港的發展有直接密切的關係，清代志書從乾隆起，除了仍保持有關「海豐港」的記載，內容大同小異外，開始出現了「海豐港街」的記載，如乾隆七年（1742）劉良璧《重修福建台灣府志》有「海豐港街：距（彰化）縣治西南八十里。」[14] 的紀錄，他如刊於乾隆十二年（1747）范咸《重修台灣府志》、刊於乾隆三十九年（1774）余文儀《續修台灣府志》等均有提及，內文相同，茲不贅引。

據以上志書充分反映此地在乾隆年間已由「港」而「市」的發達情形。更可想見昔年爲魚邨蟹舍，帆船竹筏，往來其間，終於發展成人來人往商販貿易之熱鬧街市。

　　海豐港街應大致在今麥寮鄉境內，關於麥寮地區的拓墾情形，幸日治時期曾做過調查，補強了清代志書的缺失。如雍正八年（1730）有福建省張、陳、石三大墾首，向南社平埔族人承租埔地，召佃拓墾，至乾隆十五年（1750），開闢新虎尾溪口爲港口後，發展成一街市，三大墾首也在乾隆三十九年（1774）分業，其後張家大租權轉售林韞記、吳春藻、林孫穎、吳道源等。而今麥寮鄉的橋頭、沙崙後、施厝寮、雷厝、許厝寮等地，約在乾隆末期至嘉慶初年，由泉州籍民向南社平埔族人承租開墾，後來大租權轉移到林、吳、陳三大姓，至光緒十四年（1888）後，大租權成廢止狀態。[15]「廢止」字義不明，或是指佃農抗租，或是無人應佃，總之，反映了開墾耕種之不容易。其困難原因如前所述：河道變遷頻仍、河川流量洪枯變化大、全年高溫、降水季節分配不均、風沙大蒸發強、陂圳修築困難、水田化不易、窪地排水不良易遭水患等等原因，因此造成西部近海地區幾乎都是旱園、耕地率低、大租權的轉移相當頻繁，或賣渡、或轉典，因此這一帶墾殖時代雖早，長年在原地經營的墾戶稀少。[16] 我們可從刊於道光十六年（1836）周璽《彰化縣誌》卷六〈田賦志・田賦〉記載，充分反映此一事實：[17]

　　　惟二林、深耕、海豐、布嶼四保，田少園多，土少沙多，海濱廣斥，未濬畎澮，故土瘠而民貧也。若園則但分肥、

磽而已。麻、麥、荏、菽，異植並茂，斯為土肥；又若山巔海滋，種多穫少，水崩沙壓，草宅禽響，匪惟惰農，囷有黍稷，即能力穡，亦鮮有秋。

雖說拓墾如此不容易，但雲林地區至乾隆年間，全區已大致開拓完成，麥寮地區亦是如此，不僅形成聚落，更發展成街肆，背後意涵反映此街市舖民住戶，以商賈、手藝為主，亦即以商業機能為主，農業機能為次。

此一時期拱範宮之變遷，志書無載，目前唯一可參考引用者，厥為廟中之碑文：「洎乾隆年間，溪水泛濫，分三大支流橫沖入街，遭難居人皆流離失所，市井圯壚，諸豪商乃相土地之高低，辨水味之鹹淡，開設商埠，於此地招集失所之難民而家焉！而廟名仍稱拱範，沿舊號也。初時建廟不過草創，俾善信者得所瞻拜而已。」[18]

碑文並未明確指實洪水泛濫年代，只是含糊記載是「乾隆年間」，廟方居然指實為「乾隆七年壬戌（1742）」，經覆查徐泓編《清代台灣自然災害史料新編》，乾隆七年確有濁水溪泛濫成災：「虎尾□□□□兩條亦屬圳道，乾隆七年間，圳頭沖決，水勢歸圳西流，曾沖去三十餘庄。」[19] 另，倪贊元前引書亦提及：[20]

虎尾溪，一名清水溪，發源水沙連堡內山……至布嶼東堡之浦仔莊，居民鑿道引流為大有圳，灌漑十八張犁，大有莊等處田園。乾隆中，溪水大漲，將王厝藔、山仔腳、潮洋厝、龍巖莊、孫厝藔、莊厝藔、呂厝藔、洪厝藔、有才藔，及百畝莊、架仔頭、三塊厝、長藔莊、興化藔、海豐保、韓

增蓁、北外湖莊、番婆莊等村，北南兩岸沙地沖刷成溪，是
為新舊虎尾溪分道之始。然自改道後，舊溪每為沙土淤澱
（原文作墊，應是澱）。

依據文中所提「圳頭沖決」，「曾沖去三十餘庄」等關鍵
文句對照，應該所記是指同一件事，即乾隆七年的確發生一場
洪水泛濫的大水災。今人陳國川經由輿圖與府志的比對，得出
結論，乾隆時代濁水溪下游河道較前期分歧，其中西螺溪在觸
口到西螺之間，出現網流帶；虎尾溪則分成虎尾舊溪跟新溪兩
支，並指出志書、輿圖所記載的東螺溪，應為西螺溪之誤。[21]
惜未能明確考證出確實年代，僅含糊依據輿圖，說明大約是乾
隆二十二至二十六年（1757～1761）。

但前引〈社寺廟宇明細賬〉言拱範宮創建年度是乾隆十九
年，相良吉哉《台南州祠廟名鑑》中記創建年度是乾隆五十年
（1785），並謂是乾隆五十三年（1788）當地發生大海嘯，
沖毀全庄，遷建虎尾溪南岸。增田福太郎的描述，或許發現
此一年代之矛盾：海嘯發生於乾隆五十三年（1788），後遷
建虎尾溪南岸，則遷建年代應在五十三年之後，卻出現了五十
年之創建說，遂改成攏統的五十餘年創建說。關鍵在於乾隆
五十三年（1788）是否的確發生過洪災，經查徐泓前引書，
僅記乾隆五十三年二月中部大雨水，乃轉據周璽《彰化縣誌》
中「五十三年春二月，大雨水。」而已，[22] 大雨水與大海嘯不
同，且發生全庄被沖毀災害，志書或地方官應有奏報之紀錄才
對，今全無隻字片語的記載，因此此說未必可信。乾隆十九年
（1754）之說，經再查志書與徐泓書，十九年之前數年是否有

災害紀錄才有遷建之可能性，經查雖迭年都有紀錄，但是多為大風雨，對船隻、農作有損害，並無嚴重到沖毀村莊之記載。在對照廟方記載，謂當年遷建過一次後，未有再遷建之說，似乎以乾隆七年之說最為可信，且有依據。否則在乾隆年間，前後遷建凡三次，未免駭人耳聞，反啓人疑竇。因此乾隆七年（1742）遷建之說是諸說中最有可能性，且有史料依據的。

另，尚要注意者有二：出面倡建為「諸豪商」，此豪商即郊商也。此時廟之規模及建材應是簡陋，才會客氣且老實的指出「不過草創」，供瞻拜而已。我們對照麥豐村光大寮的眾寶堂，碑文中記：原為簡陋竹造建築，咸豐年間改建為磚瓦杉造。亦可想見拱範宮早年或為茅茨土墼建築，也就是建材應不外乎茅草頂，土塈牆之類。只是令人不解者，既為有錢的諸豪商倡建，又慳吝的建設成一簡陋的廟宇，想來或與大難之後「相土之高低，辨水味之鹹淡，開設商埠，於此地招集失所之難民而家焉」的因素有關。蓋商埠初設，人群未集，尚無急迫性的需要興建規模壯麗的大廟吧！

嗣後「至嘉慶庚申年（按，五年，1800）始行建築，廣大其規模，宏壯其廟宇，畫棟雕樑煥然，改舊觀矣！」此即《雲林縣采訪冊》所載：「三楹三進，廊房九間，嘉慶庚申年公建。」[23]，不過根據碑文接續所記「道光丁亥年復行脩繕，富商楊長利復獻地建築後殿，崇奉觀音佛祖」，則可知嘉慶庚申年之建築規模是兩進兩廊三開間，且尚未供奉觀音菩薩。且根據「始行建築」一句，可想見其前之規模確是「草創」簡陋僅供「瞻拜」而已，所以才會造成誤解，以為拱範宮創建於嘉慶五年。再，此次既為「公建」，可見從乾隆七年（1742）至嘉

慶五年（1800），歷經五十九年的發展，海豐港街（或可稱麥寮街），已開埠成市，人群商號蝟集，開務成物，已充分具備一定的經濟條件，可以建設一座大廟了。

到了道光年間，又有一次的擴建，碑文續記之：

> 道光丁亥年（七年，1827）復行脩繕，富商楊長利復獻地建築後殿，崇奉觀音佛祖，其建築費用獨自負擔；廟之脩繕款項，雖所費不貲，董其事者如林佛護、林日茂、林長發、吳新盛、黃鍾西、楊恆仁、林水利、許義盛、吳萬好、楊振利、吳益巽等，亦皆向義樂善，只於本街各商店勸誘，決不向他處捐題分文，所有不足則此十二人照貧富分擔。古之所謂好義奉公者，若楊長利諸人誠無愧焉！

此一碑文內容可解讀分析如下：

(一)隨著乾隆四十九年（1784）清廷開設鹿港與泉州的蚶江通航貿易，道光四年（1824）又開設彰化縣之五條港（即海豐港）與蚶江對渡，更加強了鹿港與海豐兩港商販往來。此次擴建十二董事中有不少是鹿港大商號之郊商（如林日茂即是，而楊長利亦頗有可能是鹿港泉郊郊商），正可反映其時海豐港與鹿港之間有頻繁的商貿往來。

(二)此次勸募「只於本街各商店勸誘，決不向他處捐題分文」，可見在嘉道年間，此時期麥寮街市商舖住民之經濟實力，足以支撐一座大廟的建築及維護經費，已非乾隆時期可比。這一次擴建，經費可謂完全由商人

階層負擔，也突顯了商人在此港口市鎮之地位與影響力。更重要的是，我們從日後拱範宮祭祀圈之範圍不僅僅是麥寮鄉而已，而是包括附近四個鄉鎮，使得原先不相接的村庄聚落，連接在一起，整合成一個大區塊，形成一體感，過程中拱範宮媽祖信仰扮演了重大角色，我們或可說明原先因農作土產的買賣輸運而形成此一市場體系的區域，但形成之後，不能只依賴商業之維繫與運作，其他諸多神聖世俗事務，也有賴宗教信仰神明靈威來維持運作，其間有一個看不到的象徵層面的連接，麥寮商人階層在此次擴建中獨自負擔所有經費，實同時具有展現實力、熱心虔誠與收服人心（指其他較貧苦之勞動農漁階層）之眾多作用。

(三)較可怪者，既然已在道光丁亥（七年，1827）擴建，不過五年，《雲林縣采訪冊》記「道光壬辰年（十二年，1832）舉人林廷璋、林世賢重修」，筆者本以為是志書將「丁亥」誤成「壬辰」之誤記，但是巡查今廟中諸多匾聯，右側廊道上尚懸有一匾「神昭海表」，上下落款為「道光壬辰小春重脩／丙子科舉人林廷璋、世賢全立」，可見志書記載無誤。唯一合理解釋，此次擴建，規模壯大宏觀，工役前後延續五年，當然個人也不排除，可能資金募款不順，工役時斷時續，牽扯延長達五年。

(四)林廷璋、林世賢之科名，據《彰化縣誌》卷八〈人物誌‧選舉〉記：「二十一年丙子（沈捷鋒榜）：林遜賢（附生，改名世賢，祖籍晉江人。捐內閣中書）。

林廷璋（附生，與胞姪世賢同榜，年俱未冠。軍功以直隸州州同儘先補用）。」[24] 不僅兩人爲叔姪關係，兩人更是鹿港日茂行之族親，又再度印證了鹿港郊商與麥寮拱範宮之密切關係與商貿關係。

(五)另一方面我們也需環顧一下道光年代時港街的概況，《彰化縣誌》記海豐港「海汊」，麥仔寮街「屬海豐保，距邑治七十里。」，海豐港街「屬海豐保，距邑治七十五里。該處舊有澳口，可泊商船，今隨澳遷移，如王功宮、番仔挖等處，以泊船處爲街。」海豐港各庄名中有「麥寮街、光在寮、中山莊、許厝寮、施厝寮、同安厝、澄海寮」等等。[25] 可知海豐港街已脫離麥仔寮街，是不同的兩條街肆，麥寮也由「庄」升格成「街」，越見繁華熱鬧。

而同治年間又有一次修建，碑文再記：

> 延至同治甲戌年（十三年，1874），時移世殊，丹青剝落，廟貌傾圮。當地領袖林樹枬、林欽若、吳道源、許復盛、林世芳人等提議重修，因召集諸行郊舖戶暨有志者詢謀僉同，罔有異言，決議就貨物及穀豆之出入，千分抽一以當經費。一面籌款，一面動工，土木並興；工事未及完竣，而所費不敷，林樹枬物故，髹飾工事亦逐停止，殊為缺憾！厥後地運，風沙疊起。迨帝國領台以後，戶口蕭條，市況衰颯，已不堪設想矣！

此段碑文內容值得注意者有下列三點：

(一)從道光十二年（1832）到同治十三年（1874），時隔四十二年，按台灣古建物的修復週期為三十至五十年，是該到了修復時間，更何況濱海地區，更是飽受含鹽的海風吹襲侵蝕。

(二)此地雖有行郊舖戶，可惜不是大郊商（見後），經濟能力有限，終因籌款不足，造成工事停頓。透過此次例子，正可說明前述道光時期的脩復工事，之所以從道光七年（1827）直到十二年（1832），前後延續五年之久，有可能是相同的原因，即「一面籌款，一面動工」而「所費不敷」，基於此相同情況，我們應當視道光年間的修建不是二次，而是一次，即道光七（1827）年至十二（1832）年，工期前後五年。

(三)復次，我們從抽分稅項，「決議就貨物及穀豆之出入」，對照康熙年間的「商船到此，載脂麻、粟、豆」，可以得知百年來，海豐港的進出貨物種類，變化不大。更因抽分項目不過是些五穀雜糧的貨物稅，收入有限，以致造成籌款不足，花費不敷，加上主持人捐館，而致工事停頓。不過我們從「髹飾工事亦遂停止」，似乎反映此次修建工程，大體完成，只剩彩繪、油漆部分尚未完成。

等到光緒年間，割台前夕，吾人可透過倪贊元《雲林縣采訪冊》了解其時代背景：時海豐保轄六十八莊，其中「麥寮街，四百九十戶、三千五百三十丁口」，要強調的一點是：麥寮街是海豐保六十八莊中戶口最多的一街，其次「崙仔頂

莊，二百七十五戶，一千二百十六丁口」，再次「溪頂莊，一百五十七戶，七百九十六丁口」、「頂客厝莊，一百十三戶，六百七十三丁口」，由於清代只計算男丁口，不含女口，如果以一戶男女人口估計為五口為基準，作一估算的話，清末的麥寮街約有490戶，人口2,450人，算是一個大街，人戶眾多。

同書復記港口「海豐港，在麥寮街西北，由陸路至街十一里。港口水深丈餘，商船每於（此）避風寄碇，然南北皆有沙線，不能容大船，惟載千餘石者可入港。交易則赴北港，以麥寮無大郊行故也。」可知海豐港此時已成一潟湖港，在〈海防形勝〉中記「海豐港在麥寮街西南十一里，為外洋海汊，南北皆有沙線。港口水深丈餘，可容千餘石之船。同治元年（1862），林文察統兵援台，遣總帶林國泰等乘船渡海，由此登岸。」，又記「縣治……海汊凡四：曰北港、曰海豐港、曰蚊港、曰下湖港，而溪流之通海者，不在此四港內。惟北港、海豐港為大商船於此寄碇，然皆有沙線綿亙甚長，大船不能進口，惟載千餘石之船得至焉。有文武口，專管驗船之事。凡商船由金、廈、南澳、澎湖、按邊等處來者，皆由本地官給發船照；進口日，即呈文武口照驗掛號，然後得卸貨交易。載貨既畢，向文武口請領船單……然後出口，船單由營、縣發給，每月須將存根送署，已被查考。」

街市項載：「麥寮街，在縣西四十七里，乾隆中成市。」，營汛「海豐汛，在麥寮街外委一員。」祠廟項記拱範宮，前文已多次引用，茲不贅。[26] 惜不見同治年代之修建紀錄。

　　總之，據以上之記載，此時期之海豐堡已淤積成一潟湖港，成為鹿港、北港之外港或替代港，販售物品百年來未有大變化，可容載千餘石商船進出，麥寮街是海豐堡最大的街市，戶口最多，最為繁華，惜僅是鹿港、北港等地大郊商的分部行棧所在，談判、交易、大批買賣，或仍在鹿港、北港進行，而非麥寮街。更要注意者，自從咸豐十年（1860）開港通商後，引進外商資金與技術，同光年間促成茶、糖、樟腦貿易大興，北台灣日益開發繁榮時，相對於北台灣，中部台灣的濱海地區，卻像夕陽西下，日薄崦嵫，已開始日趨沒落，同光年間麥寮拱範宮之修建不順，正反映了時代的變遷，提供了一個警訊，一個象徵，一個見證的角色！

　　拱範宮在清代的遞嬗演變，大致稽考如本節，末了，再針對廟中住持傳承世系交代如下：按廟方《沿革誌》中有「歷代住持」一表，但稱呼卻分成「僧人」、「住持」兩類，其前為僧人，其後皆為住持，茲條列於後，並略加解釋。

　　第一代僧人：純真老禪師，自康熙二十四年至康熙六十年（1685～1721）。

　　按今後殿左室開山殿內供奉有純真和尚牌位，茲抄錄如下，陽面：「開山傳臨濟正宗圓寂比丘上純下真□璞老和尚蓮座／孝徒妙音、妙化，孝孫善圓全奉祀」，內涵有，但空白無字。妙音與妙化、善圓分別為七、八、九三代住持，皆為「僧人」，時代為嘉道年間，可知此蓮座非康熙時代原物，乃嘉道年間所立，據今廟中住持吳世鎧告知，當年大水之後，廟被沖毀，純真老和尚下落不明，生死不知。另，須再加補述者，「純真」為其法號，「□璞」為其譜名燈號，空格一字為其世

系輩分，此牌位為後人所立，顯然不知純真字輩，只得空著。
復次，清代臺灣諸多道教或民間信仰廟宇，駐廟僧人大多是臨
濟宗派，在拱範宮又得一例證。

　　民國七十五年（1986）年底在整修鹿港龍山寺時，於後院
發掘出土兩方古墓碑，一為「龍山寺開山純真璞公和尚塔」，
另一為「龍山寺善圓滿公禪師墓」。龍山寺管理委員會遂委託
地方文史工作者擴大搜尋相關資料，民國七十六年（1987）
在第一公墓發現一座墳墓，為三人合葬墓，墓碑上銘文，橫題
「龍山寺」，下由右至左依次為，「善圓滿公禪師／開山純真
璞公墓／湛明德公禪師」[27]。此三方墓碑之出現，可能要重寫
鹿港龍山寺歷史，由於非本文之主旨，姑置不論。但證明了純
真、善圓皆確有其人，益添拱範宮《沿革誌》中「歷代住持」
之記載可信。筆者遂再遍閱有關鹿港舊祖宮及鹿港龍山寺諸多
著作及一手史料，終究無以證實拱範宮分香自舊祖宮之說，反
倒發現麥寮拱範宮與鹿港龍山寺，雙廟往來之密切關係：

(一)純真和尚確有其人，同時是麥寮拱範宮與鹿港龍山寺
　　之開山祖師。但兩廟之間彼此不存在誰從誰分香之關
　　係，因為一供奉媽祖，一供奉觀世音菩薩，或許有人
　　會從此點反而提出質疑？但在台灣一廟內同時供奉兩
　　神，一為主神，一為陪祀，所在多有，並不奇怪。

(二)拱範宮八、九兩代住持妙化，善圓（見下文），也確
　　有其人，妙化為龍山寺乾隆五十一年（1786）遷建的
　　禪師，嘉慶二十一年（1816）轉往拱範宮弘法。善圓
　　則是嘉慶二年（1797）由泉州開元寺派來龍山寺，道

光十年（1830）轉往拱範宮弘法。據此推論純真和尚與妙化和尚很有可能原即是泉州開元寺僧。

(三)兩廟之所以能有如此密切往來之交誼，王清雄認為幕後扮演吃重推手角色的「厥是泉郊大戶日茂行家族」。此說雖「無稽」卻「有據」，蓋道光年間，龍山寺與拱範宮之重建，大興土木，林家皆大力支持。林家也運用拱範宮辦理聯莊守禦，抵抗張丙，鄉梓賴以安靖。[28] 皆是有力的佐證。

第二代僧人：方法，自康熙六十一年至雍正十一年（1722～1733）。

第三代僧人：正宗，自雍正十二年至乾隆十五年（1734～1750）。

第四代僧人：志輝，自乾隆十六年至乾隆三十六年（1751～1771）。

第五代僧人：妙華，自乾隆三十七年至乾隆五十四年（1772～1789）。

第六代僧人：能珍，自乾隆五十五年至嘉慶五年（1790～1800）。

第七代僧人：妙音，自嘉慶六年至嘉慶二十年（1801～1815）。

第八代僧人：妙化，自嘉慶二十一年至道光九年（1816～1829）。

第九代僧人：善圓，自道光十年至道光二十一年（1830～1841）。

　　按，前述純眞和尙蓮座，妙音，妙化自稱孝徒，似乎爲純眞的門徒，於理應是第二、三代住持，但清代臺灣諸多廟宇的世系傳承，有隔好幾代者，自稱「孝徒」，故不能據此認定爲次代傳承。但善圓自稱「徒孫」，則確是「孝徒」妙音，妙化的次一代。

　　第十代僧人：然脩，自道光二十三年至道光二十六年（1843～1846）。

　　第十一代僧人：慈參，自道光二十七年至咸豐十一年（1847～1861）。

　　按開山殿中另奉祀有一心和尙牌位，有內涵，內涵中另夾有一紅紙，爲生辰簿，內中記載：「臨濟然脩公，慈參一位魂儀奉祀／生於乾隆丙寅年（十一年，1746）拾月貳拾辰時生／卒於咸豐戊午年（八年，1858）拾月拾陸日未時別世」，此一生卒年，不知是然脩還是慈參，據住持表，慈參任期至咸豐十一年（1861），則顯然是然脩和尙的生卒年，是則然脩享年一百一十三歲，百歲人瑞雖有可能，但在當年平均壽命不高的普遍情況下，其可信度仍待考。而然脩在道光二十三年（1843）接任住持職位時，已是九十七歲高齡，卸下住持職務已是百歲零一，也是不可思議，或許這是他任期只有四年之因，這一切疑問？在未有更多史料挖掘出現前，只有存疑待考了！

　　第十二代僧人：妙彌，自同治元年至光緒三年（1862～1877）。

　　第十三代僧人：一心，自光緒四年至宣統元年（1878～1909）。

　　按一心牌位也在開山殿，其陽面：「臨濟正宗圓寂比丘上一下心之靈位／孝徒連來並徒孫得敬全立」，內涵爲「仙命顯老僧師蔡一心靈魂／啓仙生於咸豐戊午年（八年，1858）八月二十二日吉時建生／去世卒于大正元年（民國元年，1912，按大正元年是從12月25日開始，則該年應是明治四十五年才對）八月初八日未時別世」，可知一心和尚俗姓蔡，名啓仙，享年五十四歲，他正好橫跨清代，日治時期兩階段。以下住持進入日治時期，茲留待下節再詳述稽考。

第三節　日治時期的變遷

　　甲午戰爭敗，清廷割台，日人入據臺灣，長達五十一年。日治初期，前引碑文已記「戶口蕭條，市況衰颯」，續記「後值戊戌年洪水氾濫，護室潰壞，廟宇亦有棟折榱崩之勢。當茲陽九百六之秋，人氣冷靜，凡言重修之事，莫不退縮。」戊戌年爲光緒二十四年，明治三十一年，西元一八九八年，是年又發生洪水氾濫，沖潰左右護室，本應重加修建，卻是人氣冷靜（漠），莫不退縮，其原因是值「陽九百六之秋」，何謂「陽九百六」？《辭海》「陽九」條解釋：古代術數家的說法，四千六百一十七歲爲一元，初入元一百零六歲中，旱災之歲有九，稱爲陽九；次三百七十四歲中水災之歲有九，稱爲陰九；再次四百八十歲中，旱災之歲又有九，其餘尚有「陽七」、「陰七」、「陽三」、「陰三」等，因以指災難之年或厄運。《漢書‧食貨志上》：「予遭九陽之厄，百六之會，枯旱霜

蝗，飢饉荐臻。」[29] 是知「陽九百六」是指水旱災難之年，或厄運之年，但只是水旱災厄運，並不會令鄉民善信如此冷漠害怕，尚有其他原因。按此年是日人佔據臺灣的第三年，其前有柯鐵、簡義等人在大坪頂抗日，日人則展開慘無人道殺戮報復，史稱「雲林大屠殺」。反使雲林地方抗日尤烈，日總督兒玉，乃以今村平藏為招撫委員，透過士紳吳克明、鄭芳春等誘降，陰曆九月十一日（日曆十一月二十四日）海豐崙林朝海、林寬印等，相繼降日。[30] 個人最初懷疑，或許麥寮地方抗日義士，在當年有可能利用拱範宮作為抗日基地，作為商議指揮之所，在此政治肅殺敏感時候，鄉民自然退縮不前，不願多事重建寺廟，但經查《台灣總督府警察沿革誌》並無任何相關之記載，但「寒蟬效應」應該是有的。

　　嗣後情形，碑文再記：

> 時有林仁慈者，平素樂善好施，見義勇為，首先提倡，柬邀布、海兩堡諸耆老聚會，共議修繕事宜，凡來與會者，悉皆贊成。遂與林啓綬、林炮、蔡純、林清池等連名請願，旋蒙督府許可，於是募捐金召工匠。又恐籌款維艱，議將五文昌神像移祀於左護室；而舊文祠之磚石移入本廟，補助建築之用，基址加升三尺之高，再增築右護室，以為僧人之禪房。自丙午年（明治三十九年，1906）興工至戊申（明治四十一年，1908）秋，全部告竣。此役工事雖然苟完苟美，而董事之奔走，亦云盡瘁矣！

　　此次修建工程，前後三年告竣，恢復左右護室，右護室供僧人住居，基址加高三尺，以避免淹水之患。而更重要地是，

將原有的舊文祠中的五文昌神像移至左護室，並移用其廟部分磚石的舊建材，二廟合一，其原因「又恐籌款維艱」，是可知「舊文祠」亦是同樣受到戊戌年洪災之患，需要重建，此一文祠即彰德祠，倪贊元書有載：[31]

> 彰德祠：在麥寮街西北三百餘步，堂宇三楹，前後兩進，旁室五間，年收六成大租銀二百八、九十員，以為奉祀文昌帝君火。道光十四年（1834）十月，舉人丁捷三、生員張嘉言重建。

文中所涓的「六成大租」，應該是指當年劉銘傳清賦後採取大租「減四留六」一事，即以小租戶為納稅義務人，同時減少其原納給大租戶的大租四成。反之，大租戶免去納稅，但大租收入減為原來的六成。明治三十年（1897）〈社寺廟宇明細賬〉亦有調查記錄，只是名稱是「彰德社文祠」：建地五十四坪，廟地一千零三十八坪四合，廟產有旱園地一百五十甲，但均為荒地。位在海豐保麥寮街，創建年代為道光十四年（1834）。除此之外，在布嶼東堡埔姜崙街有一「文昌祠」，道光戊戌年（十八年，1838）創建。[32] 倪贊元書另有一布嶼西堡的「萃英祠」：[33]

> 萃英：在縣西三十二里布嶼西堡褒忠庄。堂宇三間，正殿祀文昌帝君，後進三間，左右各二間。道光十五年（1835），監生張克厚，舉人丁捷三、增生張嘉言倡建。每年田租銀二百五十元，以供香祀。光緒七年（1881），監生張銘玉、附員生張銘獻捐修。

　　彰德祠、萃英祠、文昌祠等廟宇的出現，不僅見證了時代的變遷，反過來說更印證了時代的變遷。即前述海豐堡麥寮街等地在乾隆七年（1742）大水沖毀庄社後，擇地新建拱範宮，至嘉道年間，經濟高度發展，人文隨之蔚起，出現了奉祀有關科舉文教神明的文昌祠，也出現了文人士子結社的「彰德社」、「萃英社」等廟宇。

　　以後沿革，碑文續記：

> 庚戌之歲（明治四十三年，1910），諸信仰者復組織祭典會，加入會者共二十五保，越己未年（大正八年，1919），共奉聖駕往湄洲　謁祖進香，又奉迎湄洲祖廟四媽聖駕來台，永駐鑾於本宮。由是，神光普照，屢顯異蹟，問禍福，卜休咎，無遠弗屆，香火之盛徧於遐邇，山陬海澨莫不信仰。

　　有關拱範宮回湄洲祖廟謁祖一事，程美蓉碩士論文〈從麥寮拱範宮遶境活動看信仰文化中人群的結合〉中有詳實的報導，其始末經過，茲不贅引。[34]

　　另外，值得我們注意的是：此時透過媽祖信仰成立祭典會，加入者含括附近二十五保，並劃分為七大股，也代表人群整合的成功。出現了超血緣、超鄉鎮、超祖籍的神明會組織，拱範宮已升格為公廟，扮演一個聯結機制的象徵核心。當然此一地區在經濟生產，地理環境，族群結構相近，容易形成一社群聯結；加上媽祖的「后」級神階，及超鄉黨信仰的色彩，更增加了有利條件。從小祠到公廟，一路發展下來，拱範宮也面臨了廟中人事、組織的重整。

拱範宮在明治四十三年（1910）前未設有會長一職統理諸事；於是在該年召開董事會議時，為加強宮務的統籌及管理，經決議專設會長一職（名譽職），日治時期的歷代會長名單如下：第一任會長林清池，任期自大正八年到十一年（1979～1922）；第二任會長為林友學，任期自大正十一年至民國四十七年（1922～1958）。[35] 此後在大正、昭和年代，拱範宮發展成擁有信徒一萬多人，香火極旺的大廟。在此期間常應邀到外地出巡贊香，茲舉例如下，如《台南新報》大正八年（1933）三月十日第四版報導：

（上略）既報斗六商工會之恭迎媽祖，果於去八日舉行，是日下午一時，陣頭、樂隊、獅陣、藝閣等陸續集合於受天宮廟前，……誠極一時之熱鬧也。翌九日，仍由斗六商工會，恭迎受天宮新興媽祖遶境……十、十一、十二日三日間，乃由街有志者，恭迎南港媽祖、鹿港湄洲媽，並麥寮、斗六諸媽祖，遶斗六街一帶。此三日間，餘興亦多……但見飲食店、料理店，並諸客館門前若市，收入倍多，亦可暴利一時也。

同報大正九年（1934）三月二十一日第四版報導：

（上略）斗六街實業協會，十九日夜，於煙草賣捌所，開臨時役員會，特議恭迎媽祖事宜。……期間自二十六日即古曆二月十二日起，互及五日間恭迎北港、鹿港、彰化、麥寮、及該地媽祖遶境……屆期定見一番熱鬧，街民莫不翹首期待。

果不其然，同報三月二十五日第四版，續報導：

「（上略）本擬來二十六日（古曆二月十二日）起奉迎繞境……遂變更自二十八日（即古曆十四日）起，亙及五日間，恭迎北港、鹿港、彰化、麥寮、及該地媽祖，盛大舉行，各商團現正準備各種藝閣及餘興。」

同報同年四月九日第八版報導：

（上略）西螺三山國王祭典，並請麥寮正湄洲媽祖參加。當日神輿數十座，餘興有藝閣、布馬、獅陣、南北管、子弟團行列。二十五日夜間之餘興，有火龍團之弄舞，音樂團分東西二處競爭，奏唱，頗稱盛況。

又如《拱範宮沿革誌》亦記有一則：[36]

民國九年，公元一九二零年（按大正九年）庚申，臺灣南部三廳，於同年四月二十六日起十六天，在嘉義召開共進會，並慶祝新廳廈落成。當時嘉市商公會特恭迎本宮三媽蒞臨任嘉市城隍廟奉敬。區長蘇孝德、徐杰夫等，率廣大民眾致祭。時嘉市郊區疫癘流行，仍恭迎本宮三媽遶境，並以符水賜飲，大痊安。後由工商會奉獻金貢旗，以謝聖恩。

蘇孝德、徐杰夫兩人皆有傳[37]：

「蘇孝德（1878～1943），字朗晨，號櫻村，嘉義，西堡美街（今成仁街）人。先世蘇半城於乾隆間自關渡台，

墾荒興業，四傳而至孝德。日據後，畢業於國語傳習所。
1904年補用為嘉義廳通譯，1907年任嘉義廳區長，兼據山
仔頂，台斗坑兩區長。1913年依願解職。孝德自少即受漢
文教育，善行書，詩文燈謎俱工。嘗加入茗香吟社，1923
年與賴雨若，林玉書等人邀嘉義廳下羅山吟社、玉峰吟
社、鷗社、焱社、穀音吟社等十個詩社，合為「嘉社」。
不置會長，而設專務一人，常務三人，理事，評議員若干
名，被推舉為首任專務。翌年四月主持五州詩人聯吟大
會於嘉義市公會堂，集全台六十七社詩人，計231人於一
堂，並相偕遊覽阿里山，分韻賦詩，即一時之盛。其詩多
詠物及懷古寫景之作，惜未當結集流傳。1934年卒，年
六十六。」

「徐杰夫（1871～1959），官章念榮，號楸軒，嘉義西堡
山仔頂莊人。原籍廣東嘉應州鎮平縣人。曾祖徐元星於乾
隆間渡台，營賈為業，累資鉅萬。至其祖台麟，適逢戴萬
生之亂，始遷嘉義。父德新行三，五叔德鎮係前清進士，
工部屯田司主事，嘗棄財修玉峰書院，奧為縣學，又委為
清賦總局丈量事宜，協為團練，獎賜五品職銜頂戴花翎。
家門頗榮，為地方望族。杰夫為光緒十八年（1892）秀
才。日據後，1908年（明治四十一年）被任為山仔頂區庄
長，1912年授佩紳章。次年十月任嘉義廳參事兼嘉義區
長。前此1911年3月被舉為嘉義銀行理事，至1914年3月更
被推為該行董事長。好詩文，善奕棋，係嘉義羅山吟社社
員，經常詩酒酬唱，其詩文中有濃烈故國之思。光復後，

於民國四十八年（1959）去世，享壽八十九歲，非僅高壽，亦是台灣序中人最後去世者。」

據此可知從清代直到日治時期，麥寮與鹿港、嘉義兩地，因地緣及交通之便利，三地人士、信徒及商貿往來密切，連綿不斷。但是好景不長，碑文記「但是廟宇雖重修未久，因水害頻仍，滄桑多變，燥濕不時，榱題樑棟，蟲蝕蟻侵，不無朽腐之患！」接著又載：

自十年前（按指昭和三年，1928）遂提議改築，只為群小煽惑，地方未靖，未蒙官廳許可。延至庚午（昭和五年，1930），既得允准，即以林炮君專董其事。一經提倡，萬眾歡欣，踴躍輸將，接續而至。商賈獻盈餘之利、農人奉勤勵之財，不過一月，即集萬金。由是漆匠工師、石匠工師，或自北方而至。或自對岸，皆求請負幼細工事。從此木匠竭雕刻之智，石匠盡琢磨之能，花鳥人物各不相讓。洎乎工事告竣，四方來觀者莫不讚美稱善。（下略）紀元一九三八戊寅八月，許錦若拜撰並書。

改建之役，獲得主管官廳許可，在昭和五年三月三十一日，第三百六十號之《台南州報》第341頁〈彙報〉項有核准文件記載，文件內容略如后：「許可年月日：昭和五年三月二十五日」，「募集之目的：為拱範宮媽祖廟之改築」，「募集之方法：有志者之任意寄附」，「募集之區域：台南州下」，「募集時間：自昭和五年三月二十五日至昭和八年三月二十四日」，「募集之金額：貳萬六千圓」，「出願者之住

所職業氏名：虎尾郡崙背庄麥寮一四五番地，雜貨商林炮外二十九名」[38]。

　　林炮其人相關志書，詞典皆無其傳，《台灣歷史辭典》倒有「林抱」條目，不知是若即是「林炮」其人，抑或「抱」為「炮」之誤寫，茲轉錄於后，以供參考。：「林抱（1894，12，7～？）嘉義市人，朴子公學校畢業，從事雜貨，土地建物買賣致富。後將資產投入交通事業，1928年（昭和三 年）成立嘉義自動車合資會社，1932年更名為嘉義自動車株式會社。業務興隆，可謂南台灣交通界巨擘。此後，歷任台南州自動車協會評議員，西門町第六保保正，嘉義市會議員，戰後出任嘉義客運公司董事長，商工日報社社長，嘉義縣議會員，副議長。」[39]

　　此役從昭和五年（1930）開始重建，翌年動工，十二年（1937）竣工，前後八年，不但規模更加宏偉壯麗、地基又升高七尺二寸，於昭和十五年（1940）二月三十日辰時，安龍謝土而完成圓醮。並留下諸多石碑，一則敘述始末，二則公開收支，三則昭信大眾，計有：「天后廟拱範宮改築敘」、「拱範宮改築收支決算表」、「拱範宮八服（即八股）人丁負擔總寄附額」、「拱範宮改築捐題碑記（甲）」、「拱範宮改築捐題碑記（乙）」等五方，及廟內觸目皆是的柱聯。

　　此次修建工事也有許多特色及特異處：

(一)重建改築會長為林炮，全體董事計有57人，若再加上「書記林有慶」，總共58人，人數可觀，為全台少見。村里代表有「麥寮、瓦磘、沙崙後、架子頭、山寮、大有、中厝、五塊厝、舊庄、草湖、貓耳干、曾

厝、施厝寮、橋頭、三姓、後安寮、蚊港、番子寮、
阿坤厝、新吉庄、下許厝、同安厝、昌南、湖頭、馬
鳴山、媽祖埔」等，遍及麥寮鄉，及部分元長鄉、台
西鄉、東勢鄉、褒忠鄉、崙背鄉、土庫鎮，若再加上
各地捐獻信徒的里貫代表，幾乎可用「全郡（虎尾
郡）總動員」來形容，可見鄉民對此次重建工程之重
視與熱忱，碑文中形容「一經提倡、萬眾歡欣，踴躍
輸將……不過一月，即集萬金。」是寫實之語，非虛
詞也。

(二)此役信徒捐獻計三萬七百五十一日元三錢，花費三萬
三千七百五十一日元三錢，不足之處以「本廟油香金
並金器賣却收入」，另加上信徒捐獻實物補足，例如有
「一大殿及天公亭地上舖用六角磚，土庫庄埔姜崙林
格奉獻」、「一新塑鎮殿媽香柴崙背三姓許際著（以
下名單略）」等等皆是。

(三)正因工程浩大，經費龐大，引得海峽對岸、台灣南北
各地匠師，紛紛前來應徵，爭取工程，不知是否擲筊
之後兩方相同，抑或雙方技藝傑出，勢均力敵，不得
不採用對場作方式以擺平泉州溪底派、漳州派兩方匠
師，於是正殿、拜殿，由泉州溪底派匠師王樹發主
持；漳州派施作三川殿、後殿；大木匠師陳應彬（彬
司）率徒弟陳專琳、廖石成、陳選卿、黃騰等協助，
由林寅持篙，與泉州溪底派前後對場作。另外，木雕有
黃龜理、石雕蔣九仔、正殿交趾燒則由陳天乞、姚自
來，彩繪則是潘春源（科司）等匠師操作，參予匠師

均是一時之選，各擅勝場，匠藝主題不僅有西洋人物、西式猛獅，也有龍宮水族、人生四暢、十二生肖吊籃，顯現當年兩派勾心鬥角，思有突破，壓倒對方，因此形成既有創意新穎，復有傳統之美的廟宇藝術，成爲全台少見的對場作佳品。

(四)不僅廟宇建築形成對場作，連神像之重塑新雕也形成兩方競爭合作。時黃龜理以黃景仁（甲組）爲名，和林冠昌（乙組）與廟方簽訂之契約書，今倖尚存，可窺一二，契約書內容如下：「右者雙方於本年舊曆參月貳拾五日，向麥寮拱範宮改築會長契約。請負鎭殿大媽外五尊，代金四百九円。今般甲組爲工事之都合上，雙方協議，將此左記請負之額，分爲甲、乙兩組，新雕白身者爲甲組，修繕、按金、造線及粧式者爲乙組，雙方承諾左記之條件」，惜契約書中僅提及「鎭殿大媽壹尊」、「呂夫子壹尊」、「彫媽祖貳尊」等四尊，餘一尊是何神明，不得而知。由於民間匠師之資料一向少見，茲附圖如下（見**圖1-1**），以供參酌。

(五)「決算表」碑文，記載諸多開支項目，大體可分爲材料費，如「材木料、煉瓦磚、石料、洋灰、石灰、油漆原料，雜用品」等，人事費用則有「石匠、木匠、土水工、小工、塑像工、油漆工、搬運工、書記、雜費」等，此碑文實有益日治時期臺灣建築史之用，足以明瞭其時之物價、工價、及諸種建材、工料之費用。

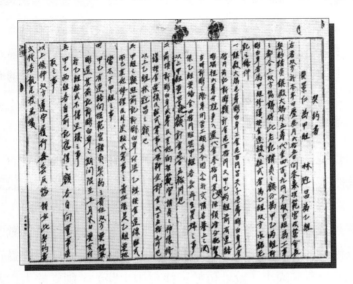

圖1- 1　台北縣文化局提供翻拍（教育部出版Ⅲ輯p482.483）

長久以來台灣各廟宇，對於「匠師資料」保存較不爲重視，想要找這類文件時，往往得求助於外界。這張合約書是黃龜理以「黃景仁」爲名和重建會會長林炮所訂立的合約。其中另有一名匠師爲「林冠昌」，兩位匠師爲修繕六尺高的鎮殿媽祖，與拱範宮所立之契約。

此次拱範宮之改建工程，自是地方一大盛事，因此《台灣日日新報》在昭和七年（1932）十一月二十四日第四版有詳細之報導，標題爲「虎尾郡麥寮媽祖廟／拱範宮盛大入廟／式廿七日起四日間繞境」，內文如下：

虎尾郡麥寮拱範宮媽祖廟自本年春間，由該庄協議會員林炮氏，林喬椿氏，林友學氏等外數名，發起改築興工。特聘二主（應是「組」字之誤）之名匠，雕刻人物花鳥等。而於二主之工匠盡鈎心鬥角，各揮技能，其所造作頗言精

細，廟貌極形壯觀。擇定來新（曆）十一月二十六日，即古曆十月二十九日，舉行入廟安座。又定古曆十月二十七日起，四日間，恭迎聖駕遶境。茲者各股內人眾，籌備詩意藝閣、南北歌管、獅陣、宋江等，計有五十餘團，各團爭奇鬥巧，屆期定有一番鬧熱云。

以上大體為日治時期廟中大事，須稍作采訪補述者有：初日人據臺，於翌年（明治二十九年，1903）決定於麥寮街設置分署，意將署衙設於拱範宮大殿，遂將媽祖神像遷置後殿，是夜分署長夜夢媽祖示警，惶恐難安。次晨親至宮廟行禮致歉，遂另覓他處設署，並捐贈日式神轎一頂以為賠罪，今神轎猶存。[40] 再，今麥寮國小（校址位於麥津村中山路），創立於大正九年（1920），日治時期為崙背公學校之麥寮分校，是麥寮鄉成立最早的學校，分校初設，來不及營建，校舍曾一度暫設在拱範宮的兩側廂房。[41] 前述彰德祠位置，約在今麥寮國小西邊一帶，當年拱範宮重建，移用彰德祠磚石建材，神像移置廟內，麥寮分校初設在拱範宮實亦有其歷史淵源也。略述一、二軼事，以存舊時情事。本節末了，續針對歷代住持補述整理如下：

第十四代僧人：得敬，自宣統二年至民國三年（明治四十三年～大正二年，1910～1913）。

第十五代僧人：澄寶，自民國四年至民國二十六年（大正四年～昭和十二年，1915～1937）。

今開山殿亦祀有彼牌位，陽面：「臨濟正宗圓寂比丘上澄下寶之靈位」，內涵「亡者林連來／生於光緒乙亥年（元年，1875）九月十六日丑時建生／卒於昭和壬午年（十七年，

1942）正月初四酉時別世」，今殿中左側牆壁掛有其肖像，下方之文字說明如下：「湄洲渡臺開山媽祖住（持）拱範宮純真老和尚／十五代門下主持林連來法號澄寶遺像」。嗣後住持依次是楊是命、吳世鎧兩位先生。

第四節　光復以來沿革

光復初期，媽祖屢屢顯示神蹟，或鼓舞美化環境，或施霖救旱，或預告八七水災，或拯救火災，或起死回生、或移風濟民，居民得以安靖，農作乃得豐收，靈爽赫赫，遠近信眾更加信服。香火亦愈興旺。[42]

此期間有兩度擴建、修建工程，如民國四十七年（1958）興築香客大樓，以供日漸增加之香客住宿。六十年代整修三川殿屋脊，成為重簷之假四垂，幸內部保留原有昭和年間重建之屋架，並未損壞。當年林衡道參觀調查後，撰文有褒有貶，如：「近年把廟宇內外粉刷成朱、綠、藍、白各種顏色的組合，顯得粗俗不堪，殊為可惜。」、「而此殿（指正殿）雀替之美與橫樑之精雕，更是目前各廟宇之佼佼者。」、「整體而言，拱範宮保存的古蹟，尚稱完善，而且建築上不乏古色古香的架構，若非重漆花色丹朱的油漆，此廟應更具古樸味道。」[43]

總的說來，今日拱範宮歷經擴建重建，其建築平面格局為三落七殿、一埕五院的形式，七殿分別為：三川殿、拜殿、正殿、後殿、文昌殿、神農殿、開山殿。一埕指的是龍虎門前面的廟前廣場。五院則是：正殿前天井、文昌殿前天井、後殿前

天井、開山殿前天井。

奉祀神明：正殿主要為媽祖、脇祀千里眼、順風耳、同祀中壇元帥、龕下有虎爺。左殿為文昌殿，奉祀五文昌夫子，及大成至聖先師牌位、倉頡先師牌位。右殿神農殿奉祀神農大帝，並配祀龍王、水仙尊王、龍頭，兩側奉太歲星君。後殿供奉觀音佛祖，兩旁聖父母、兄姊神位，及註生娘娘，兩側十八羅漢。關於廟中諸神像來歷，據廟中執事提供之簡冊介紹，錄之如下：

1. 湄洲正六媽神像，自清康熙二十四年（1685）乙丑，崇祀至今。
2. 鎮殿大媽暨二、三、四、五媽神像，自本宮奠基崇祀至今。
3. 後殿觀音佛祖暨諸神像，自清乾隆三十年（1765）乙酉，崇祀至今。
4. 右殿五穀王暨諸神像，自清道光丁亥年（八年，1827年）崇祀至今。
5. 聖母祿位，於清光緒七年（1881）辛巳，本宮往湄洲祖廟謁祖進香，途經廈門，聖母顯靈救災，由廈門人士新雕奉獻，迎回本宮奉獻至今。
6. 左殿五文昌夫子暨神像，自光緒二十六年（明治三十三年，1990）庚子八月，迎遷本宮，崇祀至今。又大成至聖先師孔夫子之祿位，自民國三十六年（1947）丁亥二月初三日奉祀至今。
7. 新大媽暨新二、三媽神像，自民國七年（大正八年，

1918）戊午三月二十二日崇祀至今。

8. 湄洲四媽神像於民國己未（八年，1919），本宮前往湄洲謁祖進香，特由祖廟迎回本宮崇祀至今。

9. 新四、五、六媽神像，自民國八年己未八月二十八日崇祀至今。

10. 慶二、三、四、五、六媽暨馨二、三、四、五、六媽神像，自民國二十一年（昭和七年，1932）壬申四月十三日崇祀至今。

11. 聖父母、聖兄、諸聖姊神位，自民國二十七年（昭和十三年，1938）戊寅年九月重陽，崇祀於後殿至今。

12. 副湄洲四媽神像，自民國二十九年（昭和十五年，1940）庚寅正月十五日崇祀至今。

13. 隆二、三、四、五、六媽暨恩二、三、四、五、六媽等十五尊神像，自民國四十八年（1959）己亥九月初二日，崇祀至今。

14. 自民國五十年至六十六年間，先後新塑聖母副駕有202尊，應各地善信恭迎鎮安。

諸神聖誕祭典，其年中例祭如**表1-1**。

除每年固定的祭典外，另值得一提的尚有謁祖、清醮及遶境活動，茲簡述如後：[44]

拱範宮媽祖神像分靈自莆田湄洲朝天閣，清代時即曾數度前往湄洲祖廟謁祖進香，日治時代以大正八年（1919）一行為著；光復以來以民國七十八年（1989）為始，於同年農曆八月二十九日啟駕，在基隆港出航，另有二百名信徒搭機前往香港

表1-1　麥寮拱範宮諸神佛聖誕千秋祭典日期

曆		神佛名稱
一月初九日		玉皇上帝聖誕暨開燈法會
一月十五日		天官大帝千秋
二月三日		文昌帝君千秋
二月十九日		觀音菩薩佛誕
三月二十日		註生娘娘千秋
三月二十三日子時		天上聖母聖誕（春祭）
四月二十六日		神農大帝聖誕
九月九日		聖母飛昇紀念日（秋祭）
十二月二十四		送神、謝燈法會

會合，再乘船轉往湄洲祖廟，歷經十天行程，於九月八日返抵基隆港，隨即遊行市區。再經高速公路由西螺下交流道，至瓦磘村由信徒徒步接駕回宮，完成謁祖接香活動。

　　至於祈安清醮方面，往昔多在地方水旱、瘟疫流行時舉辦，敬奉祈安三朝醮以祈謝神恩。往後在明治四十三年（1910）為慶祝廟殿修繕竣工、大正八年（1919）為慶祝湄洲謁祖進香完成、昭和七年（1932）為慶祝媽祖分身神像及觀音佛祖安座，與廟體修建完成、昭和十五年（1940）為慶祝廟體修建完竣、及安土禮，但因戰爭時期，簡化改為一朝清醮。光復後，曾在民國三十四年（1945）、三十六年（1947）、四十三年（1954）舉辦清醮。近來盛大的醮典，則以民國七十三年（1984）為慶祝媽祖渡台三百週年為著，並有梨園、舞龍、舞獅、八家將、南北管等陣頭熱烈參與。廟方估計參加建醮神像共二千八百餘尊，香客人數高達二十萬人，盛況空前。

　　在遶境活動方面，拱範宮所轄祭祀圈涵蓋麥寮、東勢、台西、褒忠、崙背等五個鄉鎮，多達三十六個村莊，共分主股、東北股、東南股、西南股、西北股等五大股，每年輪流主辦平安遶境。大致以農曆正月初九日天公生、正月十五元宵節、三月二十三日媽祖聖誕、九月初九日媽祖昇天紀念日、十月二十九日謝平安等遶境活動，為固定年例。麥寮街民全體參與的遶境活動，巡幸四方角頭的遶境，主要以拱範宮正月初九天公生遶境，及聚寶宮蕭太傅聖誕遶境為主。而每年正月初九拱範宮四媽出巡遶街，向街民「討炮」，以趨吉避邪，去瘟除害，成為麥寮街的慣例，其盛況不遜於鹽水鎮蜂炮。最近一次則是民國九十六年（2007）改由開山媽祖傳承行腳祈福遶境，五天四夜聯合遶境巡幸全部股區，以消災除瘟。民國九十七年戊子（2008）更在農曆大年初一，在聖母前筊杯，預計以七天六夜行程走完五鄉鎮，遍及該宮股份三十六村、七十二庄、擴大遶境範圍，於農曆三月十五日至二十一日順利完成。[45]

　　在管理組織方面，光復以來人事更迭，也有了很大的變化，如前述，日治時期開始設置會長，第一任為林清池，依次為林友學、第三、四任林喬椿（民國四十七～五十年）。民國五十年（1961）管理委員會成立後乃改成推選主任委員，歷任主委為：一屆林喬椿（任期民國五十～六十六年三月），二、三屆林是楢（民國六十六～七十二年三月）；委員會由十五位委員、五位監事組成。

　　至民國七十二年（1983）重新規畫籌備組織章程，經雲林縣政府民政局核可，七十三年（1984）正式成立「麥寮拱範宮管理委員會」，設主委一名、副主委一名、常務監事一名，

委員十五名（主股七名，東南、東北、西南、西北各二名）、監事五名（每股一名），下轄總幹事、執行秘書，並分設總務、財務、外務、營繕、接待、祭典等六組組長。四年後，民國七十七年（1988）改選後，變更章程，每股委員不變，餘四股由原來的兩名增加到五名，並另推一名監事，即委員增加成二十七名。依據章程，該會以信徒代表大會為最高權力機構，祭祀組織區域中的現任村長、庄主、現任委員、監事等為當然信徒代表。信徒代表大會休會期間由委員會代行其職權。

委員、監事任期本為二年，第四屆起為配合村長之任期，恢復為四年一任。委員、監事之改選，於其任期屆滿的國曆八月二十日辦理，同時選出新的主委、副主委、常務監事，並於九月五日辦理移交，歷任主委依次為：林是楹、黃山邊（二、三屆）、蔡政勳、陳阿趖、許忠富（六、七屆），而本屆（七屆）另推選許吳綉鶯女士為名譽主任委員。[46]

第五節　結語

三百多年來的拱範宮，不僅見證了海豐港的興衰變遷，也擁有諸多文物及建築之美的文化資產，民國九十五年（2006）六月二十日雲林縣政府正式公告指定為縣定古蹟，是實至名歸，肯定了祂的價值，亦增其光彩。

茲將拱範宮歷年興修沿革，彙整如**表1-2**，以作本文之殿。

表1-2 《拱範宮歷年興修沿革大事年表》

康熙年間	拱範宮草建於海豐港
乾隆年間	麥寮形成聚落。
乾隆七年壬戌（1742）	虎尾溪洪水成災，居民流離，自海豐街遷建於「麥寮街」現址。
嘉慶庚申年（五年，1800）	擴大重建，規模「三楹、三進、廊房九間」，前殿祀天上聖母，後殿祀觀音大士（雲林縣采訪冊記載）。
從乾隆七年（1742）至嘉慶五年（1800）	海豐港街形成（或可稱麥寮街）。
道光丁亥年（五年，1827）	復行修繕，由富商楊長利獻地，建後殿。廟宇正殿由鹿港日茂行後裔林廷璋、林世賢叔姪兩位舉人及董事等負責勸募及分擔，修繕者多爲鹿港人，可見海豐港與鹿港多有貿易往來。
同治13年（1874）	廟貌坍毀，地方賢達召集諸行郊鋪戶決議，就貨物出入抽取千分之一以充經費，復行整修拱範宮各殿及左護室。
光緒年間	清末的麥寮街約有490戶，人口2450人，算是一個大街，但無大型行郊，但同光年間麥寮拱範宮之修建不順，顯示此時期海豐港已因港口淤積，日趨沒落。
明治三十九年（1906）	林啓綏、林炮等人勸募修復，將五文昌神像遷祀於左護室，舊文昌祠之磚石撥入本宮補助築基，將地基增高三尺餘，1908年完工。
大正、昭和年	拱範宮發展成擁有信徒一萬多人。
昭和五年（1930）	拱範宮重建，由董事林炮等負責重建事宜。
昭和六年（1931）	重建工程興工。正殿及拜殿由泉州溪底派匠師王錦木主持，漳州派施作三川殿、後殿：大木匠師陳應彬（彬司）率徒陳專琳等、由林火寅持篙與泉州溪底派前後對場：木雕由黃龜理匠師，石雕則是蔣九仔，正殿趒趾燒由陳天乞、姚自來匠師，彩繪則有潘春源之落款，充分展現各派之特色及實力。
昭和12年（1937）	重建工程竣工，地基再升高七尺二寸。
昭和15年（1940）	安謝龍土。
民國六〇年代	六〇年代三川殿屋面整修重建爲重簷之「假四垂」屋面，雖爲後期增置仍保有匠作精品，內部則保留原有昭和年間重建之屋架。

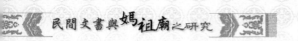

(續) 表1-2 《拱範宮歷年興修沿革大事年表》

康熙年間	拱範宮草建於海豐港
民國95年（2006）	6月20日雲林縣政府正式發文公告指定「麥寮拱範宮」為縣定古蹟。 指定範圍：拱範宮三川殿、過廊、拜殿、正殿及其所定之土地。 12月22日府文資字第0952401211號函擴大古蹟範圍，後殿及兩側廂房、過廊（正殿與後殿之間）、龍虎門、文昌殿、神農殿。
民國96年（2007）	進行緊急防護鋼棚架工程。

（徐裕健建築師事務所整理）

44

註釋

[1] 林錦元《麥寮拱範宮沿革誌》，（雲林麥寮拱範宮，民國96年1月），頁3。

[2] 倪贊元《雲林縣采訪冊》（台北台銀文獻叢刊第37種，民國48年4月），〈海豐堡〉「祠廟」，頁83。

[3] 詳見溫國良譯《台灣總督府公文類纂宗教史料彙編》之一（明治28年10月至明治35年4月）（台中，台灣省文獻委員會，民國88年6月），頁373。

[4] 相良吉哉《台南州祠廟名鑑》（台南，台灣日日新報社台南支局，昭和8年12月），頁228-229。

[5] 增田福太郎原著，黃有興譯《台灣宗教信仰》（台北，東大圖書公司，民國94年5月），頁335。

[6] 詳見林藜《蓬壺擷勝錄》（下冊）（台北，自立晚報，民國61年2月），頁17。

[7] 林錦元前引書，頁18。

[8] 沈之奇選，李俊等點校《大清律輯注》（上）〈刱庵院及私度僧道〉（北京，法律出版公司，2000年），頁194。轉引自闞正宗《臺灣佛教史論》（北京，宗教文化出版社，2008年6月），〈清代台灣府、縣佛教僧侶的活動〉，頁52。

[9] 詳見韋煙灶（新竹沿海地區域發展的地理環境基礎），《竹塹文獻雜誌》第36期，民國95年9月號，頁8-28。

[10] 有關雲林縣自清代以來的河道變遷及所造成的災害，可詳見陳國川《台灣地名辭書‧卷九雲林縣》（台中，國史館台灣文獻館，民國91年9月），第二章第二節〈自然環境的特色〉，頁14-34。

[11] 周鍾瑄《諸羅縣志》（台北，台銀文叢第141種，民國51年12月），分見頁13、112、122、123。

[12] 尹士俍原著，李祖基點校《台灣志略》（香港，香港人民出版社，2005年6月），頁102、140。

[13] 有關雲林縣的開拓經過，可參考史春娘、周富敏〈雲林縣的疆域沿革及土地開發過程〉，《台灣風物》第31卷1期，（台灣風物雜誌社，民國81年3月），頁17～31。

[14] 劉良璧《重修福建台灣府志》（台北，台銀文叢第105種，民國50年11月），頁77。

[15] 詳見臨時台灣土地調查局《台灣土地慣行一斑》（台北，台灣日日新報社，明治38年，1905），頁60～61。

[16] 陳國川前引書，頁34～37。

[17] 周璽《彰化縣誌》，（台北，台銀文叢第156種，民國51年11月），頁161～162。

[18] 見〈天后廟拱範宮改築敘〉，該碑崁於正殿右壁。

[19] 徐泓編《清代台灣自然災害史料新編》（福州，福建人民出版社，2007年7月），頁183。

[20] 倪贊元前引書，頁198～199

[21] 陳國川前引書，頁21～23。

[22] 徐泓前引書，頁243。

[23] 同前引書《雲林縣采訪冊》，頁83。

[24] 同前引書《彰化縣誌》，頁233～234。

[25] 同前引書《彰化縣誌》，分見頁16、40、41、47、48。

[26] 以上諸引文，詳見《雲林縣采訪冊》〈海豐堡〉，頁77～88。不一一分註，以省篇幅。

[27] 詳見王康壽等人《鹿港龍山寺》（鹿港，鹿港龍山寺管理委員會，民國91年9月），頁154～155。

[28] 詳見王清雄《鹿港勝蹟志》（作者發行，民國91年10月），頁91～101。

[29] 見《辭海》上冊，（上海，上海辭書出版社，2002年4月6刷），「陽九」條，頁1183～1184。

[30] 詳見台灣省文獻委員會編《台灣省通誌》卷首下，（台中，台灣省文獻委員會，1968年6月），〈大事記〉「光緒24年」則，頁114～115。

[31] 倪贊元前引書，頁83

[32] 溫國良前引書，頁373、374

33 倪贊元前引書，頁200

34 詳見程美蓉碩士論文〈從麥寮拱範宮遶境活動看信仰文化中人群的結合〉（國立台南師範學院鄉土文化研究所，民國91年6月），頁68～69。

35 見《拱範宮沿革誌》，頁63。

36 見《拱範宮沿志誌》，頁49。

37 詳見張子文等《台灣歷史人物小傳—日據時期》，（台北，國家圖書館，民國91年12月出版），「蘇孝德」條，頁297～298；「徐杰夫」條，頁137～138。

38 本條訊息及影本為許雪姬教授所提供，特此說明，深深感謝。

39 許雪姬等人《台灣歷史辭典》（台北，行政院文化建設委員會，四版一刷，2006年9月），〈林抱〉條，頁463。

40 見《拱範宮沿誌》，頁47。

41 陳國川前引書，頁49。

42 詳見《拱範宮沿革誌》，頁51～54。

43 詳見關山情（按，即林衡道之化名）《台灣古蹟全集》第四冊（台北，戶外生活雜誌社，民國59年5月），頁76～79。

44 詳見程美蓉前引書，頁67～70，及頁74～76。及廟方提供諸手冊簡介。

45 本年之遶境活動儀式、路線、組織等等，可以詳見廟方提供之《戊子年平安遶境手冊》。另，有關該宮五股分布，略如下表：

	清代地名	今地名
主股	麥寮街	麥寮鄉麥豐村、麥津村
	興化寮	麥寮鄉興華村
西北股	瓦磘村	麥寮鄉瓦磘村
	沙崙後、崙背、圳寮	麥寮鄉崙後、瓦磘村
	下橋頭	麥寮鄉橋頭村
	橋頭庄	麥寮鄉新吉村
	施厝庄	麥寮鄉施厝村
	雷厝庄	麥寮鄉雷厝村
	三姓庄	麥寮鄉三盛村
	中山庄	
	頂許厝寮庄	

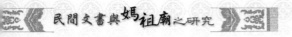

	清代地名		今地名
西南股	下許厝寮庄		東勢鄉安南村
	火燒牛椆		台西鄉和豐村
	阿芹厝		東勢鄉新坤村
	湖仔内		
	番仔寮		
	馬山厝、四美		東勢鄉四美村
	楊厝寮		麥寮鄉海豐村
	外湖寮		麥寮鄉内
	後安寮		麥寮鄉後安村
	蚊港庄		台西鄉蚊港村
	田洋庄		褒忠鄉田洋村
	新厝仔		褒忠鄉新湖村
東南股	馬鳴山		褒忠鄉馬鳴村
	媽祖埔		東勢鄉月眉村
	昌南庄		東勢鄉昌南村
	同安庄		東勢鄉同安村
	興化厝		崙背鄉興華村
	大灣		
東北股	新厝仔庄		崙背鄉羅厝村
	大有		崙背鄉大有村
	五塊厝庄		崙背鄉五魁村
	阿勸		崙背鄉阿勸村
	雪厝庄		崙背鄉羅厝村
	草湖庄		崙背鄉草湖村
	貓耳干庄		崙背鄉豐榮村

46 以上詳見《拱範宮沿革誌》，頁63～70。及程美蓉前引書，頁65～67。

第二章

彰化二林仁和宮

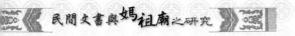
第一節　彰化地區的開發

　　三級古蹟「二林仁和宮」，位於彰化縣二林鎮公所路四十八號。彰化縣位於臺灣西部地域之中部，適介乎臺灣南北氣候、人文景觀漸移之地，清代曾以鹿港與大陸沿岸貿易往返，對大陸文化之傳播、移民之入墾影響至鉅。就其地理景觀言：東界中央山脈，西臨臺灣海峽，南毗雲嘉平原，北鄰苗栗丘陵，境內由西向東，依次為海岸平原（南半部在麥嶼溪以南至西螺溪間，則屬濁水溪沖積扇平原）、臺地區（包括大肚臺地、八卦臺地）、盆地區，以及丘陵山地區，自成一地理區域，區內的大肚溪，把本區分割成南、北兩區。二林則位在彰化縣西南部（距彰化市街區西南方約二十六里處），地當舊濁水溪下游與魚寮溪之間的沖積扇上。

　　在漢人入墾臺灣之前，本區已有布農族與泰雅族散居於丘陵山地，西部平原則有平埔族分布其間，據李亦園先生研究，約可分為下列諸族（見**表2-1**）。[1]

　　其時平埔族經濟生活以狩獵（捕鹿）為主，兼有簡單的游耕農業及捕魚，彼之生產方式是採取熱帶原始旱田農耕，不知使用犁耕與施肥，地力減退即棄之，另闢地以代之，因此易地數次，就棄屋另在現耕地附近築新屋以居，所以對土地利用有其限度，開拓不廣。平埔族這種棄村他遷，非固定性聚落的習性，是對漢人移民極有利的一項因素，使得漢人與平埔族之間交替村的發生非常普遍。加上平埔族過的是集團性的生活，因

表2-1　臺灣西部平原平埔族名、分布區及部落名稱

族民	分布區	文獻上提及的部落名
巴則海族（Pazeh）	以豐原、東勢一帶爲中心，北至大安溪，南達大肚溪	岸裏社、烏牛欄社、樸仔離社
巴布拉族（Papora）	大甲溪以南，大肚溪以北一帶海岸區域	沙轆社、牛罵社、大肚社
貓霧捒族（Babuza）	大肚溪以南，濁水溪以北海岸區域	貓霧捒社、半線社、東螺社、西螺社
和安雅族（Hoanya）	嘉義、南投	南北投社、他里霧社、斗六門社、打貓社、諸羅山社
水沙連族（Sau）	南投日月潭附近地區	水沙連番

此「室無居積，秋冬之儲，春夏罄之」，平日生活「寒然後求衣，饑然後求食，不預計也。……無市肆貿易，有金錢無所用，故不知蓄積。……計終歲所食，有餘，則盡付麴蘗；來年新禾既植，又盡以所餘釀酒」。[2] 致使他們無預計觀念，無儲蓄想法，過的是共產共享的集團部落性生活，難以和漢人競爭。兼以平埔族屬母系社會，以女子繼承家產，男子則入贅女家，隨妻而居，爲妻家服勞役，所以「生女謂之有賺，則喜；生男出贅，謂之無賺」，[3] 致使日後漢人利用婚姻以取得土地。

簡言之，平埔族在荷鄭之前是個孤立、閉塞、自足、樂天的社會。自十七世紀荷蘭人到來，部落透過交易，與外界有所接觸，社會逐漸開放。平埔族與外界的交易，是在包稅的贌社制度下進行。經荷人授權的漢人，被稱爲社商或頭家，在繳納一定的稅額取得與部落貿易的特權，此外，社商亦特准入山捕鹿。[4] 贌社制度始自荷人，沿襲至清初，由於他們對外界貨品需求漸增，依賴貿易程度日深，對原有經濟生活影響甚大。

　　除贌社外，荷人爲加強控制，由各部落推派代表，經其認可，設置土官自治管理。[5] 明鄭清初均曾沿襲，其後另設通事，以溝通土著與漢人，兼辦土著課餉事宜，影響更大。而明鄭寓兵於農，實施屯田兵制，永曆二十年（1666）劉國軒率師駐半線（今彰化），平北部諸番，並行屯田。二十二年，林圯屯兵於水沙連（今竹山），奠定漢人開發濁水溪中游之基礎。

　　中部地區漢人社會的形成與發展，肇基於清代。雖然中部地區明鄭時代已見漢人足跡，而大規模的開拓工作，則始於康熙中葉以後。康熙四十年（1701）後，渡臺禁令漸弛，而閩粵地區受人口壓力影響，生計困難，加以農產內銷大陸，有利可圖，因此閩粵地區人民，接踵而至，開墾日盛。《諸羅縣志》記：「（康熙）四十三年，流移開墾之衆，已漸過斗六門（今斗六）以北，……四十九年，又漸過半線（今彰化）大肚溪以北矣。」[6]

　　移民潮陸續抵臺，或由西岸港口登陸（如笨港、二林、王宮、鹿港、五汊、大安等），或越大肚溪自彰化平原入墾，也即是說，移墾路線，海路主由鹿港上陸，陸路由南北進，以彰化爲策源地。尤其雍正年間以來，移民或越大肚溪北上，或溯大甲溪南進，在大墾戶有計畫且大規模的開渠灌田，開墾範圍大展且迅速。在墾首制度下，本區土地逐漸開墾，漢人以生產水稻爲主，然稻米的種植與水源關係密切，開發水源成爲墾殖重要課題。在大型水圳築成之前，陂潭爲主要水源出處，康熙五十五年（1716）以前，本區主要陂潭如**表2-2**。

表2-2　清初彰化地區主要陂潭

陂潭名稱	修築年代	修築灌溉情形
鹿場陂	康熙五十三年（1714）	在虎尾溪墘。知縣周鍾瑄捐穀五十石助莊民合築。
打馬辰陂	康熙五十四年（1715）	在西螺社東。知縣周鍾瑄捐穀四十石助莊民合築。
馬龍潭陂	康熙五十六年（1717）	在貓霧捒。潭有泉源；合內山之支流，長二十餘里。陂流四注，大旱不涸，所灌田甚廣。知縣周鍾瑄捐穀二百石助莊民合築。
西螺引引莊陂	康熙五十三年（1714）	在西螺社。知縣捐銀二十兩助民番合築。
打廉莊陂	康熙五十五年（1716）	在東螺社西北。知縣捐粟五十石，助莊民合築。
燕霧莊陂	康熙五十五年（1716）	在半線社南，知縣捐穀五十石助莊民合築。

資料來源：周鍾瑄，《諸羅縣志》，卷二〈規制志・水利〉，pp.35-36；周璽，《彰化縣誌》，卷二〈規制志・水利〉，pp.55-56。

　　以上各陂多在大肚臺地與八卦臺地西麓斷層一帶，泉源較豐，因而成為早期移民選墾之地。惟陂潭蓄水有限，必築水圳，墾務才能有所突破。清代初期，本區所築水圳中，以八堡圳及貓霧捒圳最重要，茲將彰化平原地區水圳修築情形，列表如**表2-3**。[7]

　　根據《臺灣府志》等早期方志資料，康熙四十九年（1710）至雍正十三年（1735），二十五年之間，臺島耕地面積增加了二萬餘甲，其中彰化縣增加約一萬一千餘甲，高居一半以上，由此可知，雍正末年彰化平原已大致完成開拓工作，其中自然以康熙五十八年施世榜築成八堡圳最具關鍵因素。

　　八堡圳又稱施厝圳，開鑿人為施世榜。施世榜為泉州人，拔貢生，曾任兵馬司副指揮。清初與其父施鹿門自福建晉江來

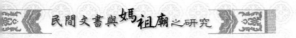

表2-3　清初彰化平原地區水圳修築情形

地區	水圳名稱	修築年代	灌溉情形
彰化	施厝圳	康熙五八年（1719）	灌溉八堡，五十餘里之田。
彰化	十五莊圳	康熙六〇年（1721）	
彰化	二八水圳	康熙五八年-六〇年（1719-21）	在施厝圳與十五莊圳間。
彰化	埔鹽陂	康熙五八年-六〇年（1719-21）	利用施厝圳尾之水，築埤灌田數百餘甲。
彰化	福馬圳	康熙五八年-六〇年（1719-21）	從大肚溪合二八圳，灌溉李厝莊等處，共田千餘甲。
彰化	快官圳	康熙五八年-六〇年（1719-21）	灌田千餘甲。
彰化	二八圳	康熙五八年-六〇年（1719-21）	灌溉千餘甲。
彰化	福口厝圳	康熙五八年-六〇年（1719-21）	水從快官圳、施厝圳二支合流，築陂灌田十餘甲。
彰化	貓兒高圳	康熙五八年-六〇年（1719-21）	灌田十餘甲。

資料來源：周璽，《彰化縣誌》，卷二〈規制志・水利〉。

臺，居臺南從事販糖而致富，並為半線地方墾首，施世榜繼承
父業，為一官紳商型墾首，從康熙四十八年著手籌引濁水溪水
源灌溉，歷經多次皆失敗，後依某一自稱林先生者指引，終於
五十八年始成，歷經十年，投資九十五萬兩銀，工程浩大，耗
資頗鉅。該圳圳頭在今彰化縣二水鄉鼻仔頭，灌溉當時彰化
十三堡中的八個堡，故稱八堡圳。圳成，施世榜以施長齡墾戶
之名，在彰化平原招佃墾殖。[8] 總之，大致而言，中部彰化地區
若以大肚丘陵一線為分水嶺，以西海岸平原屬於零散無組織的
個別墾殖。以東的臺中盆地及山區地帶，開墾較具規模，山區

地帶並需具備防衛力量，因而多有「隘制」組織，以保護移民安全。

　　二林即在此開發背景下興起。

第二節　二林鎮的開拓

　　二林鎮在彰化縣西南部，地當舊濁水溪下游與魚寮溪之間的濁水溪沖積扇上，東接埤頭鄉，西連芳苑鄉，南鄰大城鄉，北以濁水溪為界，連溪湖、埔鹽二鄉鎮。「二林」鄉名的由來，有云移民初拓時，有森林二處，故命名二林，此謬誤也。鄉名真正由來，是自蕃語譯音，此地往昔為巴布薩平埔族（Babuza）二林社（Gielim）所在地。康熙末年間，已有漢人入墾。康熙六十年設堡，名為二林堡。雍正年間分割出一堡，即深耕堡。乾隆年間，復自深耕堡又分出二林下堡，改原來二林堡為上堡。至光緒十三年（1887），屬臺灣府彰化縣二林上堡、二林下堡、深耕堡。日據前期，明治二十八年（光緒二十一年，1895）隸臺灣縣（後又改稱臺灣民政支部）彰化出張所管下之二林上堡、二林下堡、深耕堡。明治三十年，屬臺中縣二林辦務署二林下堡、深耕堡，部分屬鹿港辦務署二林上堡。明治三十四年，改為彰化廳番挖支廳二林下堡、深耕堡，部分隸鹿港支廳二林上堡。明治四十二年（宣統元年，1909），再改隸臺中廳二林支廳二林下堡、二林上堡及深耕堡。日治後期，本鎮改屬臺中州北斗郡二林街。光復後，一九四五年，改隸臺中縣北斗區二林鎮，旋於一九五〇年底廢

區署，改隸彰化縣二林鎮，迄今未變更。

據方志及族譜所載，康熙末葉，有閩人曾機祿及曾瑞文兩人招佃開墾深耕堡，也有永春州大田縣林開燕氏來墾。雍正年間，閩人陳世輪等集資來墾，另有漳州南靖縣莊則周、莊幾生入墾。乾隆年間，有泉州同安縣洪純、洪琛、孫朝、孫環、孫文仲、吳揚富、謝陣、謝清、謝承麟、謝贊、謝承鳳、謝謙、謝承補、謝神助、謝承彰、謝承尙、謝輝、謝完、謝承褒、謝章，以及饒平縣客籍涂順德、鎮平縣徐玉琳等人入墾。至嘉慶年間，續有同安縣洪純化、洪有淡、洪猛，及客籍饒平縣徐白四來墾。道光年間，再有同安縣洪思巨、洪思義、洪斷，與晉江縣人顏讚之來墾。[9]

總之，經雍正、乾隆年間的開拓，二林至乾隆末年已發展成一物產集散交易中心，形成街肆，以三林港（今芳苑鄉永興村一帶）爲外港，商業鼎盛。例如，當時二林已有牛墟，於每個月的二、五、八日三天從事牛隻、牛車之買賣。並以特產落花生、小麥、製油業聞名。[10] 並先後形成十數庄，如中西庄、火燒厝庄、竹圍仔庄、蘆竹塘庄、後厝庄、山寮庄、犁頭厝庄、舊趙甲庄、丈八斗庄、漏磘庄、大排沙庄、萬合庄、萬興庄、挖仔庄、塗仔崙庄等。街市的興起象徵土地開發完成（按：並非指拓墾活動就此停止），及人口繁盛，社會趨於複雜化，溫振華氏曾根據方志與日人伊能嘉矩的研究，將中部街市的興起，分成五個時期來觀察（見**表2-4**）。[11]

並得出結論：乾隆至道光年間，中部地區「莊」增加速度大於「街」甚多。莊多表示人增加，而人增加對市場需要性愈大；而市街增加速度沒有多大變化，說明了有些市街繼續擴

表2-4 清代中部地區街市表

成立年代 街市	康熙五十六年 （1717）	乾隆九年 （1744）	乾隆二十九年 （1764）	乾隆後半期 —嘉慶初	嘉慶末— 道光十二年 （1832）
半線街	✓	✓	✓	✓	✓
鹿港街		✓	✓	✓	✓
員林仔街		✓	✓	✓	✓
海豐港街		✓	✓	✓	✓
三林港街		✓	✓	✓	✓
東螺街		✓	✓	✓	✓
大肚街		✓	✓	✓	✓
犁頭店街		✓	✓	✓	✓
西螺街		✓	✓	✓	✓
枋橋頭街			✓	✓	✓
林圯埔街			✓	✓	✓
南投社街			✓	✓	✓
水裏港街			✓	✓	
牛罵頭街 （今清水街）			✓	✓	
沙轆街			✓	✓	✓
大墩街			✓		
梧棲港街				✓	✓
塗葛堀港街				✓	✓
葫蘆墩街				✓	✓
東勢角街				✓	✓
和美街				✓	✓
二林街				✓	✓
悅興街				✓	✓
社頭街				✓	✓
沙子崙街				✓	✓
集集街				✓	✓
麥仔寮街				✓	✓
莿桐街				✓	
四張犁街					✓
石崗街					✓
大里杙街					✓
打廉街					✓

（續）表2-4　清代中部地區街市表

成立年代　　街市	康熙五十六年（1717）	乾隆九年（1744）	乾隆二十九年（1764）	乾隆後半期—嘉慶初	嘉慶末—道光十二年（1832）
王功港街					✓
番仔挖街					✓
大城街					✓
圳頭厝街					✓
褒忠街					✓
小埔心街					✓
永靖街					✓
北投街					✓
挖仔街					✓
合計	1	9	16	28	41

資料來源：1.周鍾瑄，《諸羅縣志》。
　　　　　2.劉良璧，《重修福建臺灣府志》，臺銀本，pp.84-85。
　　　　　3.余文儀，《續修臺灣府志》，臺銀本，pp.88-89。
　　　　　4.周璽，《彰化縣誌》，國防研究院版，pp.34-40。
　　　　　5.伊能嘉矩，《大日本地名辭書》（臺灣部分），pp.65-88。
說明：東螺街被水沖毀，嘉慶年間移建東螺北斗街（今北斗街），故以同一街市計算。

大形成較大中心，為增加的人口提供服務。簡言之，街市的發展，一則是初期形成街市逐漸擴大，一則是較低階層的街市在後期逐漸形成，二林街正屬於後者。除上述諸街市外，因港口而興起的市肆也應注意。雍正九年（1731）時，本區海岸有海豐港、三林港；海豐港於乾隆末被沖壞，三林港至道光初葉衰退，為南邊的番仔挖港所取代（今芳苑鄉芳苑村一帶），其地位逐由二林接替。此外，乾隆年間，鹿港興起，四十八年（1783），鹿港詔設正口，可以直接與泉州蚶江貿易，郊商林立，商業機能擴大，中部地區大都成為其腹地，鄰近鹿港的二林自不例外。

　　惜乾隆末葉，本區因移民日眾，爭地爭水，兼以籍貫語言互異，常因細故起釁，分類械鬥時有所聞，並愈演愈烈。以事件發生地點言，乾、嘉以前，多在平原、盆地區；嘉道以後，山區地帶衝突日有增多。此與土地開發先後，及社會發展有關，於是乎，粵人向山區遷移，閩人向西移出，閩粵兩籍形成明顯的分區集居現象，如海岸平原與大肚臺地泉人居多（尤其三邑人居多數），臺中盆地以漳人為主，客籍則主要分布於臺中盆地以東丘陵地帶，形成俗云「閩海粵山」，「泉人近海、漳人居中、客人居內」的分布現象。[12] 二林亦受波及，先有莊、洪二姓與陳姓之爭，咸豐以後，兵燹屢起，地方再度鬥爭，居民遷徙外出，僅餘一千餘戶。[13] 至同治初葉，二林又因匪盜，水災不斷，街民紛紛移出至鹿港、彰化，市況終趨衰微。

第三節　仁和宮創建年代商榷

　　「仁和宮」位於二林鎮公所路四十八號，居街區之西，又稱西二林，四里輻輳，乃鎮民聚會活動中心，昔日為洪姓住戶聚集之處。仁和宮奉祀天上聖母，其創建年代，據廟方提供資料，暨一般介紹該古蹟之書刊，率多謂創建於康熙六十年（1721），距今已二百八十年，此說頗值得商榷。

　　此說之由來，是據大正十二年（1923）所調查的《寺廟臺賬》北斗郡四：二林庄的記載。其中仁和宮的記錄（丙）沿革（一）「創立緣起及改築再興事情關係者官職氏名」，並

（二）「起工竣工年月及其費額釀金方法」記載中洪培川氏敘述略謂：因康熙五十九年間閩族遷居本地，開闢有成，為答神庇，於翌年（康熙六十年）由住民捐款建築廟宇乙間，並舉廟內古鐘有「壬寅年吉月穀旦」為證。[14]

此說之不可靠，已經該表之調查員逕在文內予以反駁，蓋干支「壬寅」者有二：一為康熙壬寅年（六十一年，1722），一為乾隆壬寅年（四十七年，1782），因此不必然是康熙壬寅年，該員認定應是乾隆壬寅年，並推論創建年代應是乾隆二、三十年，所以在仁和宮調查表之「創立年月日」欄內直接記錄：「乾隆年間」。

其駁有理，茲再補充申述於後：

第一，刊於雍正二年（1724）周鍾瑄主修之《諸羅縣志》〈雜記志〉內天妃廟之記載有四：「一在城南縣署之左（今嘉義市），康熙五十六年，知縣周鍾瑄鳩眾建。一在外九莊笨港街（今北港鎮），三十九年，居民合建。一在鹹水港街（今鹽水鎮），五十五年，居民合建。一在淡水干豆門（今關渡），五十一年，通事賴科鳩眾建，五十四年重建，易茅以瓦，知縣周鍾瑄顏其廟曰靈山。」[15] 四座天妃廟並無在彰化縣者，倘若仁和宮確在康熙末年所建，距離採訪成書的《諸羅縣志》不過三年，為何不明確記載？直到道光十五年（1835）周璽總纂的《彰化縣誌》才有明確記載：「一在鹿港海墘，乾隆五十五年，大將軍福康安倡建，廟內有各官祿位。一在邑治北門內協鎮署後（今彰化市），乾隆三年北路副將靳光瀚建，二十六年，副將張世英重修。一在邑治東門內城隍廟邊，乾隆十三年，邑令陸廣霖倡建。一在鹿港北頭，乾隆初士民公建，歲往

湄洲進香，廟內有御賜「神昭海表」匾額（按：指今鹿港舊祖宮）。一在邑治南門外尾窰，乾隆中士民公建，歲往笨港進香，男女塞道，屢著靈應。一在王宮，嘉慶十七年邑令楊桂森倡建。一在水沙連林圮埔（今竹山鎮連興宮），乾隆初里人公建，廟後祀邑令胡公邦翰祿位。一在鹿港新興街，閩安弁兵公建。一在犂頭店街。一在西螺街。一在東螺街。一在大肚頂街。一在大肚下街。一在二林街（即指仁和宮）。一在小埔心街。一在南投街。一在北投新街。一在大墩街。一在大里杙街。一在二八水街。一在葫蘆墩街。一在悅興街。一在旱溪莊。」[16]

　　上引《彰化縣誌》記載之天后廟率多乾隆年間建，若仁和宮確為康熙末年創建，歷史如此悠久，斷無簡略的僅記載「一在二林街」。

　　第二，媽祖信仰之普遍化，與移民渡海來臺關係至為密切，移民安抵臺灣，自會對海神庇佑之恩感念在心。而媽祖廟

仁和宮側面外觀

之普遍設立，更加強對媽祖的信仰，媽祖信仰也成爲溝通的媒介，透過媽祖的拜拜活動，彼此聯絡消除隔閡，加深認同，整合不同社群，並可交換農業知識，擴大見聞。於是鹿港天后宮（舊祖宮）主神媽祖，透過分香方式，成爲二林仁和宮、埤頭福安宮、北斗奠安宮之祖廟。[17] 仁和宮媽祖既爲舊祖宮媽祖之分身，則其創建年代不應早於鹿港舊祖宮。舊祖宮之創建年代有三說：一爲康熙末年，一爲雍正三年，一爲前引《彰化縣誌》所記的乾隆初，三說中以後二說較爲人採信，則仁和宮創建年代顯然不可能是康熙末年。況且二林鎮是在乾隆年間開拓完成（見前述二節），乾隆末形成一次級街肆，依建廟之歷史背景，其年代也不會在康熙末年。

第三，舊祖宮曾於嘉慶丙子年（二十一年，1816）重修，鄉進士鄭捧日撰碑文〈重修鹿港聖母宮碑記〉，言舊祖宮「顧自創建迄今百有餘年」，較明確寫出創建時代約在康熙末造。反之，嘉慶二十年仁和宮重修，同樣是鄭捧日撰文，卻只能含糊的記述「二林有聖母宮，由來舊矣」。可知絕不會是康熙年間創建，才會如此含糊推論「由來舊矣」。

綜合上述，仁和宮創建於康熙六十年之說極不可能，然則仁和宮究竟創建於何時？若上引洪培川氏根據之說無誤（指壬寅年之古鐘，該鐘今已不存），則仁和宮至遲建於乾隆四十七年（1782），至早不會早於雍正三年（1725），而以乾隆初年最有可能。

第四節　仁和宮修建沿革

　　仁和宮於乾隆初肇造，其間迭經改建，乾隆四十七年
（1782）或有修建，其時該宮坐北朝南，其前爲舊二林溪，後
爲二溪路，爲商舖林立之處（今二林東和里），故碑文云「地
連衢壤，厥位面陽（按：山南水北謂之陽），清溪環其前，竹
木護其後」。仁和宮居四里輻輳，乃居民聚會活動中心，故
「里之人，歲時伏臘，雞酒管歌，咸趨走焉」。

　　嗣後，年月既久，廟貌剝落，嘉慶丁卯年（十二年，
1807），地方耆老士紳共謀改作，決定擴大，增加後殿，變
爲三進。不料己巳年（十四年）夏，分類械鬥，地方弗靖而
停工。直到十九年（歲在閼逢閹茂，即指甲戌年）孟冬由洪
培源、洪霞光等奔走努力，復襄斯舉，至二十年（乙亥年，
1815）孟秋，其功告成，費番銀四千餘元，並重塑媽祖金身，
昭重其事。今廟猶存其時古物有六：一是三尊神像（即大媽祖
婆、三媽祖婆、四媽祖婆）。一是神龕前嘉慶乙亥（二十）
年之古木聯：「仁同坤元資生舍宏光大，和本乾道變化保合利
貞」，乃紅窨東弟子洪良垣敬獻。一是二方碑文，茲轉錄於後。

　　此二碑文值得吾人注意者有下列數點：

1. 其前之二林仁和宮位在熱鬧街衢，前有二林溪，爲兩殿
 「口」字形之平面廟宇，此次擴建才變爲「益以後楹爲
 三進」的「日」字形平面廟宇。

二林街重修
仁和宮總理太學生洪培源董事職員洪霞光邱溪官洪簇官洪沃官　太學生洪君洲高榮傑洪
紫微洪乞來等住持僧念遠敬題緣金開列于左
洪萬益號捐銀三百元　　洪量官捐銀二十六元
坵坮莊三郎公捐銀一百廿元　洪簇官捐銀五十大元　三林宋懋成捐銀五十大元　溝子墘蔡琳兄弟捐銀廿五元
和義號捐銀一百六十元　洪沃官捐銀五十大元　劉求兄弟捐銀二十元
洪霞光號捐銀一百四十元　大城厝王周光捐銀五十元　新洪而官捐銀二十元
栢利號捐銀一百廿元　舊社林羨官捐銀四十四元　庄洪頤官捐銀二十元
榮盛號捐銀一百卅元　邱溪官捐銀四十二元　鹿蔡謝賢官捐銀二十元
萬盛號捐銀一百一十元　協振號捐銀四十大元　嵌頂鄭苗官捐銀二十元
洪眾官助地基銀一百元　泉合號捐銀四十大元　張協泰捐銀二十元
劉才官捐銀一百大元　洪欽明捐銀四十大元　加應州李顯國捐銀二十元
協順號捐銀九十大元　路上厝謝文牙捐銀三十二元　開泰號捐銀二十大元
振成號捐銀七十大元　舊社陳高生捐銀三十二元　雷乞官捐銀二十大元
洪蘭生捐銀七十大元　雙合號捐銀三十大元　周龍興號捐銀二十元　坿北洪法官捐銀二十大元
洪江官捐銀五十四元　溝墘劉發官捐銀三十元
洪意官捐銀五十二元　坿北洪來官捐銀三十大元
嘉慶 二十年 歲次 乙亥瓜月穀旦公立

2. 乾嘉年間，中部地區之械鬥確實嚴重，尤其嘉慶十四年漳泉之鬥，竟逼使建廟工程停工。直到五年之後，才又復工。

3. 此役工程浩大，「鳩材募匠，輦石輸丹，大梁細桷，櫨櫨根闌，以琢以雕，以丹以臒」，計日趨工之下，不到一年，土木竣成，耗資四千餘元。

重修仁和宮碑記

二林有
聖母宮由來舊矣地連衝壤厥位面陽清溪環其前竹木護其後勝概既昭　种咸彌赫設立以
來事彰呵護士則家詩書而戶禮樂商則山材木而海蜃蛤佑及於無疆里之人歲時
伏臘雞酒歌咸趨走焉年月既久廟貌剝落歲丁卯耆老士紳共謀改作仍其舊之方
而擴之益以後楹爲三進己巳夏以地方弗靖停工歲在閼逢閹茂孟冬之月復襄斯舉
鳩材募匠輦石輸丹大梁細楠樽櫨根閎以琢以雕以丹以膐計日趙工莫不欑簇至乙
亥秋其功告成費番銀四千餘數總其事者大學生洪君培源職員洪君霞光也土木既
竣由是昔日之碎瓦頹垣則今日之畫棟雕甍也昔日之殘堊膡朱則今日之輝金耀碧
也昔日之竄蒼鼠而緣旋蝸則今日之畫龍蛇而賀燕雀也斧藻繽紛尺作而蓋氣象
煥乎一新矣夫　聖母化身湄島水府揚靈祠宇何地蔑有而二林之人獨敬之至奉之至
虔使妥侑所在狹而更之廣舊而整之新則神靈鑒觀不將視昔時之呵護而更益其福
田哉日與其地洪君鏞洪君圖洪君錫疇洪君肇勳爲文字交數相過從凡創修之始襄
事之終無不詳悉落成有日道復經此諸君囑書其事日雖讓劣無文然素蒙　神恩深樂
其功之克成與有榮幸也爰忘固陋而爲之記
嘉慶二十年歲在乙亥瓜月穀旦
鄉進士例授文林郎揀選縣知縣現會試鄭捧日撰

4.捐款者，除「洪萬益號、和義號、栢利號、榮盛號、協順號、振成號、協振號、泉合號、雙合號、開泰號」等行號外，以洪姓族人居絕大多數。按明清兩代，洪姓族人渡海來臺者，以福建同安爲最衆，全省洪姓分布最多爲彰化縣二林鎮、芳苑鎮，是該鄉鎮第一大姓。二林鎮洪姓堂號是「栢埔堂」，乃從福建泉州府同安縣栢

埔十三都遷來二林定居，其輩分順序是「純、思、爾、志、允、文、若、德」八字，據說來二林定居的有四大房宗親，於每年十二月二十二日在二林鎮西平里照西路，舉行冬至祭祖暨團聚參拜。[18]

二林之開拓，洪姓族人多有功焉，乾隆中葉有洪純，末葉有洪琛入墾；嘉慶年間，續有洪純化、洪有炎及洪猛等先後入墾，道光末年，再有洪思義、洪斷入墾二林。今二林東和里、西平里、北平里、中西里、廣興里、香田里、興華里、東興里、後厝里、頂厝里等，率多洪姓族人聚居，仁和宮所在位置，更是洪姓住戶聚集之處，其間關係不言可喻。[19]

5. 洪姓族人之捐獻，出手大方，少則二、三十元，多則百餘元，可見當年彼姓彼街之富饒，並多擁有科名，如太學生「洪培源、洪君洲、洪紫微、洪乞來」等是，正可說明洪姓族人之富有，及該族文風鼎盛，是以嘉慶十六年之彰化知縣楊桂森盛贊二林一地，文教興隆，書房林立，儒學昌盛，有「儒林」、「讀書人林」之美譽。[20]

6. 捐獻芳名中有「嘉應州李顯國」，則可說明其時粵人仍有留居二林者，而粵人之得以留居二林或因在泉漳械鬥中，與泉州同安人曾有合作之良好關係。而二林鎮趙甲里，昔稱「舊趙甲」，乃「舊潮嘉」之訛音，正說明此里過去為潮州、嘉應州客籍人士所居住，當可佐證此事。

經此增建，仁和宮成今日之規模，四方之眾，咸來朝謁，香火鼎盛，逾百餘年而不衰。其間或蒙劫厄，幸賴神威顯赫，

仁和宮三川殿之大門

皆得以化險為夷，如明治四十二年（宣統元年，1909）與大正
六年（1917）十月，廟緣左右，遭祝融之災，居宅幾成廢墟，
該宮倖免大難，[21] 不過依常情論，仁和宮或於該年應有修繕。
然年月既久，廟貌日趨腐朽，棟架亦見傾圮，而且「特以拜亭
迫於街衢，殿基又復低下」，加上後殿於明治四十四年為洪明
耀充作書房使用，左右廂房又為賣卜者，及洪福者挪用為代書
處所，[22] 在在均需重加整頓。遂經鄉民會議通過重修，於大正
十二年（1923）六月向當局連署請願，並提出改築之配置圖。
承蒙許可，乃由庄長林炳爐，會同董事洪宗珍、洪爾尚、洪思
頭、李增壂出面，邀約參贊員吳萬益、洪學堯、曾呈福三人，
及募緣委員洪明輝、李木生、洪志赫等二十八人，於大正十四
年（1925），出面勸募四庄信士，興工起建。

　　時廟地狹迫，難以擴建，乃新購毗連土地貳段，並得洪志應獻納宮西金亭地及室仔地，乃將廟基退奠，又復向東稍移。是役大修，惟主結構體未作更動，中殿增建耳門，天井展長，廟外左右各留餘地四尺以為通巷，廟貌聿新，較前宏敞。[23] 而神像重塑，廟器更新，文物卻遭一浩劫，《寺廟臺賬》中所記錄之古物，如壬寅年之古鐘，貴重之青磁花瓶，三對錫製燭臺均不見，僅存石製古香爐，可嘆亦復可痛。

　　是役始於大正十三年八月（甲子仲秋），完事於十四年六月（乙丑季夏），花費一萬四千七百餘日圓，捐獻者遍及全庄之「外竹塘、二林、番仔田、二林街、土庫子、火燒厝、大排沙、鹿寮、內竹塘」，仍以洪姓族人為多，較特殊的是在溪洲的「林本源會社捐金壹佰伍拾圓」，鹿港「辜顯榮捐金壹佰伍拾圓」，或與辜氏之所招佃農王功洪允治及林姓墾戶至頂后厝（今頂厝里）墾建王功寮一事有所關聯。

　　光復以來，歷年既久，風銷雨蝕，廟貌剝落殆甚。於是一九六一年八月，眾人籌謀修復改作，乃成立重修委員會，在主任委員陳兩順、總務楊玉麟、財務歐陽連續、工程吳順成、募捐洪鈴、幹事洪學棟，及各委員四十餘人努力下，不辭勞瘁，工程於十二月底圓滿完成。此次重建，主要在於清淨廟地，並於舊址加而擴之，而廟內聯匾楹柱，多出自大師名人手筆，或于右任或黃朝琴，具是當代墨寶。[24]

　　仁和宮年代久遠，雖歷經改建，猶存中國傳統建築風格，不掩其古色古香之棟宇。該宮現況規模為三開間三進深，由前埕進入是歇山式屋面之山門，再者為正殿與後殿，皆屬單脊硬山式建築。拜殿與中殿，更設天井，是為一大特色。正殿中供

媽祖，因長年煙繚霧繞，以致漆黑如墨。龕前千里眼、順風耳
作遠眺聆聽之狀，輔弼聖母護濟蒼生。右過水廊設有服務處，
以迎接香客信士；左過水廊壁上崁列古碑，鐫刻該宮源流，裨
益眾信知悉傳承由來。後殿設有假山穴垤，聊備山林之美。中
龕供奉彌勒、觀音，左龕奉祀土地公，右龕供奉註生娘娘，壁
上環列十八羅漢，面貌行舉互異。樑楣間瓜筒雀替，式樣樸拙
典雅，殿外龍柱，略加彩繪，不失莊嚴質樸，環門樑柱林立，
匾楹柱聯，多出自名師。簷脊置雙龍朝三星，垂脊人物閣樓，
已見鈍平。山牆懸飾，三殿迥異。雖多見斑剝褪落，然整體建
築遵循傳統形制，內藏古蹟文物頗為豐富，是以名列第三級古
蹟。

第五節　結語

　　彰化平原位於臺灣西部地區之中部，適介於臺灣南北氣
候，人文景觀漸移之地。在漢人入墾之前，本區散布著布農
族、泰雅族與平埔族。其時平埔族以狩獵為生，過著集團部落
生活。自十七世紀荷人據臺，透過贌社制度與社商、土官加以
治理，逐漸改變彼社會形態。嗣後，明鄭復臺，實施屯田，雖
有若干開發，尚不足成為氣候。中部地區漢人社會之形成與發
展，肇基於清代。

　　康熙中葉，漢人移民陸續抵臺，或由西海岸河口登陸，或
越大肚溪以北，均以彰化為策源地。此後開墾範圍迅速大展，
在墾首制度與水利設施修築下，彰化平原在雍乾年間已大致完

成開拓工作。二林鎮即在此開發背景下興起。

　　二林鎮位在彰化縣西南部，地當舊濁水溪下游與魚寮溪之間的濁水溪沖積扇上，原為平埔族二林社所散居。康熙末年已有漢人入墾，遂於康熙六十年設堡，名為二林堡。之後，歷經泉州同安洪姓、謝姓族人等不斷開墾，於乾隆末年，發展成二林上堡、二林下堡、深耕堡，擁有十數庄，形成一物產集散交易中心之街肆，以牛墟、落花生、小麥、製油業聞名遐邇。其時鹿港興起，郊商林立，將二林納入其腹地之一，二林遂得商業鼎盛，以三林港為其出口外港，至道光初年並取代三林港之地位。

　　惜乾嘉以還，本區因移民日衆，爭地爭水，並因籍貫語言互異，常因細故起釁，分類械鬥屢屢。二林亦受波及；先有莊洪二姓與陳姓之爭，嘉道以後，再度械鬥生事，兼以同治年間，又因匪盜水災不斷，街民紛紛移出，市況終趨衰微。

　　仁和宮之始建，舊說多以康熙六十年（1721）為主，頗堪商榷，是以大正十二年（1923）調查之《寺賬臺廟》記為乾隆年間；一九五九年之臺灣《宗教調查表》記載「本廟建築確定日期不詳」。而筆者以方志、信仰、開拓、來源、古物種種面向考證，也確有不妥，故以嚴謹學術推斷：仁和宮創建至遲建於乾隆四十七年（1782），至早不超過雍正三年（1725），而以乾隆初年較有可能。

　　仁和宮位於二林鎮公所路四十八號，居街區之西，又稱西二林，為昔日洪姓住戶聚集之處。本宮或始建於乾隆初葉，乾隆四十七年修建，其時地連街衢，坐北朝南，為兩殿式建築。時涓涓清流環於前，翠碧綠林護其後，甚為閑謐靜雅，為居民

聚會祭祀活動中心。而後移民日眾，周遭村民麕集，四方咸來趕集販賣，閭巷為之堵塞。

其後，以年月既久，廟貌剝落，遂於嘉慶十二年（1807），地方耆紳共謀改作，卻因十四年漳泉械鬥，盜匪四起，地方弗靖而停工。直到十九年，在該宮總理洪培源，職員洪霞光、住持僧念遠等人努力下，鳩材募匠，於二十年孟秋竣工，修成今日之規模，一變為三進之大廟。此役工程浩大，計費番銀四千餘元，洪姓族人之踴躍捐輸，始克其功。

經此增擴，香火愈盛，四方之眾咸來朝謁，逾百餘年而不衰。其間是否有所修建，史傳不文，難以覘知，至日治初期，占地二百餘坪，建坪九十七坪五勺，為三開三進深之廟宇，中殿前並有拜亭。迨大正十二年（1923），有見於廟貌日趨朽腐，棟架亦見傾圮，其間榱題壁畫不堪風雨摧殘，廟宇又被書房、賣卜、代書之用，亦見紛亂，在在均需重修，乃經鄉民會議通過，向日治當局連署請願改築，並蒙許可，在庄長林炳爐，董事洪宗珍、洪爾尚、洪思頭、李增塹等委員奔走下，出面勸募四庄信士，鳩資重建。

時廟地狹迫，難以擴建，遂新購毗連土地，及信士洪志應捐地，乃得順利進行。是役大修，中殿增建耳門，天井展長，廟外左右各留餘地四尺以作通巷，並向東移建，使得廟貌聿新，較前宏敞，惟主結構體未作更動。此役始於大正十三年八月，完工於十四年六月，花費一萬四千餘元，捐獻者仍以洪姓族人為主，而溪洲之林本源會社、鹿港辜顯榮亦捐金參與其役。可惜的是，廟貌固然是煥然一新，盡除昔日蔽舊之象，而神像重塑、廟器更新、銅鑄改造，卻使該廟古蹟文物遭一浩

劫。

　　光復以來，歷年既久，風銷雨蝕，多見斑剝褪落，遂於一九六一年八月，成立重修委員會，在主任委員陳兩順，及楊玉麟、歐陽連續、吳順成、洪鈴、洪學棟等委員群策群力下，工程卒於十二月底圓滿達成。此次重修在於清淨廟地，而廟內聯匾楹柱，多出自當代名人墨寶，成為一大特色。

　　仁和宮之媽祖神像，係鹿港天后宮（舊祖宮）之分身，今存大媽祖婆、三媽祖婆、四媽祖婆仍為嘉慶年古物，迄今已有近二百年歷史。其間仁和宮屢蒙劫厄，幸賴神威顯赫，得以化險為夷。如明治四十二年（1909）廟緣左右大火，居宅盡成廢墟，本宮獨獨倖免。又如大正六年（1917）十月香爐起火，儆示鄉民小心火災，其後果然三回失火，均得避免釀災，頻傳神異威靈。

　　仁和宮因信徒眾多，宮務日繁，早有管理組織，如嘉慶年間有總理、董事、職員及住持僧之設，至日據時期有管理人、廟祝、爐主之設，爐主三名，任期一年，於每年一月十五日、七月九日、九月十九日擲筶選出。光復以還，乃籌設管理委員會，裨益宮務之推展。委員之推選以平素熱心宮務，功在鄉梓之士紳擔任，歷任委員均能克盡職守，竭精殫慮以推展宮務。

　　本宮香火鼎盛，眾信或禱佑植福添壽，或盼指引迷津，每年農曆三月二十三日，媽祖聖誕大典，眾信畢集，絡繹於途，斯時鐘鼓大作，梵唄繁耳，熱鬧非凡。惟二百餘年之祀神已有若干改變，除主神聖母未變外，日治時期所從祀、配祀神明尚有：祖師公、天公、三界公、觀羽子、李哪吒太子、土地公、觀音媽、善才童子、韋陀尊者等等，例祭日有一月六日祖

師公、一月九日天公、一月十五日三界公、三月二十三日媽祖
婆、五月十五日觀羽子、七月九日李哪吒、八月十五土治公
（即土地公）、九月十九觀音媽。至光復初期衍變爲配祀、侍
奉神有：關聖帝君、千里眼、順風耳、太子爺、觀音佛祖、
十八羅漢、註生娘娘、福德正神（按：應是大正十四年廟宇重
修時增加或改變），以至於今日正殿供奉媽祖、千里眼、順風
耳，後殿供奉彌勒、觀音、土地公、註生娘娘、十八羅漢，成
一通俗性、雜祀性之民間信仰。

　　是可知該宮建築以嘉慶二十年（1815）之役爲一重要關
鍵，而成今日之規模；而神明祭祀以大正十四年（1925）之役
爲一轉變關鍵，成今日信仰之例典。

註釋

[1] 李亦園〈從文獻資料看臺灣平埔族〉，《大陸雜誌》，十卷九期，頁20。

[2] 郁永河《裨海紀遊》（臺銀文叢本四十四種），頁6。

[3] 周璽《彰化縣誌》（道光刻本版，彰化文獻委員會印行，1969年），卷九風俗志，頁514。

[4] 同前註，頁513。

[5] 伊能嘉矩《臺灣蕃政志》（日明治三十七年，臺灣總督府民政部殖產局發行），頁54。

[6] 周鍾瑄《諸羅縣志》（臺銀文叢本一四一種），卷七兵防志，頁110。

[7] 周璽前引書，卷二規制志水利項，頁156～157。

[8] 參閱溫振華〈清代臺灣人的企業精神〉，《師大歷史學報》第九期，頁11。

[9] 以上參考賴熾昌《彰化縣誌稿》（彰化縣文獻委員會，1960年），〈沿革志〉，頁21～22、157～158。；及洪敏麟《臺灣舊地名之沿革》第二冊下，第四編四章二十節二林鎮，頁377～387，改寫而成，茲不另行一一分註。

[10] 尾部仲榮編《臺灣各地視察要覽》（昭和五年，成文出版社，1985年臺一版），頁281。另，周璽《彰化縣誌》卷九風俗志，頁487～488，對牛墟有詳細的說明，茲轉引如下：凡販牛，欲賣者必於牛墟。臺地無設墟為市者。惟賣牛必到墟。墟日有定率。以三日為期。如二、五、八，一、四、七之類。墟設墟長，長由官立，給以戳記。凡買牛賣牛者寫契，皆用墟戳記，若中保然，恐有盜竊之累也。墟長必鑄鐵烙牛，以字為號，便於識別。乃近日之盜，得牛亦鑄鐵取字之相似者，覆以亂之。故偷牛者亦至墟發賣，或墟長能知為盜，買者不能辨也。

[11] 溫振華〈清代臺灣中部的開發與社會變遷〉，《師大歷史學報》第十一期，頁30～32。

[12] 參見洪麗完〈清代臺中地方福客關係初探——兼以清水平原三山國王廟

之興衰為例〉，《臺灣文獻》第四十一卷二期，頁66～69。

[13] 北斗郡役所編《北斗郡概況》（昭和七年版），二林庄，頁7～8。

[14] 《寺廟臺賬》北斗郡四：二林庄，大正十二年調查。

[15] 周鍾瑄前引書，〈雜記志〉寺廟天妃廟項，頁273。

[16] 周璽前引書，卷五〈祀典志〉廟祠「天后聖母廟」項，頁275～276。

[17] 《寺廟臺賬》前引文，及1959年之《臺灣彰化縣宗教調查表》，另許嘉明，〈彰化平原福佬客的地域組織〉，《中研院民族學研究集刊》三十六期，頁176～177、184。

[18] 《中央日報》，第十三版，1991年12月24日，記者守悌報導。

[19] 洪敏麟前引文。

[20] 同註13。

[21] 同註14。

[22] 同註14。

[23] 以上皆依據大正十四年重修碑文。

[24] 以上據1961年廟內〈重修仁和宮碑記〉。

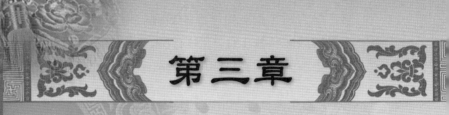

第三章

彰化南瑤宮

第一節　前言

　　南瑤宮位在彰化市南瑤里南瑤路四十三號，不僅入口緊臨交通繁忙、人聲喧譁的中山路，三川殿也面臨熱鬧的南瑤路，為一狹長型之都市廟宇。由於歷史可追溯至雍正年間，始建紀錄亦遠及乾隆三年（1738），加上廟中典藏豐富的古文物，因此在民國七十四年（1985）四月二十五日由內政部公告指定為第三級古蹟，為廟史增添一頁輝煌紀錄。而漢光建築事務所有幸參與該廟整修工作，自須先做一規劃調查研究，委由本人負責歷史部分之調查研究，不過該廟已有(1)彰化師範大學地理系編纂《彰化南瑤宮志》（彰化市公所印行，1997年9月。以下引文簡稱《宮志》）；(2)漢寶德《彰化市傳統建築南瑤宮觀音殿調查研究》（1983年上半年調查研究，缺出版單位與年月。以下引文簡稱《漢氏調查書》；(3)周宗賢《第三級古蹟彰化市南瑤宮整體整修規劃研究》（力園工程顧問有限公司，1994年6月。以下引文簡稱《周氏報告書》）。三本煌煌巨著，於媽祖信仰淵源與傳布、南瑤宮之歷史、建築、神祇、祭典、文物、組織、祭祀圈、公益等等，均已有深入詳實的探討，固然方便本文之撰寫，本文也不免有抄襲引用之無奈，展布研究空間實小，因此本章之撰寫須做一說明：(1)本文之作，定位於古蹟史之探討，而非南瑤宮寺廟之全誌，因而著重廟史與文物之探討稽考，其他一概不涉及，讀者欲窺全貌，自可參考《彰化南瑤宮志》一書；(2)撰寫過程，本諸「略人之所詳，詳人之所略」

原則，以免輾轉抄寫，徒增篇幅，而有災梨禍棗之譏！

第二節　彰化地區的開發

　　彰化縣市位於台灣西部地域之中部，適介乎台灣南北氣候、人文景觀漸移之地，清代曾以鹿港與大陸沿岸貿易往返，對大陸文化之傳播、移民之入墾影響至鉅。就地形而言：東界八卦山脈，西臨台灣海峽，南毗雲嘉平原，北臨大肚溪接台中縣，境內由西向東，依次為海岸平原（南半部在麥嶼溪以南至西螺溪間，概屬濁水溪沖積扇平原）、台地區（包括大肚台地、八卦台地）、盆地區，以及丘陵山地區，自成一地理區域，區內的大肚溪，把本區分割成南、北兩區。

　　在漢人入墾台灣之前，本區已有布農族與泰雅族散居於丘陵山地，西部平原有平埔族分布其間，據李亦園先生研究，可分為下列諸族（詳見**表3-1**）[1]：

表3-1　台灣西部平原平埔族族名、分布區及部落名稱

族名	分布區	文獻上提及的部落名
巴則海族（Pazeh）	以豐原、東勢一帶為中心，北至大安溪，南達大肚溪。	岸裏社、烏牛欄社、樸仔離社。
巴布拉族（Papora）	大甲溪以南、大肚溪以北一帶海岸區域。	沙轆社、牛罵社、大肚社。
貓霧捒族（Babuza）	大肚溪以南、濁水溪以北海岸區域。	貓霧捒社、半線社、東螺社、西螺社。
洪安雅族（Hoanya）	嘉義、南投。	南北投社、他里霧社、斗六門社、打貓社、諸羅山社。
水沙連族（San）	南投日月潭附近地區。	水沙連番。

　　其時平埔族經濟生活以狩獵（捕鹿）爲主，兼有簡單的遊耕農業及捕魚，因此對土地利用有其限度，開拓不廣，加上平埔族過的是集團性的生活，因此「室無居積，秋冬之儲，春夏罄之」，平日生活「寒然後求衣，飢然後求食，不預計也……無市肆貿易，有金錢無所用，故不知蓄積……計終歲所食，有餘，則盡付麴糵，來年新禾即植，又盡以所餘釀酒」[2]，致使他們無預計觀念，無儲蓄想法，過的是共產共享的集團部落性生活，難以和漢人競爭。兼以平埔族屬母系社會，以女子繼承家產，男子則入贅女家，隨妻安居，爲妻家服勞役，所以「故生女謂之有賺，則喜；生男出贅，謂之無賺」[3]，致使日後漢人藉婚姻以取得土地。

　　簡言之，平埔族部落在荷鄭之前是個孤立、閉塞、自足、樂天的社會。自十七世紀荷蘭人來到，部落透過交易，與外界有所接觸，社會逐漸開放。平埔族與外界的交易，是在包稅的贌社制度下進行。經荷人授權的漢人，被稱爲社商或頭家，在繳納一定稅額取得與部落貿易的特權，此外，社商亦特准入山捕鹿[4]。贌社制度始自荷人，沿襲至清初，由於他們對外界貨品需求漸增，依賴貿易程度日深，對原有經濟生活影響甚大。除贌社外，荷人爲加強控制，由各部落推派代表，經其認可，設置土官自治管理[5]。明鄭清初均曾沿襲，其後另設通事，以溝通土著與漢人，兼辦土著課餉事宜，影響更大。而明鄭寓兵於農，實施屯田兵制，永曆二十年（1666年）劉國軒率師駐半線（今彰化），平北部諸番，並行屯田。廿二年，林圯屯兵於水沙連（今竹山），奠定漢人開發濁水溪之基礎。

　　中部地區漢人社會的形成與發展，肇基於清代。雖然中部

地區明鄭時代已見漢人足跡，而大規模的開拓工作，則始於康熙中葉以後。康熙四十年（1701年）後，渡台禁令漸弛，而閩粵地區受人口壓力影響，生計困難，加以農產內銷大陸，有利可圖，因此閩粵地區人民接踵而至，開墾日盛。《諸羅縣志》記：

> （康熙）四十三年……而當是時，流移開墾之眾，已漸過斗六門（今斗六市）以北矣。自四十九年……蓋數年間而流移開墾之眾，又漸過半線（今彰化）大肚溪以北矣。[6]

移民潮陸續抵台，或由西岸港口登陸（如笨港、二林、王宮、鹿港、五汊、大安等），或越大肚溪自彰化平原入墾，也即是說，移墾路線，海路主由鹿港上陸，陸路由南北進，以彰化為策源地，尤其雍正年間以來，移民或越大肚溪北上，或溯大甲溪而南進，在大墾戶有計畫且大規模的開渠灌田，開墾範圍大展且迅速，並且在墾首制度下，本區土地逐漸開墾，漢人以生產水稻為主，然稻米的種植與水源關係密切，開發水源成為墾植重要課題。在大型水圳築成之前，陂潭為主要水源出處，康熙五十六年（1717年）以前，本區主要陂潭見**表3-2**。

這些陂潭多在大肚台地與八卦台地西麓斷層一帶，泉源較豐，因而成為早期移民選墾之地。惟陂潭蓄水有限，必築水圳，墾務才能有所突破。清代初期，本區所築水圳中，以八堡圳及貓霧捒圳最重要，茲將彰化平原地區水圳修築情形，列表如**表3-3**[7]。

根據《台灣府志》等早期方志資料，康熙四十九年（1710年）至雍正十三年（1735年），二十五年之間，台島耕地面積

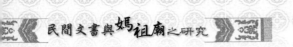

表3-2　主要陂潭表

陂潭名稱	修築年代	修築灌溉情形
鹿場陂	康熙五十三年（1714年）	在虎尾溪墘。知縣周鍾瑄捐穀五十石，助莊民合築。
西螺引引莊陂	康熙五十三年（1714年）	在西螺社。知縣捐銀二十兩助民番合築。
打馬辰陂	康熙五十四年（1715年）	在貓霧捒。潭有泉源；合內山之支流，長二十餘里。陂流四注。大旱不涸，所灌田甚廣。知縣周鍾瑄捐穀二百石助莊民合築。
打廉莊陂	康熙五十五年（1716年）	在東螺社西北。知縣捐粟五十石，助莊民合築。
燕霧莊陂	康熙五十五年（1716年）	在半線社南，知縣捐穀五十石助莊民合築。
馬龍潭陂	康熙五十六年（1717年）	在西螺社東。知縣周鍾瑄捐穀四十石助莊民合築。

資料出處：周璽《彰化縣誌》，卷二〈規制志‧水利〉，及周鍾瑄《諸羅縣誌》，卷二〈規制志‧水利〉。

表3-3　彰化平原地區水圳修築情形

地區	水圳名稱	修築年代	灌溉情形
彰化平原	施厝圳	康熙五十八年（1719年）	灌溉八堡，五十餘里之田。
	十五莊圳	康熙六十年（1721年）	
	二八水圳	康熙五十八年—六十年（1715-1721年）	在施厝圳與十五莊圳間。
	埔鹽陂	（不詳）	利用施厝圳尾之水，築埤灌田數百餘甲。
	福馬圳	（不詳）	從大肚溪合二八圳，灌溉李厝莊等處，共田千餘甲。
	快官圳	（不詳）	灌田千餘甲。
	二八圳	（不詳）	灌田千餘甲。與快官圳同源。
	福口厝圳	（不詳）	水從快官圳、施厝圳二支合流，築陂灌田百餘甲。
	貓兒高圳	（不詳）	灌田十餘甲。

資料出處：周璽《彰化縣誌》，卷二〈規制志‧水利〉。

增加了二萬餘甲，其中彰化縣增加約一萬一千餘甲，高居一半以上，由此可知，雍正末年彰化平原已大致完成開拓工作，其中自然以康熙五十八年施世榜築成八堡圳深具關鍵因素。八堡圳又稱施厝圳，開墾人為施世榜。施世榜為泉州人。拔貢生，曾任兵馬司副指揮。清初與其父施鹿門自福建晉江來台，居台南從事販糖而致富，並為半線地方墾首，施世榜繼承父業，為一官紳商型墾首，從康熙四十八年著手籌引濁水溪水源灌溉，歷經多次皆失敗，後依某自稱林先生者指引，終於五十八年始成，歷經十年，投資九十五萬兩銀，工程浩大，耗資頗鉅。該圳圳頭在今彰化縣二水鄉鼻仔頭，灌溉當時彰化十三堡中的八個堡，故稱八堡圳。圳成，施世榜以施長齡墾戶之名，在彰化平原招佃墾殖[8]。

大致言，台中彰化地區若以大肚丘陵一線為分水嶺，以西海岸平原屬於零散無組織的個別墾殖，以東的台中盆地及山區地帶，開墾較具規模，山區地帶並須具備防衛力量，因而多有「隘制」組織，以保護移民安全。基本上，彰化市即是在此開發背景下興起。

第三節　彰化市的開拓

彰化市位於彰化縣之東北，以大肚溪與台中縣烏日、大肚兩鄉為界。境內東南部地勢較高，乃八卦台地之北端；西麓為隆起之海岸平原；北側則為大肚溪南岸河階地。彰化市域原為巴布薩平埔族半線社、阿束社棲居之地。明鄭時期左武衛劉

國軒為駐半線鎮將，在此屯田。至康熙中葉以降，有泉人施長齡、楊志申、吳洛、張振萬等墾戶，大量招徠閩粵人民，從事鑿圳築埤，以今彰化市為中心，向四周開墾荒埔。

　　本市在明鄭時期，隸屬東都承天府天興州所轄半線社。清初隸台灣府諸羅縣半線社，在漢人未入墾前，今昇平、順正、鎮南、福安等里，可能即是半線社平埔族人舊居，居民至今慣稱諸地為「番社」。漢人入墾後，在此形成街肆，稱半線街。據族譜資料記載，康熙中葉有同安縣王正焰、楊國揚，末葉有同安縣王乾，饒平縣賴正直；雍正年間有安溪縣張文鳳、漳浦縣李侃直、南安縣許儀、平和縣許奇遠等人陸續來墾。至乾隆年間來墾者激增，有晉江人吳洛入居彰化東門街，招募佃人開墾內山荒埔。另有漳州府龍溪縣王日、馮德深、林樸，晉江縣林揚團、林世蘊、林世閣等人，南安縣吳元增、吳垂裕、許振哲、朱心杕、朱心地等人，詔安縣呂發合、吳夢連，南靖縣賴應富、柳阿瑞、吳茶，惠安縣莊媽力，安溪縣吳旺，漳浦縣李頂碩，及客籍饒平縣沈宅、永定縣魏德寬等接踵來墾。嘉慶年間再有永定縣游盛彩、龍溪縣吳添保。道光年間有南靖縣莊福、莊高瞻，永定縣胡才，漳浦縣康舜忠，咸豐年間又有同安縣馬成等人入墾[9]。不過，半線地方之漢人村街究竟形成於何時，缺乏明確紀錄，蔣毓英之《台灣府志》僅提及半線大肚社，但高拱乾之《台灣府志》已出現「半線莊」，至《諸羅縣志》已有「半線莊」、「半線街」之記載。至道光年間更是「闠闠囂塵，居處叢雜，人煙稠密，屋宇縱橫」，在彰化縣城內街道有「東門街、南街、大西門街、小西門街、暗街仔、總爺街、打鐵街、新店街、北門街」，巷弄則有「賜福巷、文書

巷、鎖匙巷、城隍廟巷，天公壇巷、暗巷」，在城廂外有「北門口街、市仔尾街、南門口街」[10]。

康熙六十年（1721）朱一貴起事，事平之後，爲鞏固統治，於雍正元年（1723）從諸羅縣分出彰化縣及淡水廳，添置軍隊，以鎮南北，也確立彰化縣行政地位。彰化縣治就選定在半線地方（今彰化市）。彰化縣初轄十三保半，至道光年間增爲十六保，其中半線保主要包括今彰化市、和美鎮、伸港鄉、線西鄉等。總之，經康熙、雍正年間的開拓，半線已形成街肆。街市的興起象徵土地開發的完成（按：並非指拓墾活動就此停止）及人口繁盛，社會趨於複雜化。這是南瑤宮初建時的時代背景。

第四節　南瑤宮之創建與若干疑問

南瑤宮所在位置乃昔年縣城南門口街，而南門（宣平門）以南至番社一帶，原是半線社域，雍正十二年（1734）植竹爲城時，尚未形成街區，之後此一帶成爲南門的附廓村莊，因此統稱「南廓」。此地因位居往南赴員林地方的出入要地，至道光年間已發展成街肆，俗稱「南門口街」。這一帶漢人之入墾，初似在今順正、福安二里，及南瑤、成功二里等半線街的邊緣位置。南瑤初作南窯，意即在瓦窯莊之南方村莊，而今成功里昔稱瓦磘莊，據云乾隆初有劉旺英者在大池塘旁，築窯燒瓦而得名[11]。

南瑤宮之建廟緣起，傳聞在雍正元年（1723）彰化設縣

後，有窯工楊謙自諸羅縣笨港南街應募工事而來，遂隨身攜帶媽祖之香火袋，藉為庇身保佑之用。做工或洗沐時將香火掛在工寮內，每入夜輒見五彩毫光，附近居民咸認為是神明顯靈，於是由當時士紳集資雕塑媽祖神像乙尊，暫奉祀隔鄰土地公廟內，自此香火日盛，居民禱告頻驗。至乾隆三年（1738）瓦磘莊民陳氏捐獻土地建立草茅小祠奉祀，時稱「媽祖宮」，此為南瑤宮建廟之濫觴。同年十一月，總理吳佳聲、黃景祺、林君、賴武等發起募資興建殿宇，並雕塑五尊神像，取南門之「南」，及瓦磘之諧音雅字「瑤」，正式定名為「南瑤宮」[12]。

漢氏與周氏二調查報告書說法略有三點出入：(1)楊謙應募而來之「工事」，《周氏報告書》指明為彰化建城時自四方招募工人前來，掘土燒磚，疊成城牆；(2)《周氏報告書》書中的香火袋指明從笨港天后宮分香得來；(3)《周氏報告書》中記載：初塑神像奉祀土地公廟內之「士紳」，指明為當時彰化總理林揚及李、賴、蔡各姓士紳[13]。而《宮志》本身亦進一步指明，最初發現香火袋發出彩光者為住在今南瑤宮南邊附近之石姓先人，其後建廟過程石姓家人亦多方參與，因此日後每次進香時，護衛香擔職責率委由石姓子孫負責，直到近年才改變，不一定由石姓子孫負責[14]。

楊謙應募而來之「工事」絕不是建城之事。按，彰化在雍正元年設縣後，初無城池，直到雍正十二年（1734），才由知縣秦士望在街巷之外遍植莿竹為城並分四門。後林爽文、陳周全二役，或砍伐殆盡，或毀於戰火。嘉慶二年（1797）知縣胡應魁再植，又於四門增建城樓，故彰化素有「竹城」或「竹邑」之雅稱，即因此而來。經十餘年，城樓半就傾圮，直到嘉

慶十四年，士紳請准興建土城，縣令楊桂森捐俸倡建，王松等人議易以磚城，十六年起工，二十年告竣，城樓四座，東曰樂耕門、西曰慶豐門、南曰宣平門、北曰拱辰門[15]。可知建磚城之事是嘉慶年間，而非雍正年間，試問楊謙怎可能為應徵建城城工而來？若謂楊謙此事傳聞乃屬無稽傳說不可信，倒也未必盡然，否則南瑤宮焉有流傳至今的「換龍袍」儀式[16]，因此較妥當之說法應是楊謙應募（或是自身主動）至瓦磘莊做工燒瓦而來，而絕不是應徵建城城工而來。因此建廟緣起傳聞不可盡信，近人林文龍亦採訪記錄一則傳聞：相傳清朝雍正年間，有笨港南街的居民楊謙受雇至彰化南門外瓦窯工作，隨身攜帶有笨港天后宮的香火袋，以祈求旅途平安；事畢楊謙返笨港，將香火袋遺留工寮內。某日，忽有女人直立在瓦窯邊大聲疾呼：「瓦窯將陷，趕緊逃命！」大家聞聲，競相逃出。正驚奇間，瓦窯崩落，而女人不知去向，大家共同認定是神靈顯聖救難，在清理工寮時，赫然發現楊謙所留下之香火袋，眾人咸認為係笨港天后宮媽祖有意分靈彰化，因此香火袋暫奉土地廟，後顯靈事蹟傳遍遐邇，終於在乾隆初年建廟以祀。

　　南瑤宮既從笨港分靈，按照台灣民間習俗，分靈的廟宇，例有向本廟「謁祖進香」的習慣，南瑤宮當然也不例外，不過南瑤宮除謁祖進香之外，為紀念楊謙的援引，尚有探望笨港楊謙祖家與子孫的行事。清代南瑤宮的笨港進香活動，循例都是在每年農曆三月十八日上午過笨港溪，進入笨港街市，先去探望楊謙的祖家與子孫，然後遊街，當夜駐駕天后宮。第二天上午，再遊街一番，下午入廟，午夜（即二十日凌晨子時）行謁祖禮，交香刈火，起程回彰化。後來楊家子孫認為媽祖是神，

而他們是人，擔當不起媽祖探望之大禮，因此特請南瑤宮方面雕贈一尊媽祖給他們奉祀，並作為紀念，從此探望楊謙祖家之禮，就有兩尊媽祖同在，然而楊家這尊媽祖係私人奉祀，財力較差，幾年後神袍顯得老舊不堪，於是將南瑤宮媽祖新神袍，換給這尊楊家媽祖。後來楊謙子孫絕嗣，楊家媽祖遷祀笨南港水仙宮，自民國五十一年（1962）起，換袍禮也改在水仙宮舉行[17]。

另一疑點則是南瑤宮之創建廟宇年代，諸書均謂創建於乾隆三年（1738），而修於乾隆五年（1740）（刊於乾隆七年）劉良璧《重修台灣府志》卷九〈典禮〉記彰化縣「天后廟，在北門內」[18] 僅此乙座之紀錄。但修於道光年間的《彰化縣誌》卷五〈祀典志·寺廟〉卻記載：「天后聖母廟：一在鹿港海墘，乾隆五十五年，大將軍福康安倡建……一在邑治北門內協鎮署後，乾隆三年北路副將靳光瀚建……一在邑治東門內城隍廟邊，乾隆十三年邑令陸廣霖倡建。一在鹿港北頭，乾隆初士民公建……一在邑治南門外尾窯，乾隆中士民公建，歲往笨港進香，男女塞道，屢著靈應。一在王宮，嘉慶十七年邑令楊桂森倡建。一在沙連林圯埔，乾隆初，里人公建……」[19]。

可知在官方志書中，乾隆初年尚無南瑤宮之紀錄，有之乃是「乾隆中士民公建」才有，此其一。而且創建廟宇有功之「陳氏、吳佳聲、黃景祺、林君、賴武」等人，在南瑤宮正殿右護龍內紀念對南瑤宮興建有功勳者的祿位祠十七方「長生祿位」中竟無一牌位，豈不可怪！此其二[20]。其三，位於三川殿前左側日治時期昭和十一年（1936）的改築紀念碑，碑文明確寫出：「……彰化置縣始於建城池，至乾隆十二年終告成功。

建城時……有招募外來窯工以從事，中間有工人楊姓者自笨港應募而來……遂共祀之於鄰福德廟內，禱告輒靈。自茲以後，香煙日盛，越二年，庄民議建廟，然初建基，不滿十坪，湫隘難堪……」此碑文不僅將香火發光傳聞，年代降至乾隆年間，並點明初建廟年代為乾隆十四年（1749），且又符合官方志書所記。因此南瑤宮創建廟宇始於乾隆三年之說，頗成疑問，較可信說法應是乾隆十四年左右。至於香火發光傳聞之事應有其事，年代是雍正年間或是乾隆初年間，事遠難稽，也就不必深入追考了！

第五節　南瑤宮修建沿革

一、清領時期

　　南瑤宮自建廟以來，屢著靈驗，香火日盛，因此乾隆年間有幾次擴建、重建，《宮志》說法如下[21]：

1.乾隆十四年（1749）三月，士紳王君揚發起募捐增建後殿。
2.乾隆二十九年（1764）五月，又增建左廊廡及祿位祠，祿位祠奉祀對南瑤宮建廟有功之吳佳聲、黃景祺等十三人之祿位[22]，藉以旌表祝福。
3.嘉慶七年（1802），地方信徒再倡重建，廟址擴大五倍。

按，今廟中並無存留相關年代之柱聯，只有若干匾額、長
生祿位，茲迻錄如後；

1.匾額：
　(1)凌霄殿之二匾，一為「乾隆參拾九年甲午立／民國
　　七十三年丙寅重修／彰化縣郭姓宗親會謝」之「廣敷
　　四海」匾。一為「乾隆參拾九年甲午立／閤境眾子弟
　　敬獻」之「澤被東寧」匾。
　(2)觀音殿之「嘉慶丙子年（按二十一年，1816）穀旦／特
　　調福建台灣北路等處地方副總兵加一級紀錄八次明祥
　　敬立／（昭和）庚午年桂月吉置／老二奶會員重修」之
　　「慈航普濟」匾。
2.長生祿位：
　(1)大施主杏娘曾大母黃老安人
　(2)大施主鄉飲賓林府老槌先生
　(3)大施主勉勞前改築會會長林海木先生
　(4)大施主勉勞前改築會會長林金柱先生
　(5)大檀越芝山職員吳奎星先生
　(6)大檀越龍溪總理黃繳天先生
　(7)大施主前朝職員林仕樞先生
　(8)大施主勉勞前改築會事務理事林泉州先生
　(9)大施主勉勞鄭府仁君之長生祿位
　(10)大施主勉勞劉府陽君之長生祿位
　(11)大施主陳府大笠長生祿位
　(12)大施主勉勞改築會長林府昌君長生祿位

(13)大施主勉勞陳府慶根君長生祿位

(14)大施主林府新鋒君長生祿位

(15)大施主林陳氏隨長生祿位

(16)大施主林府福君之長生祿位

(17)大施主鄉飲賓張玖先生[23]

　　對照前引《宮志》說法，出入頗大，無一可以印證，頗爲遺憾，個人有如下若干的懷疑與推論：

1. 增建過程不合常規，若謂乾隆三年始建，乾隆十四年增建後殿，成兩進式殿亭，形成「二」字形建築，乾隆二十九年再增建左廊廡與祿位祠，成「コ」或「ㄡ」字形建築（祿位祠位置不詳，可能即附祀在左廊廡），嘉慶七年重建擴增，至道光十九年才增建右廊及本殿左右棲墀，其演進過程是頗爲奇怪。按一般寺廟建築之增建擴建過程是先建主殿，依次兩廂房，再加前殿，其形制即「一」→「ㄇ」→「口」之演進。

2. 對於創廟有功之黃景祺、吳佳聲等人祿位今無一存留，也是件頗爲奇怪的現象。

3. 乾隆二十九年增建之說，是否爲乾隆三十九年匾額之誤解？因乾隆三十九年（1774）三月南部適有大地震，因而受到部分損毀而有增建修繕之舉？

4. 昭和十一年改築碑文中並未提及乾隆年間有任何增建修繕之役，僅明確記載：「自茲以後，香煙日盛，越二年，庄民議建廟，然初建基，不滿十坪，湫隘難堪，迨嘉慶七年，彰化紳董聯絡縣下信者，再倡重建，基雖擴

五倍,而香客與年繁盛,每春夏間,進香士女摩肩擊轂,有遠自三貂葛瑪蘭山後等處而來踵接於途,旂鈴不絕,而聖母正駕每年亦恆往發源地之笨港進香,隨駕香丁,常擁十餘萬,往復步行。時彰化縣下各部落民遂倡首組織鑾班會、輿前會以護衛聖駕,輪辦進香供奉之人員,即今之媽祖會是也。」說明了嘉慶七年的重建,是因為廟基不滿十坪,湫隘難堪,則與前述乾隆年間的幾次增建說法大有矛盾。

5.嘉慶丙子二十一年之匾額,雖是昭和庚午五年(1930)老二奶會仿製重修,但經查鄭喜夫《台灣地理及歷史》卷九〈官師志第二冊武職表〉,確有明祥其人,為蒙古正紅旗人,嘉慶十六年四月任台灣北路協標中營的副將[24]。可見南瑤宮信仰其時遠播北台。

乾隆年間二次興建雖有以上若干疑問,但在未有進一步史料印證或辯駁之下,仍應以尊重廟方說法為宜。

嘉慶七年不僅重建擴大南瑤宮,而且也出現「進香」的儀式。由於「香火」在神明的祭祀儀式中,被視為具有象徵作用,香火與神明可謂一體兩面,香火之權威,代表各廟之間的位階關係,並可象徵神明的顯赫與聲威,因此廟方以透過神明香火的「來源」或「開台最早」的歷史地位,乃至各種靈驗神蹟來建構該廟的香火權威,也無形中有地方群體意識與情感認同,不僅有結合超地域群體的功能與超祖籍群的信仰與祭祀,形成台灣地方性的特殊信仰文化,也就是說,各廟主事者企圖運用各種論述、文化資源及儀式活動來突出彰顯該廟的神威,

成爲信仰重鎭或香火中心。《彰化縣誌》記「歲往笨港進香，男女塞道，屢著靈應」，即是反映此一事實與企圖。因此嘉慶七年才會有擴大重建爲原廟基五倍之舉，也才會有於嘉慶二十一年三月正式立公約，成立「老大媽會」的組織，成員人數高達四十二人之舉。

《宮志》又記道光十九年（1839）南門口庄總理汪安舒發起募資，增建右廊及本殿左右門廊。同治十一年（1872）十一月，士紳世振治等聯名捐資，在本殿左側增設「洗面台」供香客淨手之用，並修飾圓柱棟樑，完成全廟建築，遂於同治十二年三月舉行落成祭典[25]。

按該宮正殿有一「道光丁亥年（七年，1827）」勒名銘刻「南瑤宮」的石香爐；及其他諸匾：

1. 「道光九年仲秋月吉日穀旦／署噶瑪蘭通判羅道敬立／昭和庚午桂月吉日／老二媽會會員重修」之「福蔭海山」匾。
2. 「欽加巴圖魯鎭守福建台澎水陸等處地方掛印總兵官曾玉明立／咸豐己未（九年，1859）署」之「國泰民安」匾（位於右護龍）。
3. 「光緒拾貳年（1886）歲次丙戌孟秋月上浣吉立」／「后德配天」匾（懸於三川殿）。

其中立「福蔭海山」匾之羅道爲安徽歙縣人，監生出身，道光元年九月初一以斗六門縣丞護理噶瑪蘭廳之海防糧捕通判，至二年二月初六改由吳秉綸（湖北東湖人）署理。至道光二年十一月初五，再由羅道以斗六門縣丞署理。有疑問者，道

光九年噶瑪蘭廳通判是李愼彝（四川威遠人，嘉慶十三年戊辰進士）擔任，至九年十二月初八改由彰化知縣李廷璧（雲南晉寧州人，嘉慶五年庚申舉人）調署[26]，可見道光九年噶瑪蘭廳通判非羅道其人，此匾眞實性大成疑問。此匾雖是後來仿製，諒不至於僞製，可能是年遠燻黑，後人誤將年代部分之「元」年判讀錯誤成「九」年而導致如此。此匾若眞，改築碑文中所稱「遠自三貂、葛瑪蘭山後等處而來，踵接於途，旂鈴不絕」雖不免有誇大膨風之口氣，亦不至於是純然虛語僞說。

獻「國泰民安」匾之曾玉明，字藍田，福建晉江人，行伍出身，於同治元年十二月二十一日由福建建寧總兵調任台灣鎮總兵官，至同治五年五月初九開缺進京引見，繼因伊子曾雲登、曾雲書鄉試作弊中式而革職[27]。曾玉明調任之時，正是台灣爆發戴萬生亂事，清廷分從金門、廈門、銅山等地調軍鎮壓，至四年才平定，或許因此才有「國泰民安」之祈頌匾文，但與「福蔭海山」匾一樣，年代亦是錯誤，令人不得不產生僞造匾額之懷疑。光緒十二年之「后德配天」匾可能是中法戰爭平息後，頗多的廟宇神明獲頒御匾，此匾或即是其中之一。

以上諸文物年代不但有誤，也未能證實該宮在道同年間有所修建之說，而且嘉慶七年既已擴大重建，道光十九年增建右廊，同治十一年增設日式配置及用語之「洗面台」建物，實有突兀之感，反不如改築碑中所記「但道光間曾大繕一次，添建附屬殿廊，光緒間亦修葺一次」來得平實可信。

除以上修建沿革外，南瑤宮自古以來香火鼎盛，爲彰化市一帶的信仰中心，其建物也是南門外最大者，因此流傳許多掌故與傳說，舉凡如日月鐘地理風水之說、火燒鄭秀才宅第、施

九緞民變指揮所、戴萬生之役南瑤宮媽祖對抗白沙坑福德神、林文明因南瑤宮媽祖往笨港進香事而血濺公堂……等等眾多傳聞[28]，至今猶播誦鄉民之口，頗具參考價值，未必盡是虛妄野語。如光緒十四年因清丈不公，激起施九緞之亂，圍彰化縣城，索焚丈單。吳德功《施案紀略》記：「（九月）初一日，施九緞身立神轎後，如迎神乩童，率楊中成……等……以索焚丈單為名，旗書『官激民變』……駐紮南瑤宮至日晡，不期而臨城下者數千人。登城一望，漫山遍野，草木皆兵。」時管領武毅右營提督軍門朱煥明，在嘉義縣聞變，回援彰化，「時，施九緞紮住南瑤宮，即擁眾迎殺」，朱煥明力戰死之[29]。此次民變之是非功過，非本文主旨，在此略而不論，個人所要強調者，民軍駐紮南瑤宮，發號施令，指揮群眾力抗官軍，在在可見其時南瑤宮在中部地區之信仰地位及影響視聽之關鍵。而且「彰化媽蔭外方」，各地信徒香客前來膜拜者絡繹不絕，同時媽祖聖駕亦每年前往笨港進香，為護衛聖駕，彰化各地信徒乃提倡組織鑾班會、輿前會，輪流辦理進香事宜，此為南瑤宮媽祖會組織之由來。

各媽祖會都有自己的媽祖分尊，故其組織稱為「會媽會」，南瑤宮目前有十個會媽會，即老大媽會、新大媽會、老二媽會、興二媽會、聖三媽會、新三媽會、老四媽會、聖四媽會、老五媽會及老六媽會，會員數高達四萬多人，成立年代都在清代，分布範圍含括今日的台中縣市、彰化縣、南投縣等地，也就是大約相當清代彰化縣行政區域，亦反映昔年的祭祀圈的境域。關於各媽祖會成立年代與組織概況，見**表3-4**[30]。

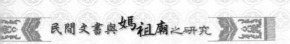

表3-4　南瑤宮各媽祖會組織、活動概況一覽表

名稱	成立時間	角頭數	會員人數（年度別）	主要分布鄉鎮數	轎前曲館	作會日期（農曆）	過爐日期（農曆）	有無吃會
老大媽會	嘉慶十九年（1814）	9	2,377（民國八十五年）	6	梨春園	三月二十四日	四月	有
新大媽會	嘉慶二十五年（1820）	6	150（民國八十五年）	3	金龍大鼓、神虎大鼓陣	三月二十二日	四月	有
老二媽會	道光十年（1830）	12	7,700（民國八十五年）	9	集樂軒	三月二十五日	八月	有
興二媽會	咸豐二年（1852）	10	3,485（民國八十三年）	7	興祿軒	三月二十五日	四月中旬前	有
聖三媽會	同治八年（1869）	12	1,520（民國八十二年）	6	繹如齋	三月二十六日	八月	有
新三媽會	光緒五年（1879）	6	1,781（民國六十九年）	1	鳳聲園、鳳鳴園、鳳儀園、協樂軒、同樂軒	三月二十七日	三月二十七日	無（但有全庄性宴客）
老四媽會	光緒九年（1883）	12	8,085（民國八十二年）	16	玉梨園	三月二十八日	四月	有
聖四媽會	光緒九年（1883）	7	3,597（民國七十九年）	4		三月二十八日	四月	無
老五媽會	光緒五年（1879）	11	7,000（民國八十四年）	11	永樂軒	三月二十九日	四月	有
老六媽會	光緒二十年（1894）	12	5,200（民國八十五年）	8	景華軒	三月二十九日之次一日	四月	有
合計		10	97	40,895	71			

資料來源：國立彰化師範大學地理學系編纂，《彰化南瑤宮志》（彰化市公所印行，1997年9月），頁319-321。

二、日治時期

　　到了日治時期，「終感湫隘爲不便」，說明了香火日盛，
信徒日多，在嘉慶七年擴建五倍大的廟宇空間已嫌狹窄，不能
容納衆多香客、信徒，於是地方士紳積極倡議改築，商之地方
官彰化支廳長中川清氏，獲得贊成[31]，成立南瑤宮改築會，公
舉吳汝祥、楊吉臣、吳德功、林烈堂、李崇禮諸人分董其事，
募金籌資，閱五年於大正五年（1916）完成，耗資六萬日元，
爲一混合中國、西洋、日本形式的廟宇，不論在平面格局，或
是外部形式、構架方式都與一般傳統手法不同，也留下一「大
正四年五月上浣立／台中廳長正五位勳四等枝德二」所立「靈
鐘海國」匾，此匾至少在表面上反映日本官方認同媽祖的信
仰。不過這次的改築正殿，「但因信徒排斥這種非台灣傳統寺
廟式樣，致香火日衰，乃於其前方另建今之正殿，而將本殿改
奉觀音」[32]。乃藉口「塡基不實、砌造不牢、地坪陷塌，兼之
白蟻爲害，勢難耐久」之詞[33]，遂在大正九年（1920）由各媽
會會員重倡改建，公舉老二媽會大總理林金柱、副總理林泉州
兩人爲首，劉陽、鄭仁、賴天送、林潛諸人爲副，著手推行，
提出申請，蒙台灣總督田健治郎同意，並寄附（捐獻）九萬
三千九百六十日元樂助。惟期間遭一次大戰後不景氣之打擊，
與主事者先後逝世，募捐工作並不順遂。其後再推舉老五媽會
大總理林海木、聖四媽會副總理陳慶根繼承其事，然工程尙未
完成，林海木也告辭世。昭和七年（1932）再公舉老二媽會前
總理林金柱後裔林昌續董其事，諸人勇進精爲，不屈不撓，前

後經歷十七年的艱辛，終在昭和十一年（1936）完成前後各殿及兩廊等一切工程，廟貌一新，成中州名所之一，並由改築會員一同敬立「沿革碑」於三川殿前左側，碑文由吳士茂撰寫，石碑則由廈門泉興石廠監造雕刻，字體優美，也詳實舖述南瑤宮的歷史與沿革，深具歷史與藝術價值。廟中也留下眾多此一時期的香爐、匾額、柱聯，處處可見，茲不一一列舉。

日治時期兩次改建，據聞首次改築觀音殿時，是聘請板橋名匠師陳應彬主持，其高徒廖石成亦參加[34]。第二次改建前殿與正殿時，聘請泉州惠安溪底派匠師王益順之侄王樹發（負責修三川殿）與吳海桐（負責修大殿）主持，搭配木匠郭塔，泥水匠石中取、剪黏匠永靖人陸國土。完成後之規模，面寬九開間約27.5公尺，進身三進，長約86公尺，總基地面積為0.647公頃，可以「四落三殿，一埕二院」說明之。溪底司傅所建的各地名廟，不僅規模大，經費耗資也大，不論在石雕水準，木構造技巧上，極具藝術價值。或許由於是唐山司傅之淵源，他們所用的石材皆從廈門的泉興石廠蔣馨購置，南瑤宮三川殿前左側所立的石碑，即是最好的例證之一[35]。

另外，南瑤宮之管理，清代時是由值年爐主輪流負責當年一切廟務、財務與祭祀事宜。至日治時期大正二年（1913）因改建之事，經日本政府許可成立「南瑤宮改築會」後，南瑤宮一切廟務、財務始由該委員會設詳細賬簿掌理，每年輪值爐主僅負責祭祀工作，惟至昭和十一年（1936）彰化市會議員以彰化市財政拮据為由，遂與警察當局商議，設立「彰化市寺廟整理委員會」，管理市內眾多廟宇之財產，明定以其收入充為興辦慈善、教育事業之用，藉以彌補彰化市財政之歲出，南瑤宮

亦被納入掌控。其後該委員會在昭和十六年（1941）改稱「彰化市信仰淨化委員會」，直迄終戰[36]。

三、光復以來

　　台灣光復後，該信仰淨化委員會奉省府令改稱「寺廟興辦公益慈善事業委員會」，民國三十七年（1948），旋又奉內政部函示予以廢止，彰化市政府另設「彰化市寺廟整理委員會」管理。旋又奉省府另委由地方自治團體管理後，於民國四十年彰化市公所成立，翌年訂定「彰化市寺廟管理辦法」呈請省政府核備施行。不過事實上，南瑤宮在光復初期，一度由地方人士所組成之「南瑤宮委員會」掌管，直到民國四十四年經彰化縣政府及相關治安機關公權力強力介入之下，始將南瑤宮交由彰化市公所接收，並由彰化縣政府指定彰化市長為管理人，直迄今日。期間南瑤宮部分信徒代表頗有意見，欲將該宮交還信徒組織管理，惟彰化市市民代表會基於管理組織健全，財產確保完整，兼為防弊端叢生，消弭派系紛爭，仍由市公所管理迄今。民國四十一年彰化市公所成立「寺廟室」，接管原「彰化市寺廟管理委員會」工作，成為全台各鄉鎮市公所中特別獨有之單位。寺廟室之組織編制，設有寺廟主任一人，承市長兼管理人之命辦理廟務，下設有寺廟佐理員三人，辦公專員七人，工友一人。其中南瑤宮員額，正式職員五人，工友一人，合計六人。每年農曆正月至三月，南瑤宮香火鼎盛旺期，另加派人手支援。

　　此外，市公所為徵詢各媽會對南瑤宮廟務發展意見，在每

年農曆正月十五及八月十六日召開「南瑤宮會媽總理會議」，邀請出席對象除十位會媽會總理之外，尚有成功里、南瑤里兩里長，及若干地方賢達，並由市公所聘為南瑤宮顧問。而該宮每年度預算之審議、通過，則由市民代表會負責[37]。茲將南瑤宮此時管理組織系統，製圖如圖3-1。

　　另一方面，光復以來，南瑤宮也迭有修建葺繕。民國四十五、四十六年兩年翻修三川門，四十九年、五十年進行三川門與本殿神龕之油漆與鑲金。六十年，市公所撥二百五十萬元建凌霄寶殿（又稱大雄寶殿或天公殿），於六十二年落成，樓高三層，巍峨壯觀。六十三年新建八角寶塔型三層金爐。六十五年為提供香客住宿，興建後面北側香客大樓，於六十七年完成，繼再於七十年興建南側香客大樓，於七十一年落成啟用。七十四年指定為第三級古蹟，七十七年秋建置木造四柱三門之牌樓，七十九年六月開始修護觀音殿，至八十二年一月竣工。同年二月動工修護正殿剪黏等零星工程，六月完竣[38]。

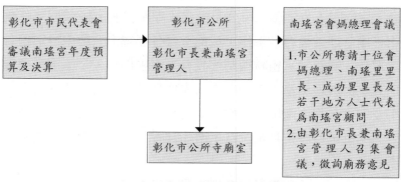

圖3-1　南瑤宮管理組織系統圖

第六節 結語

　　古人有云：禮神莫先立廟，彰化南瑤宮，由來久矣！稽其所崇祀之神明聖母媽祖，凡民間疾苦皆禱之，威靈實有難以縷述者。至於創始何人？肇基何日？且弗深考。惟細察其歷史文物，有頗多不可信者，經本文之稽考鉤玄，大體可知：其創建年或在乾隆十四年（1749）。創建因緣之窯工楊謙，其人其事可信，其年代則不可信。南瑤宮自建廟以來，屢著靈驗，香火日盛，乾隆年間或有增建，然隨信徒日多，香客進香日眾，終覺廟基湫隘難堪，遂於嘉慶七年（1802）再倡重建，基址擴增五倍，廟宇堂皇，壯厥巨觀，所以尊神靈以昭誠敬，內瑩外宣，昭茲寶相，經之營之，信仰遍及全台，有遠自後山宜蘭等處來者，旂鈴不絕。而聖母正駕亦恆往笨港進香，隨駕香丁，常擁十餘萬，往復步行，盛況一時。時彰化縣下各村落有倡首組織鑾班會，即今之媽祖會是也，演變至今共有十個會媽會，遍及今日台中縣市、彰化縣市、南投縣市，所屬綿亙昔清代彰化縣域，會員數高達四萬有奇，信徒則未能悉數。

　　清領時期，乾嘉道光皆有修建，惜未能注意保管古物，今茲所存留楹匾，率多仿製，滋疑者多，可信者少，不免有所瑕疵，令人遺憾！乙未割台，日人統治，至大正年間有二次修建紀錄，先是五年（1916）之修，形式趨新，非復古典，信徒訾議，九年（1920）再興改建，普獲讚嘆。迨及光復，組織人事諸管理，變動不居，嗣後重組才稱穩定，而光復以來，南瑤宮迭有修建葺繕，輝煌依舊，廟貌俱美，信仰更勝昔日。

註釋

[1] 詳見李亦園〈從文獻資料看台灣平埔族〉，《大陸雜誌》，十卷九期，頁20。

[2] 郁永河《稗海紀遊》（台銀文叢第四四種），頁6。

[3] 周璽《彰化縣誌》（台銀文叢第一五六種），卷九〈風俗志〉，頁309。

[4] 周璽，前引書，頁308。

[5] 同前註。

[6] 周鐘瑄《諸羅縣志》（台銀文叢第一四一種），卷七〈兵防志〉，頁110。

[7] 周璽，前引書，卷二〈規制志·水利〉，頁55-57。

[8] 溫振華〈清代台灣漢人的企業精神〉，《師大歷史學報》，9，頁11。

[9] 洪敏麟《台灣舊地名之沿革》第二冊（下）（台灣省文獻委員會，1984年6月），第四編第四章第一節〈彰化市〉，頁226-227。

[10] 周璽前引書，卷二〈規制志·街市〉，頁39。

[11] 洪敏麟，前引書，頁230。

[12] 詳見《宮志》，頁21-22。

[13] 分見《漢氏調查書》，頁3，與《周氏報告書》，頁13。

[14] 見《宮志》，頁100。

[15] 周璽，前引書，頁35-36。

[16] 見《宮志》，頁100-101。

[17] 林文龍《台灣掌故與傳說》（台原出版社，民國八十一年七月），〈美人照鏡香火盛〉，頁149-150。

[18] 周璽，前引書，頁154。

[19] 劉良璧《重修台灣府志》（台灣省文獻會，民國六十六年二月），頁337。

[20] 按諸書均謂乾隆二十九年五月增建左廊廡、祿位祠，奉祀對建廟有功之吳佳聲等十三人之牌位，今日卻已不見，惟詢問廟中之執事，究竟是原來就有，後遺失不知去向？抑或原本就無？亦不甚了了！

21 《宮志》，頁22。

22 《漢氏調查書》特別寫出指明是吳佳聲等「十三人」牌位，與他書含混其詞不同，見頁4。

23 按《宮志》，頁69僅列出十六位且有誤，茲據實際調查改正，並補列乙位。

24 鄭喜夫《台灣地理及歷史》卷九〈官師志〉（以下簡稱《官師志》，台灣省文獻會，1980年8月），第二冊「武職表」，頁238。

25 《宮志》，頁22。

26 鄭喜夫《官師志》，第一冊「文職表」，頁98。

27 同註24，鄭喜夫，前引書，頁25。

28 詳見林文龍，前引書，〈美人照鏡香火盛〉，頁148-154。〈恩恩怨怨問媽祖〉，頁156-163。

29 詳見吳德功《戴施兩案紀略》（台銀文叢第四七種），頁98-99。

30 詳見《宮志》，第七章〈媽祖會與活動〉，頁279-321。另本表據《宮志》二表合併而成，謹此說明。

31 諸書均將「中川清」名字錯寫成「中川清大」，任職年代也弄錯，應是明治四十三、四十四年在任，至明治四十五年後，由鳳山支廳長河東田義一郎調任彰化支廳長。見鄭喜夫，前引書，頁400-401。

32 見《宮志》，頁48。

33 見《宮志》，頁22。

34 見《宮志》，頁26。不過據李乾朗《廟宇建築》（北屋出版公司，民國七十二年四月）中的〈台灣的廟宇建築及匠師流派之研究〉（頁22-53）與〈廟宇設計名師廖石成〉（頁195-199），兩篇文章，均未提及此役兩人有所參與興建，此說有待進一步證實。

35 見李乾朗，前引書，〈台灣的廟宇建築及匠師流派之研究〉，頁46-48。

36 詳見《宮志》，第八章〈管理組織〉，頁347-352。

37 同前註。

38 見《宮志》，頁23-24。

第四章

馬祖金板境天后宮

第一節　馬祖民間信仰源流與特色

　　任何一地之民間信仰，都是在一定的自然地理和社會歷史條件下產生和發展起來；馬祖民間信仰自然也不例外，也同樣受到馬祖列島特定的自然地理條件與社會歷史條件的刺激、促進和制約。馬祖列島位於臺灣海峽西部，中以南竿島為中心，共有三十六座島礁串連而成，雄峙閩海，氣象萬千。北起東引鄉，南抵莒光鄉，陸域面積狹窄，雖僅有29.6平方公里，但海域面積卻廣達6,520平方公里。原行政區隸屬福建長樂、羅源、連江三縣，民國三十八年（1949），國共內戰，我國軍退守台澎金馬，將其合併歸入連江縣管轄，統稱為馬祖列島。

　　其地理位置西鄰東海海域，與閩江口、連江口、羅源灣、三都澳近在咫尺，向北延伸至浙江舟山群島，是著名的漁場，往東北抵達琉球群島，面南跨越福建平潭、湄洲、南日諸島，西南則朝向臺灣，至基隆114浬，距金門152浬，去澎湖180浬。與大陸一衣帶水，隔海相對，並扼閩江口，上通上海、寧波，下可達廈門、南洋咽喉，又地當臺灣海峽海運要衝，自古以來即是海防要地。由於這種特殊地理位置，同時又擁有河海交匯的特性，生態環境自成系統，造就馬祖列島居民的生活形態及民間信仰。

　　這種民間信仰，與我們熟知的閩南、臺灣民間信仰有很大的差別，可以說是目前政府統治地區中唯一非閩南文化區。尤其民國三十八年國府遷台，長期隔絕台澎金馬與大陸往來，馬

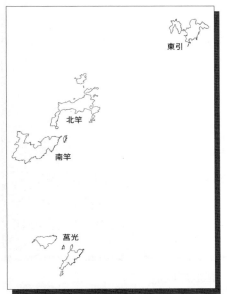

圖4-1　馬祖各鄉關係圖

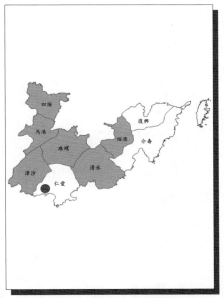

圖4-2　金板境天后宮位置圖

祖地區既被切斷和福建閩東的關係，又和臺灣的閩南主體文化隔閡，終至形成特殊的文化區，不僅文化發展顯得保守停滯，民間信仰更趨向封閉拘謹的狀態，但也相對的保留相當濃厚的地方色彩。[1]

　　復次，馬祖列島位在閩江口外，是明清時代傳統所謂「下西洋」（即今南洋群島）及中琉封舟貢舶往返必經之地，也是所謂福州半港或省城藩籬，不僅是海上舟人漁民下針辦位的目標，更是船隻進入閩江（或福州）前等候潮水或避風不得不暫棲的島嶼。而且馬祖的自然條件不適開園種山（做山），更不利農墾定居，因此人跡罕到，又因人跡罕到，反而成為躲避官

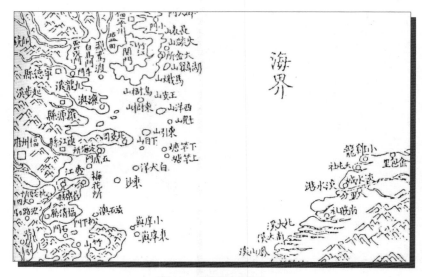

圖4-3　福建疆域圖

軍巡緝的走私海商，縱橫掠奪的海盜倭寇之徒樂蹈的利藪[2]。因此馬祖列島緣於其海口位置，一系列的斷嶼孤島，成了官軍、海商、海盜、漁民、難民等人的暫居之地，這些人身分特別，自然也帶來特殊的跟其己身有關（或職業或海事或鄉土）的民間信仰。

　　綜括上述，大體而言，馬祖的民間信仰，有如下的幾項特色：

一、水神崇拜的特色

　　除眾所周知的水神媽祖，玄天上帝信仰外，及眾多的浮屍立廟而成神的「浮屍神」皆可算是水神神明譜系之一。較特

殊的，與閩南、臺灣不同的水神神明主要有二，一是白馬尊王，一是水部尚書陳文龍。馬祖列島廟宇最多的主神是白馬尊王，白馬尊王在福健民間常被視爲水神，「凡里中之涉海者，或漁或商，或游在水中，率指白馬廟爲的，飛帆瞬息及岸焉。舟人每爲予言，舟行黑夜，咫尺不辨東西，則隱隱望大星如車輪，熒煌噴射，忽巨忽細，時高時低，乃驚喜相告曰，此白馬廟神火也。鼓枻向火，則須臾出險。于是或漁、或商、或游者卒然犯風濤，昏黑漂泊，舟中匍匐拜呼，則皆隱隱有火俾之達岸。」[3]

不過，自古以來，旱澇、瘟疫與寇盜三大災害爲福建地區所困擾，因此福建民間俗神多半具有消除這三大災害神能的神明居多，而且實際上很少神明的神能只是單一的，也不是固定不變的，隨著各地的生活條件，地理環境、歷史文化的不同，民間信仰是不斷遞變發展中，所以其發展過程即是建立在社會變遷中。但對民間信仰的研究者而言，面臨的困難度也是難以想像的，中國廣土眾民，又有二千年的歷史，至少有數千種，甚至數萬種民間信仰，中國各地各境民間信仰產生背景不盡相同，傳播範圍不同、信仰程度不同、傳說也不同。馬祖列島因其海上航道的地理特徵，島上居民以漁民與航海者爲主，崇拜水神自是當然。但隨著近代交通工具的改善，航海儀器的突進，海難越來越少，而近來馬祖居民也不再以漁撈爲生，所以白馬尊王的水神功能逐漸消褪，轉而以白馬大王身邊配祀之喝浪將軍爲主。[4]

水部尚書陳文龍原是南宋末年狀元，官至參知政事，文天祥在福州組織抗元軍，陳文龍也在家鄉莆田舉兵響應，失敗被

俘至杭州，不屈而死。明洪武三年（1370）下令建祠祭祀，此後成爲莆田民間祭祀神明之一。明清時代，莆田商人將其信仰因行商而傳至福州城內之水部門（是碼頭名稱），台江一帶，並建廟供奉。廟名「水部陳尙書廟」，日久訛化成「水部尙書廟」，後人因「水部」兩字，誤以爲彼是水神。於是清代從福州台江出發的商船，船長、水手、海商，無不到廟一拜，才敢啓程。出使琉球的使船也會將媽祖、水部尙書神像或香火一併帶上，祈求一路風順海平。[5]

要之，馬祖列島的水神信仰主要來自福建沿海地區，受福州影響最深，溯其根源，則可進一步溯及閩江上游，閩南、莆田等地，只有少數神明信仰來自北方。[6] 福州是福建省的省會，也是最大的都會，更是閩中商品的集散地，因此各地民間信仰也隨行商旅人帶來，所以福州又是閩省各地地方神明匯聚之地，也再次向外傳播。馬祖列島既是水上人家集約之地，也是過往商船必經之所，因而它繼承了福州及福建沿海豐富多彩的水神信仰。

二、浮屍立廟情形特多

臺灣學者林美容、陳緯華在大作〈馬祖列島的浮屍立廟研究：從馬港天后宮談起〉文中指出：馬祖廟宇神明來源可以分爲：(1)從祖籍地帶來；(2)浮屍立廟；(3)漂來神像立廟；(4)本境大王；(5)狐仙；(6)上身等六大類，其中浮屍立廟情形特多，主要例證有下列諸廟：(1)后澳楊公八使廟；(2)橋仔白馬尊王廟；(3)高登島大王爺廟；(4)亮島大王廟；(5)馬港天后宮；(6)牛峰

境廟；(7)福澳地母廟；(8)梅石澳高王爺廟；(9)科蹄澳文武白馬大
王廟；(10)青帆陳元帥廟；(11)田澳蕭大哥廟；(12)柴澳張將軍廟；
(13)清水澳忠義廟等，重點是這些都不是角頭廟，頗多是地方的
公廟、香火廟，是祭祀圈的信仰中心，具有重要代表性。[7] 更重要
地這些廟宇多數是（或可說變成是）陽廟，廟宇建築不是三面壁
無門的小祠，被奉祀者都有神像，並且配祀其他常見的正神，所
用紙錢也是金紙，與臺灣的陰廟信仰極為不同。作者分析：這些
浮屍立廟案例都是位在中國大陸東南沿海小島，都具有類似的
地理、歷史與人群的特徵。作者進一步分析，這些特徵中以地
理特徵最主要，它決定了歷史與移民特徵。移民主要是漁民、
海商（或正當商人或走私商人）、海盜、罪犯、軍人、難民
等。[8]

　　而這種由浮屍→厲鬼→厲神→鄉土神的演化過程，王花
俤曾撰文說明在馬祖的演進過程，鴻文略謂：臺灣學者呂理政
以為諸厲鬼中「以溺斃無人認領的水浮屍，冤靈所聚，靈力
最強，為禍最烈，一般人稱之為煞」，所以在馬祖習俗中，有
人意外落海溺斃，其屍體不能從村落經過，更不能在村落裡設
靈堂舉行喪禮，因為馬祖人相信凶死的厲鬼帶有極靈的煞氣，
而且會「討交替」（即討替身），所以會在出事地點或發現浮
屍地點，鄉民集資建立小祠（陰廟），不時奉祀以保平安，免
去彼騷擾。後因發生「地靈」的靈驗事蹟，便被立較大祠廟恭
奉，久之因靈驗事蹟愈多，奉祀信徒越多，香火越盛，再附會
以各種靈異傳說，逐漸轉變成保護地方的鄉土神，普渡及零星
的祭拜也轉變為地域性公眾的定期祭典，共同祭祀群體也形
成，出現了爐主、頭家等主事祭祀者。於是完成了溺屍→厲鬼

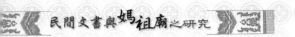

→厲神→鄉土神（正神），陰廟→香火廟→角頭廟→（陽廟）
的演化過程。[9]

三、保留淳樸原初的民間信仰

　　眾所周知，中國神靈信仰，多如牛毛，大概而言，可粗略
分為神、仙、佛、鬼、妖（精）；從系統歸屬分，可分成三大
系統：(1)載入國家祀典的諸神系統；(2)屬於正信佛教、道教諸
神系統；(3)屬於民間百姓崇奉信仰的諸神系統，三者關係，既
有區別，又有重合，更彼此滲透。但從根本上說三者並不是完
全重合，而民間信仰相對正式宗教而言，有如下不同的區別：
(1)不具有信仰組織；(2)不具有信仰至高偶像；(3)不具有支配
信仰的權威；(4)不具有完整、哲理的體系；(5)不具有一定的
教義、教規、教典；(6)不具有專門的神職人員；(7)不具有自
覺信仰意識。簡單地說，民間信仰不具備完整體系，不僅是一
種宗教現象，同時更多的與民間文化、民間社會有關，是民間
社會文化的一個重要組成。[10] 從此角度而言，馬祖民間信仰有
許多根本不知來歷的神明，人們對於自己所崇祀的神明，不免
總要追究祂們的本事和由來，透過「上身」（或附身、扶箕、
託夢等），無名無姓的加上了姓名、出身，並附會製造出種種
神奇的傳說故事，甚至為他們職掌的神權、神能，加上合法的
理由，演變到後來，這些神明的初起或原始的意義，已不同於
原來的意義，且愈來愈豐富完善，這其中歷經加工、改造、豐
富、變形等等神話神蹟的傳播過程，個人稱這種演變過程，這
種宗教現象，為「後合理化」現象，而馬祖列島目前民間信

仰，正是最佳研究的場域，有如下的狀況及特徵：(1)有許多
不知名不知由來的廟宇、神明，或泛稱某某大王廟、某某大哥
廟；(2)許多敘事結構不完整而且粗糙（也因是起初）的神話傳
說；(3)仍存在陰廟變陽廟、陰神變陽神的轉變步驟痕跡；(4)諸
廟場域小、分布散、分布廣、尚未定型，仍保持早期原初的現
象。

四、福州與閩東信仰特色

　　馬祖列島寺廟所奉主神，很多不是閩南臺灣民間信仰中所
熟知的神明，諸如水部尚書公陳文龍、五福（五顯、五靈）大
帝（天仙）、楊公八使法師、白馬尊王（三郎）、澳囝大王、
平水尊王、邱元帥、威武陳將軍……等等，[11] 即使是與閩南、
臺灣民間信仰相同的神明，有些稱呼不同，傳說故事也不同。
這些神明由來，有浮屍立廟、祖廟分香、漂來神像等等不同由
來，但總的說來，含有濃厚的福州與閩東特色，其根本原因與
馬祖列島自然地理環境有關外，最主要還是與地緣、血緣、商

圖4-4　鐵板大王廟

圖4-5　威武陳元帥

緣有關。馬祖列島位於福建東南沿海，居民多是於明清時代從福建省長樂、連江、羅源等三縣移來（及少部分閩南人），所以長久以來其語言、生活、風俗、建築與信仰，均深受閩東文化影響，後來又受兩岸的對峙與分裂，使馬祖長期成爲戒嚴軍管區，故使其閩東沿海地方傳統文化風貌得以長久保存，並獨樹一幟。又因位居閩江外口及進出福州省垣的衝要，也深受福州文化區之影響，例如南竿津沙天后宮現存清代道光年間捐題古碑，捐輸者頗多是「連邑」（即連江縣）、「長邑」（今長樂縣）、「閩邑」（今閩縣）人，又如經大陸學者徐曉望先生的考證，馬祖的蛙神信仰的傳播路線是由武夷山→南平樟湖坂→閩江沿海→福州倉山→馬祖北竿島；水部尚書信仰是由莆田→福州→馬祖北竿島；白馬王信仰是由福州→長樂（含連江）→馬祖列島而來。[12] 舉此數例可概其餘了。

　　只可惜，民國八十一年（1992）十一月七日，馬祖戰地政務廢除，回歸地方自治，終止長達三十六年的戰地戒嚴，在戰地鐘聲中成長的年輕一代，或赴台歸回，或留洋歸回，台馬交流大開，「隨著大環境而變，閩南式思考成爲主流」，民國八十六年起，馬祖的廟宇進入第一波重建高峰，形成以北方宮殿式建築與閩南式建築爲主要風格。第二波風潮以南竿爲代表，建築風格可分爲二類，一爲閩東傳統建築，再略加整合；一爲閩東建築爲主體，立面採閩南風貌。近五年爲第三波重建高峰，費貲最多，建時最長，規模最大，或是北方宮殿式（如馬祖天后宮、白沙平水尊王廟），或是閩南式（津沙天后宮、中澳口白馬尊王廟），或是主殿爲北方式，其他各殿廊爲閩南式的。[13] 面對這一波波重建風潮，與閩南文化的侵襲汙染，何

圖4-6　馬祖天后宮　　　　　　圖4-7　津沙天后宮

去何從？必將是今後馬祖人要嚴肅面對迫切急要的課題！

第二節　金板境天后宮創建年代暨背景初探

　　金板境天后宮，亦稱鐵板天后宮，因地名而起，實在不能稱為正式廟名，今又為取吉利與雅化，改名金板境天后宮，廟埕前涼亭側邊有一解說牌，內文如下：

鐵板天后宮，相傳為清代嘉慶年間大海盜蔡牽，為求神明庇佑所建，清同治8年間（1869）曾（經）居民加以修護，而後又於民國八、三十八、六十八、七十三年共4次修繕。今日廟宇仍保有當年閩東封火山牆的型式，內部以福州杉為材，採穿斗式構架，柱、樑、檁、枋、望板、斗栱、柱礎等構件清晰可見。（屋）頂上屬於出檐式建築之法，正面原為板牆立面，後為保護木構架，避免長期風化毀損，改設為磚造牆身。廟內供奉天上聖母、威武陳將軍、華光

大帝、臨水夫人、福德正神等眾神，神像與神龕雕工古樸
細膩，尤其主祀神媽祖的塑像，仍保留清秀的神韻，最邊
側二處神龕，也以少見的「廟中廟」形式呈現，散發簡樸
典雅，古色古香的氣息。廟前廣場是平日村民休憩場域，
每年中秋節都有溫馨的全村「燒塔」團眾活動。

此解說牌，精簡扼要，於創廟年代、因由、建築形式、結
構、供祀神明、習俗皆有涉及，取精用宏，允稱一篇佳作。但
有關金板天后宮的創建年代不明確，雖採民間傳說，仍不足以
據信，以下試從：(1)附近大王宮相關文物；(2)同在南竿諸媽祖
廟的創建年代及相關文物；(3)馬祖移民開發史之大環境大背景
等三個面向切入探討，作為參考係數，相互稽考，或可探索出
創建之接近年代。

一、大王宮相關文物

大王宮位在天后宮之右側，近年重建，立有「金板境大王
宮重建碑記」一方，內文如下：

金板境大王宮始建於元朝，歷史悠久，居馬祖廟宇之冠。
肇建以還，雖代有修葺，然掣於經濟條件，其形制每因陋
就簡，惟神明威靈，佐依山傍海之勢，庇佑全境，始終百
業駿興，家戶康和。其堂廡曾為村塾課室之所在，化育金
板子弟，俊秀輩出。由於木椽土牆年久疏漏頹圮，故鄉賢
乃倡重建之議。全境信眾，体仰大王施恩護境之德澤，倡
議伊始，莫不熱烈享嚮應，虔心商酌，遂凝共識。其堂

構、規模、方位勘定，皆尊奉神旨。工程委由馬尾榮隆雕
刻公司承建，并獲王連欽、王連進昆仲、曹以建先生，佐
助運輸及殿堂基礎工程之協建，未及期年，宮觀竣成。總
經費計新台幣壹佰捌拾餘萬元。落成之日，本委員會感念
鄉賢士紳解囊捐輸之誠意，特勒襄贊單位，及捐獻者芳名
於後，以示永念。（中略）金板境廟宇管理委員會，主任
委員林金玉，副主任委員朱金寶，委員（中略）謹識，中
華民國九十六年歲次丁亥年桂月吉日立。

　　此碑文未對廟神「大王」是誰？是何來歷？皆未曾交代，
經詢問附近鄉民，也是不知，僅知傳統習俗視爲村城隍爺，該
境村民死後，亡靈會前往報到，歸其管理，因此應視其爲陰神
陰廟升格爲正神陽廟之屬。至於碑文稱此廟始建於元朝，倒未
必無據，據說此廟重建，在壁體曾挖出殘碑一方，屬捐題碑，
只有「林酉才喜捨中統鈔二十貫」數字。中統爲元世祖最初始
用年號，僅有四年（1260-1263），其後改爲至元年號，但宜
注意者，此時南宋仍未滅亡，爲宋理宗景定年間（景定只有五

年，景定之年與中統之
年同年），天下尙未一
統，爲何在南宋領土轄
境，出現元朝碑石，且
使用元朝紙鈔，是一大
疑問？因此個人頗懷疑
其來源。且中統鈔二十
貫爲最高單位紙鈔，按

圖4-8　捐中統鈔二十貫碑

當年票面價值等同十兩白銀，不是一筆小錢，若再加上本碑其他遺漏不知之善心信徒捐獻金額，整個約略估計，百兩白銀是少不了，以此金額估算，若眞是用在昔年大王宮，此廟之規模形制應相當可觀。傳說此廟曾作村塾課室之用，則此廟面積，少則10坪，多則30坪應有可能（臺灣傳統，廟宇一進面積約有10坪）。不過今日大王宮只剩下一進單間，約略10坪的面積，或則是從元代以來日久傾頹，再加上明初、清初有兩次禁海遷界的因素，扼於人口、財力，重建時規模日趨縮小，也有可能因位於其左上方之天后宮，兩廟所奉主神的位階神職有所差異，大王宮不敢僭越體制，所以形制規模不敢超過天后宮，有以致之。

再則，中統鈔之使用，其上限可推到發行年代，其下限在整個元朝都有可能，因此暫且以元世祖征服南宋，一統中國為上限年代較妥當，也可說明何以會在南宋轄境出現元鈔，蓋此時元朝已統一中國，在情理上較說得過去，此年代即南宋帝昺二年（元世祖至元十六年，1279）。也就是說金板大王宮的始建年代可推溯到元世祖至元十六年（1279）。

若再佐證馬祖的考古資料，這種時代背景的出現是有可能的，例如東莒島蔡園里遺址，發掘出當地有唐宋時代的聚落遺址文物，今馬祖歷史文物館也有一些出土的唐宋元時期陶瓷器，雖多數為粗陶、粗瓷，但仍有一些精細瓷器與瓦當，這說明了宋元時期島上應有長住居民[14]，其中有瓦屋等相當高級的建材屋宇，有住民即有信仰，有信仰就應有廟宇，不管其規模是大廟還是小祠。因此鐵板境內元代即有廟宇，可能性是極高的。至於大王宮是否建於此時，目前尚無法定論，定論最主

要關鍵，在於此碑石是否確屬於大王宮？若能確定，自然不成問題，目前只能考釋「推論」大王宮有可能創建於元世祖至元十六年（1279）。另外，在此暫且先提出一個假設性命題，若此殘碑是屬於金板境天后宮的遺物，「林酉才喜捨」的廟宇是天后宮而不是大王宮，則金板境天后宮創建年代也可推論到1279年，而且這種可能性並不是沒有的。

二、南竿相關媽祖廟的創建年代

馬祖民間傳說海盜蔡牽當年在南竿興建媽祖廟三座、東引一座，即馬港、津沙、鐵板三座天后宮，因此馬港、津沙兩座天后宮的創建歷史也可做為參考佐證之用。更何況都同樣位在南竿島上，有地緣相近關係。

今馬港天后宮所存碑記，年代晚近，碑文所記，僅能僅供參考而已。如仙遊人張逸舟撰〈重修馬祖島天后宮記〉，立於民國三十二年（1943），碑文中有「島以后名，有斯宮也。宮建何代不可考，蓋傳名久，代亦遠矣。」可見在民國三十年代（或可寬鬆說是民國初期），時人記憶（或認知），馬祖地名是因有媽祖廟而起，而這座媽祖廟，正是今馬港天后宮（「有斯宮也」），只是這座廟創建年代久遠，不可考。按照時人習慣用語，清代距民國不遠，以民國三十年代說這座廟年代久遠不可考，創建年代不太可能是清代，若是清代，盡可含糊概說創建年代是清代，因此如此說法，此廟創建年代應該可推溯到明末清初以前。而且應注意者，碑文中並未提及蔡牽創建傳說，此時已是民國時期應無政治顧忌因素，不必諱而不言。也

要注意者，碑文中也未提及媽祖救父，負父投海，身後葬於南竿建廟說。在此，個人不排除因張逸舟是仙遊人是外地人。或許對馬祖歷史，民間傳說不熟習，以致未曾記錄下。其後民國五十二年（1963）此廟重修，時馬祖守備區指揮官陸軍中將彭啟超，撰文立碑，才提及媽祖「投海覓親，殉身抱屍，漂流斯島。」之傳說。此說之可真假如何，不辯自知，但重要地是此種傳說出現年代。按媽祖之昇化模型，近人林明裕在《媽祖傳說》大作中搜羅歷代筆記、小說、文集、志書、廟記，一條一條羅列出來，其情形有「死」、「卒」、「歿」、「夭逝」、「飛昇」、「仙化」種種，真正出現「為父投海而死」之說法，是晚到清初才出現的[15]。清初出現此種說法，並被採錄文集，其前必有一段醞釀傳播階段，因此這一傳說本身固然不足採信，但這一傳說的出現年代，卻有助於吾人推敲天后宮的創建年代，即馬港天后宮有可能創建於明末清初，同理金板天后宮亦有此可能。

復次，須進一步討論蔡牽創建說。按清代官方文書常將海盜區分為二：土盜與洋盜。「土盜」指在沿海一帶零散海盜，無組織，其船隻多屬小型商漁船，因缺乏航行外海大船，故只能在近海地區攔截沿岸航行商船，不能前往外海劫奪越洋大商船，危害程度較輕。「洋盜」者，指擁有夷艇洋砲之大幫海盜，所駕船隻大，活動範圍偏及江浙閩粵，危害最烈。海盜歷史與海上貿易同樣悠久，清代海盜活動可以以乾嘉之交為界，分為前後兩期，具有不同特色。前期海盜活動雖然接連不斷，但多屬於小規模，缺乏組織，海盜一般使用小型船隻偽裝他省船隻，借討水易米為由，接近客船，突襲行劫，奪取貨物和銀

兩，但絕不盡行奪取，以免殺雞取卵，因此商船仍往來不絕，他們也不斷有對象可獵取。至於官方防禦措施，泰半是水師兵船護送商船離開港口出洋，直到駛至大洋，兵船才返回。可是這是沒有多大效果的，由於向例兵船不得越境巡查，海盜可寄泊在交界之地，等待兵船離去，或洋船回棹時掠奪。[16]

　　清初在康、雍、乾三帝勵精圖治之下，成為盛世，昇平日久。但到了乾隆末年，社會漸趨奢靡，加上吏治敗壞，營伍靡弛，作姦犯科者日多，社會治安日壞。直迄嘉慶初年，閩省漳泉一帶，因災歉導致物價高漲，商漁失業，從賊者多，兼之行商從事海外貿易，屢獲巨利，為不法之徒所歆羨，沿海失去生計的漁民、商民、鹽民及失業的手工業者、破產的農民，全嘯聚在一起，下海行動，產生規模海盜集團。因此後期的海盜勢力龐大，而且是有組織的武裝船隊，肆行劫掠，甚至與清廷水師戰艦抗衡十多年之久。當時以「水澳幫」的朱濆為首，同安人蔡牽則後來居上，以土盜一變洋盜、艇盜，收編殘存的「水澳幫」、「鳳尾幫」二幫餘眾人，並獲得大型船隻的安南（今越南）夷艇夷砲，勢力迅速擴張，尤其後來又厚賂閩商，製造橫洋大船，載貨出洋，偽報被劫。彼於獲得橫洋大船後，活動範圍廣大，由沿海內洋，擴及臺灣，發展到有船百餘艘，徒眾二萬餘人之海上武裝力量，諸幫群盜皆附之，呼為「大出海」，並企圖建立政權，自稱「鎮海威武王」，建元「光明」[17]，成為當時東南海上叱咤風雲的人物，其大名不但屢見於官方文書，即使仁宗嘉慶皇帝也深以為患，其嚴重性可知。幸好當時清廷，水師將領有李長庚、邱良功、王得祿等人，疆吏有浙江巡撫阮元，文武同心，協力一致，終得戡平蔡牽，蔡牽在嘉

慶十四年（1809）八月十八日，被困於浙江溫州外洋之黑水洋
面，在諸軍水師會剿之下，戰敗自沉舟而亡。

　　約略明白蔡牽爲患東南海面上的史實大背景，進一步了
解蔡牽集團曾盤據駐紮馬祖列島自是理所當然，馬祖列島在清
代屬福建閩安協所轄，「自白犬而上，則竿塘、定海、黃崎、
北茭、羅湖，俱爲閩安協所轄洋汛，皆有停泊，避風接濟水米
之處」，前述清代水師將弁須按月排班，出洋巡哨，而北竿塘
是海壇和福寧二鎮會哨之處，白犬附近則爲水師候風開駕的
洋面。閩安協下轄左右兩營，白犬、竿塘屬於左營汛守地區，
「輪防外洋南竿塘，兼轄白犬、東沙及出海分巡游擊一員，兵
二百一十名，戰船四隻，撥守南北竿塘二處煙墩瞭望共兵六
名。」可知駐守南北竿塘共有兵六名，分開算，不過三名兵
弁。戰船四艘也並非全數駐守巡弋竿塘，事實上也只有一艘。
也就是說，清代雖說在今南北竿島均設有煙墩，派兵瞭望，派
艘巡哨，均是戔戔之數，這在「大出海」海盜王蔡牽眼中來
看，是不足爲患的，何況此地是海道要衝，航路必經，可避風
停泊，接濟水米，又是兩哨交界，正是盤據窩藏的最佳選擇。
因此馬祖列島一如其他閩浙海島，都有蔡牽及其同夥之蹤跡。

　　例如官書記載嘉慶八年（1803），閩浙水師總督李長庚
在白犬洋攻擊蔡牽船隊，生擒蔡部許老等三十餘人。嘉慶十一
年（1806）上半年，蔡牽遊弋於竿塘，李長庚亦在當年五月駐
船竿塘，準備俟機圍剿，至十二月閩浙總督阿林保奏稱「訪聞
外洋竿塘山內，芹角地方，有蔡逆匪夥私搭寮廠，製辦火藥、
食米、篷索之事，刻（下）派員弁、兵勇，帶領線目，潛往勦
洗」。清軍在線民引導下，逮捕到陳壠、黃霞等十九名人犯。

各犯供稱因竿塘係外洋禁山，人跡罕到，所以蔡牽乃遣其同夥大目金在竿塘、芹角私搭寮廠，並赴各處蒐購硝礦以運回製造火藥，此外並零星收購米糧囤積，並製辦船隻所需蓬索，同時亦向漁戶收取規錢。[18]

　　可知北竿的芹角是當時蔡牽海上諸多補給站之一，據此，蔡牽創建媽祖廟之歷史背景是絕對可信的。但史實細節未必如此。大陸學者徐曉望認為馬港天后宮不是蔡牽首創，蔡牽最多是整修了媽祖廟，其論證原因主要有二：[19]

　　其一，今查志書史料，清雍正七年（1729）編纂的《福建通志》附圖中，在南竿塘島的附近海面已經出現了「媽祖

圖4-9　《景印文淵閣四庫全書・福建通志》馬祖列島附近圖，上有媽祖澳、媽祖廟等文字與說明

廟」、「媽祖澳」之類地名，這說明了南竿馬祖廟至少修建於清初，蔡牽是在乾隆嘉慶年間才到馬祖列島活動，所以蔡牽創建南竿媽祖之說不能成立。

其二，清代初年，可能只有閩南人才將天妃稱為媽祖，馬祖列島於康雍之時出現了「媽祖廟」、「媽祖澳」之名，應當是閩南移民的貢獻。雖說今日馬祖列島以長樂人為多，但閩南人和馬祖列島頗有淵源。明末清初，鄭成功的水師占據了福建沿海的主要島嶼，他們在福州沿海作戰多年，馬祖是必經之地，此時肯定會有鄭成功的士兵來到馬祖列島，甚至駐兵島上，所以當時島上會有閩南士兵。明鄭政權失敗後，馬祖列島作為閩江口的要塞，會有許多人，包括閩南水手與商人，他們應當是南竿島媽祖廟的創建者，或是重建者。

徐氏論點有力可信，但結論可稍作補充，即蔡牽之肯修建媽祖廟，除出於媽祖是水神，祈其庇祐之信仰外，諸座媽祖廟位在高處，視野遼闊，可兼作瞭望觀測之崗哨用途，王花俤論述可作為佐證：「據聞天后宮未重建時，是座木結構的廟宇，氣勢宏偉，樓高兩層，登上二樓可瞭望閩江口進出船隻」[20]（圖4-10），即是明證。而金板天后宮，只要身臨其地，更可明瞭，不僅俯瞰澳口，即整個日光海岸，盡在眼前，海上活動一目了然，可以掌握清軍水師的行蹤。南竿島上三座天后宮，又存在一種微妙的航道與地緣的關係，馬港、津沙、金板三座天后宮都位於島嶼外緣且偏西南方向的澳口聚落，向西能駛入閩江，往北可抵舟山群島，向南可通閩南、廣東等地。[21]可見蔡牽選擇此三地修建天后宮實有其深謀遠慮之打算。在此，可以再舉一例以為佐證：東引天后宮有一則民間傳說，略謂昔年蔡

圖4-10　民國七十八年的馬祖天后宮 [23]

牽船隊寄泊在北澳港口,突感心神不寧,起身踱步到船尾,抬
頭一望,卻見到北澳嶺上有一農夫牽著一頭黃牛,將青翠的麥
子犁掉。蔡牽不覺生疑,命部下上山探查,幾個囉嘍上岸登山
一看,不見農夫,倒是看見洋面遠處清廷水軍正駕船前來,趕
忙下山通報蔡牽,蔡牽迅下令船隊揚帆起錨逃去,免去一劫。
後蔡牽認為是神明下凡諭示,封此農夫為「犁麥大王」,塑身
供奉,今神像仍陪祀在天后宮內左神龕。[22] 據此傳說故事,可
見選擇一居高臨下,觀察清軍活動的重要性,而此「犁麥大
王」神像,特別獨獨供奉在東引天后宮內,其中之關鍵,可想
而知。

　　討論完馬港天后宮創建歷史,接著再進行津沙天后宮討論。

　　津沙村面臨南竿島的南部海灣,灣內是一個避風港,很

早就有漁村聚落，且以連江人多數。今廟內尚存有二古碑，一為清道光乙巳（二十五年，1845）蒲月（五月）立的「利既薄矣」（額題）碑，一為清光緒癸巳（十九年，1892）季夏荔月（六月）立的捐題碑。道光二十五年古碑內文記「后德馬祖天上聖母，自馬祖□火（？）□，重建完成（以上碑文字跡漫漶不清），謹將各善信喜緣，開列于左：（中略，皆為捐輸人名及金錢數額），歲道光歲次乙巳蒲月吉旦立」。透過漫漶碑文辨讀，可以略知其前天后宮（正確廟名應稱為媽祖廟）曾發生火災損毀，經諸善信樂捐重建，道光乙巳二十五年五月完竣，故立碑說明並昭信感恩。碑文內容值得注意者有四：(1)雕刻字體拙劣，且用了大量俗字、簡體字，可見雕刻碑文之石匠文化水準不高；(2)捐獻者頗多白金（即白銀）二、三十兩，可見其時津沙一帶百姓之富裕。而且額題「利既薄矣」可見眾善信感恩媽祖之庇祐，風調雨順，漁獲豐收，生意有成，故捐獻特多；(3)捐獻者陳、林二姓居多，里甲頗多「連邑」（連江縣）、「長邑」（長樂縣）、「閩邑」（閩縣）人，可見其時三邑人士往來住居津沙之人數眾多；(4)出現「汛官陳殿貴四兩」，可見已有軍隊參與建廟之舉，且極有可能在此村設有汛塘派兵駐守。

光緒十九年碑文記：「天后宮廟宇建立久遠，迄今百餘載。聖跡頻彰億萬家香火，地靈人傑衛海島之顯靈。皆由保民之際，卻被祝融造化，捐金重整起蓋，謹樹豐碑不朽矣。姓名開烈（列？原文如此）於左：（中略）。光緒癸巳拾九年季夏夏荔月吉旦立，坐寅向申兼艮坤三分。」碑文宜注意者有四：

1.總算出現有關本廟之創建年代，雖仍是空泛之語，卻已是一大突破，光緒十九年（1893）上推「百餘載」，約是乾隆五十八年（1793）。換言之，此廟應在乾隆年代已有。

2.捐輸金額仍以白銀二、三十兩居多，可見從道光年至光緒年間，長達五十餘年，津沙村人仍稱富裕。

3.碑文中頗多文句不通順，且有錯別字、簡體字，再次反映撰寫者或雕刻者，文化水平有限。

4.捐獻者除常見陳、林兩姓，邱姓突然居多。且有「鄉長」、「總理」、「董事」等職銜稱呼，可以反映此地之保甲制度及廟宇內部組織。

圖4-11　現存於津沙天后宮的碑記

另出現「同興社捐白金捌兩正」，同興社之組織，據王
花俤兄賜告，爲北竿蕭王府廟之神明會，蕭王爺爲閩南信仰之
一，則可知：

1. 早在清末時，北竿已有閩南移民，並帶來蕭府王爺信
   仰。
2. 南、北竿兩島之宮廟暨神明會已有頻繁之交際往來，並
   有互助互捐，共興宮廟之行爲。

總之透過本段落之探討，已初步得知。馬港天后宮在雍
正年間已存在，津沙天后宮已在乾隆年代存在，蔡牽創建之說
的歷史背景是可信的，「創建」之舉不可能，「修建」倒有可
能，媽祖浮屍立廟之傳說不必盡信，但傳說內容出現之時代倒
值得注意，以此例彼，在同樣類比之下，南竿三座媽祖廟在清
初已有應不成問題，但個人仍然以爲年代仍可往前推，理由見
下文。

三、馬祖之移民開發史背景

民俗或宗教信仰往往起源於神話，帶有非理性，迷信色
彩，姑且暫稱之爲「神性色彩」，在探討詮釋時，不宜以理性
科學態度予以全然否定，而應注意其中三個層次內涵：(1)回到
神話的原始狀態，回到神話的本質自身，才能使事實的真相得
以呈現；(2)使神話內在的宗教（或祭祀）成分得以重現；(3)
重估文化價值，重新認識其歷史意義及現實利益，視之爲文化
資產，善加活用，成爲創意源泉。特別是回到神話傳說本質自

身，就是要拂去歷史的塵埃，或可說是拂去世俗民間記憶的遮眼法（這即是我在上文中所說的「後合理化」），呈現出原來的文化眞相。尤其是在宗教神話傳說中，世俗民間說法往往十分強大，在現實社會中取得了強大解釋力量，盲信、迷信、俗信的人比比皆是，年代一久，相輔相成，相互滲透相互強化，然後相沿成俗。明乎此，自然會明白馬祖列島移民的生活方式，生存環境，決定了他們的宗教信仰行爲，反之，宗教信仰與行爲又影響了他們的生活方式。

歷史時期的馬祖最早出現文字記載可追尋到南宋孝宗淳熙九年（1182）刊行，梁克家等所撰寫的福州方志《淳熙三山志》，卷二「敘縣」提到「連江縣下有寧善鄉，寧善鄉下有崇德里」，而崇德里轄有「上、下竿塘」，並註明「在海中」此外卷六「海道」中也提及在連江縣外海之東有「鄭崎、官嶼、雙髻焦、土花鹽場」等地名。「上、下竿塘」、「官嶼」及今天馬祖南、北竿塘島，[24] 可見至晚南宋時代已知有馬祖列島，並收入版圖，劃爲行政區域，此不僅與唐宋時代中國航海事業興起有關，也使馬祖進入閩東海域乃至東西洋航路的網絡，開啓了馬祖歷史的嶄新一頁。

明清時期的福州是貢舶貿易的港口，長樂廣石港在當年鄭和下西洋時爲造船重鎮，閩東地區的定海、壺江、連江、北茭、黃崎等澳又是鹽運船幫的要港，而位於閩江口外的馬祖諸島則是海船過往的指標，也是船隻駛入福州等候潮水或避風的港澳，若從海防觀點而論，更是所謂省城福州的藩籬屛障，其地位攸關省城安危。所以在海防地圖上或航海的針經圖簿就已經有所記錄，常出現的地名有竿塘、官塘、官唐、干塘、干

唐、關童、關同、關潼、關塘（皆是今南、北竿島，乃諧音不同地名），東沙、東犬、東狗、東獅（今東莒，以地形取名），白犬、白狗、白畎（今西莒），及東湧、東引、東永、東澳等等地名出現。[25] 可惜多半只是地圖的地名，直到明朝嘉靖萬曆年間因為禦寇及逐盜，時人論及馬祖列島才漸多。到了清朝初年對馬祖諸島才有詳細的文字敘述，其中又以康熙年間的杜臻撰寫的《粵閩巡視紀略》，以及後來清末陳壽彭編譯自英國航海圖籍的《新譯中國江海險要圖誌》著墨較多。茲先就諸書中涉及馬祖列島地理環境及住民生活狀況，再及寺廟記載，撮引於下以明究竟：[26]

(一)《指南正法》

《指南正法》據說是據清初寓居澳門的漳州人吳氏的針簿而增補成書記牛嶼：「水底多土堆⋯⋯不可貪隴（即靠近之意），恐犯鴨屎甲卯（海中礁石之名），須記之。」白犬「水深有石劍，校索亦斷，不可久住。」官唐：「二山相連，山上多茅草，名曰半塘，上有塘，下有塘境。」東澳：「共三澳，四面峭壁，打水五托（水深計量單位）。山上大王廟前拳頭（有闕文）。」

(二)〈安船酌錢科〉

〈安船酌錢科〉為道教科儀抄本之安船儀式，約寫於乾隆十四年（1749）：此抄本寫有「往西洋」、「往東洋」、「下南」、「上北」四條航路上各港澳廟宇名稱，其中「上北」係

指由漳州往江浙及天津的航路，記錄了「磁澳－媽祖」、「白大（犬）門－土地」、「關童－土地」、「定海－媽祖」、「小埕－土地」等字樣。引號中的媽祖、土地指的是各港澳供奉的神祇廟宇，爲過往船隻在船上遙望祭獻。可知在乾隆以前，白犬和關童（即官塘）已有土地公廟。

(三)《粵閩巡視紀略》

杜臻《粵閩巡視紀略》，寫於康熙二十三年（1684），記上、下竿塘：

> 「竿塘兩山相連在海中，以多茅竿，故名。先有居民，洪武間內徙。上竿塘峰巒層曲，周三十餘里，有竹扈、湖尾等七澳，鏡澳泊南北風船十餘，竹扈澳泊南風船三十餘，長箕澳泊北風船三十餘。下竿塘周二十餘里，有白沙、鏡港等七澳，馬鞍澳泊北風船四十餘，但苦泥滑，下椗易移。……相近一石峰，俗呼竿塘代，凡哨探淡水、雞籠、琉球、日本、俱從此放洋，認此收澳。倭寇至竿塘，亦必泊而取水焉。」

此文極爲重要，可以解讀如下：

1. 竿塘之得名，「竿」乃因島上生長「茅竿」之茅草，但不知此一茅草是否即臺灣俗名「菅芒」之五節芒。「塘」則不知是與設有塘汛官兵駐守，抑或築海爲塘有關？

2. 此地早有居民，極可能在元朝已有，人數多少不詳，在

明洪武二十年（1387）以防倭寇，遷界盡徙其居民。

3.上竿塘有十個港灣可泊船，平日泊船合計約有七十餘
艘。下竿塘亦有七個港灣可泊船，但只計馬鞍澳有泊船
四十餘艘，其他諸澳未記，若以此例推論，應該也有
七十餘艘，南北兩竿島合計約一百五十艘船隻停泊，雖
不知船隻大小，船員人數多少，但光從船隻數目來看，
直可稱得上帆檣往來，穿流不息了。而船隻停靠港澳，
亦必有人接待，或休憩，或遊樂，或採補物質、取給淡
水，亦可窺想南北竿島在清初已相當熱鬧。

4.日本倭寇仍不時出現，亦在此補給淡水。

(四)《新譯中國江海險要圖誌》

陳壽彭《新譯中國江海險要圖誌》，刊於1899年，光緒
二十五年，原爲英人在1843年（道光二十三年）探勘測繪，
1894年（光緒二十年）刊行三版，易言之，此書內容記載爲道
光年間事。

1.英人謂在白犬島南岸村落（今青帆港）可取得少量淡
水，此間有極少數漁人定居。

2.馬祖（一作南唐島）在白犬之北，人煙稠密，聚爲村落
凡十二、三，並有種植之區，可供停泊之善地有二，一
是北邊巴母利澳（今福澳，俗稱福沃港）爲最好之避風
所。一是島嶼西邊的馬祖路（今馬祖港），其地尤牢而
善。

3.唐岐（一作中唐島，今北竿），島上村落六、七個，皆

　　種植之區，有二高峰，島之東北有沙灘，停泊所甚善，
名曰麻克壁灣（今馬鼻灣），唐岐之巔名曰唐岐頭。

　　如上所述，道光年間南竿島可稱熱鬧繁華，已有十多座村
落，且有街肆出現，並可在今馬祖港或福澳港停船避風，並補
給淡水。

(五)清代《實錄》之官方檔案

　　明末清初仍有零星記載，略謂有海商，使琉球貢船等被
小股海盜船圍攻搶劫之記錄。明清之際，清初世祖順治十八年
（1661）頒布遷界令，規定閩、浙、粵近海處居民遷移內地
三十里，直到清聖祖康熙四年（1665）才稍弛禁令。康熙十七
年（1678）鄭經乘三藩之亂，曾屯船黃岐半島的定海灣，八月
二十七日清鄭兩方水軍曾在官塘洋面激戰，鄭軍敗退。二十二
年（1683）平定臺灣，方許遷民歸里，漸次開放海禁，惟外
洋島嶼仍嚴禁民人移居及搭寮採捕，當時馬祖仍屬外洋禁山之
列。

　　雍正朝仍有沿海貧民潛往島嶼謀生，也有不逞之徒下海為
盜，閩浙交界沿海小島包括竿塘等山，皆是匪船潛藏之所，雍
正十三年（1735），閩浙總督，福建巡撫下令各屬查報依山瀕
海曠土，設法布置開墾，諸縣回報提及「下竿塘、上竿塘、樂
獅、白犬」等島嶼，但因各島孤立海中，唯恐奸民密謀生事，
朝廷未許開墾之請。

　　到了乾隆九年（1744），福建巡撫周學健以沿海貧民生
計維艱為由，應福州、福寧二府仕紳之請，上摺奏請開墾包括

上、下竿塘、東獅、白畎等沿海島嶼，朝廷派員查勘後，發現與事實有所出入，乾隆十二年（1747）七月，福州將軍富察新柱題奏：

> 前任撫臣周學健據福州、福寧二府紳士，呈請開墾上、下竿塘各島一案，現在督撫委員丈勘。臣開竿塘等十島，僅丈得水旱田三十三頃，與原報萬一千六百畝之數太懸殊，良田認墾者駕詞聳聽，意不在山而在海。海洋之利各色種，如白水者可採捕魚鮮，海島左右小深處可網地者，水淺處張網以待潮湧魚至，潮落而取也，魚滬則就山腳巉石開鑿成圈，潮來魚入、潮去魚留所也。紫茶磹乃山腳下燒取紫菜地也，此皆海利大者，向無專主，沿海貧民輸納漁課於各島附近，分收其利。與其使紳衿富戶壟斷，不若仍公諸貧民，俾資衣食。

另在《福建省例》尚有一則重要資料：

> 閩縣五虎門外之南竿塘、滬澳、媽祖澳、竿塘尖，連江縣之上、中竿唐、八使、下目、津沙、牛角、芹角各澳，進嶼門、東洛、西洋山、長岐、馬鞍嶼、霞浦縣屬之馬砐……東湧等處，奸漁搭蓋寮屋，插椿掛網，在所不免。現據連江鄉耆倪邦棟等呈控，是其明證，並聞竟有在彼長年居住，聚集人眾，開園種山，不聽驅逐者。（下略）

此兩則資料，描述了昔年馬祖漁民的生活情狀，極為珍貴，可以解讀如下：

1. 朝廷政策矛盾，一方面不許沿海民人移居或開墾海島，勒碑示禁，並派有汛兵防守，舟船巡邏驅趕，卻因舟師懈弛，稽察不周，難以禁止。一方面為考慮沿海貧民生計，充分利用海洋資源，屢屢設法布置開墾，卻又擔心紳衿富戶壟斷利源，奸民聚集生事而不允，如此不斷在一放一禁之間循環，徒使海盜有機可乘，官軍有利可圖。真正貧苦漁民為生活所迫，為利益所誘，不得不「長年居住，聚集人眾，開園種山，不聽驅逐者」，想必是採用「兵來則去，兵去又來」之捉迷藏方式，長期居住開墾，在夾縫中求生存，因此清代馬祖居民要同時面對官兵之驅逐，海盜之侵擾，其生活亦苦矣！

2. 描述住屋簡陋，在海邊搭蓋漁寮插椿掛網短期居住，可見每當魚汛來臨時，閩東沿海漁民來到馬祖列島各澳口搭寮掛網暫棲討海，到魚汛結束後收網返鄉，等待下一季魚汛再到來，周而復始，循環不已，這是明清時期常見的景象。長期居住則試圖開園種山，種植一些旱糧菜蔬維生。漁民生活方式有在山腳岩礁，摘採紫菜，或日曬或設灶烘乾，或自食或出售，賺些微利。魚鮮撈捕則有圍築石滬，深海牽網，近海撒網張掛方式，充分描寫了清初馬祖農、漁兩業居民之生活情狀。

(六)《福建沿海圖說》

在清末，光緒二十八年（1902）之《福建沿海圖說》中曾記載南竿的「鐵板山」又稱「鐵板澳」，上建有馬祖廟一座，

此媽祖廟應即今日之金板境天后宮。此為最明確提到金板境天后宮之記載，惜記錄年代太晚，無助於該廟創建年代考證之用。

綜合上述，總的說來，馬祖的歷史雖少有正史典籍的記載，稗官野史的流傳，或眾口播傳的民間故事也少，留下了太多的空白歷史，但畢竟也留下些許的記載與傳說，本節用考據詮釋的方法，對這些倖存的隻語片言予以鉤沉稽考，個人暫不急於下結論，但至少目前有相當把握者，有如下幾點：

1. 馬祖列島在南宋時已收入版圖，劃入行政區。此時應該已有短期性、季節性的移民（以漁民為主）。
2. 明洪武二十年（1387）為防倭寇，盡徙其民，對馬祖的發展是一重大打擊，假設此時已有寺廟，也應是香火寥落，無人照管，諸島遂淪為海盜倭寇的海上樂園。
3. 明清之際，此地淪為海上戰場，清鄭兩軍，多次在此海域展開海戰。清廷雖採遷界政策，但收效不大，馬祖列島為海運要地，清初南、北竿塘共有十四個可停泊船隻的港灣，停泊船隻約有一百五十餘艘，可見其重要性不因此受打擊，受影響。
4. 清初已出現大王廟、媽祖廟、土地公廟，而且由「媽祖廟」而「媽祖」而「馬祖」形成此地之地名，可見媽祖信仰之影響深廣，媽祖廟之在此地的重要地位。可惜此「媽祖廟」究竟是今日的哪一座媽祖廟，尚難以確知（不過，以常理論，應即是馬祖港的天后宮）。
5. 此地居民可類分為官兵、海商、海盜、漁民及少數農

民。發展至道光年間已有十來座村落，且並在外人紀錄
中出現「馬祖路」之稱呼（應指的是一條街肆，商舖林
立，外人不知其名，因街道在媽祖廟附近而泛稱）。

6.清末光緒年間在《福建沿海圖說》中已經明確記載提到
金板境天后宮，惜年代太晚，無助於考證創建年代。

　　因此馬祖居民的信仰與水神、土地神、財神有關（官兵信
仰除水神外，應也有戰神信仰），加上從原鄉帶來的鄉土神，
及海邊的漂流浮屍，交織成馬祖的民間信仰諸神譜系網絡。其
中媽祖既為水神、生育神、鄉土神，又被清廷列入國家祀典，
其信仰的突出，之受重視自是當然。

　　職是之故，其信仰之早，建廟之早，自是理所當然，馬港
天后宮、津沙天后宮兩座媽祖廟確定清初已有，以此例彼，金
板境天后宮清初已有也應該是，稍稍放寬來說，三座媽祖廟在
明末清初已有也應不成問題，至於元代已有，個人也不排除此
種可能性，蓋與元代漕運信仰有關，此節篇幅已多，此處就不
深論了！

第三節　金板境天后宮的歷史遞嬗

　　金板境天后宮的創建與背景已略如上節所稽考，約略創建
於明末清初，洎後的清代歷史沿革不詳，僅有海盜蔡牽創建傳
說一則，幾無資料可考可述，實為莫大遺憾。

　　最可喜的突破與發現是：經訪談附近居民與耆宿（計有陳銓

水、劉永端、蘇美寶、朱金寶等先生），咸曰小時候在該廟右側
（虎邊）祀土地公之側門前放有二尊土砲，約在民國八十年才移
放馬祖民俗文物館，今放置於該館右側（龍邊）廣場前。

　　經蘇美寶先生親自陪同前往查看，四尊大砲之中間兩尊土
砲，確實是其小時所看到的土砲，且是原物，並非仿鑄（見圖
4-12）。蘇先生並談及小時就讀仁愛國小分部時（即在天后宮
內），因調皮搗蛋常被關在廟裡倉庫中，曾發現有一鐵球彈，
直徑約15公分，放在麻繩上，旁有一木棍，棍頭繫有碎布條，
類似通條。朱金寶先生亦說確實有此印象。

　　經本人再三檢視該二尊土砲，相當有把握是清代民間私鑄
的土砲，形式似抬砲。可惜砲身沒有銘文，也進一步查無文字
資料記載，無法確定其製造年代，但可判定是清代火砲。清代
火砲，按砲的材質可分為銅砲、鐵砲、鐵心銅體、銅質木鑲等
幾種；按砲體重量分有重砲和輕砲兩種，五百斤以上為重砲，
四百斤以下至二十七斤為輕砲；按彈藥裝填方式分，有前裝砲
和後裝砲兩種；按近代火砲分類，有長筒形加農砲和短管臼砲
兩種。[27] 而「火器關係軍政，甚為重要」，因此清廷是嚴禁民
間私藏、私造、私販火器，但這也不是絕對的，對特殊情況也
有變通處理，例如雍正年間，清廷規定近洋航行的商漁船不許
攜帶槍砲器械。但是往販東洋、南洋的大船，為防海盜計，允
許攜帶火砲，但每船不得超過二位，火藥不得超過三十斤。造
砲時必須呈明地方官給與印票，赴官局製造。火砲製造完畢，
地方官必須親自檢驗，鏨鑿某縣某人某姓名、某年某月日製造
字樣，並於執照內註明所攜帶火砲的輕重大小，以備海關及守
口官弁查驗，回來時交官貯庫，開船再行請領。假如本船遭遇

大風，火砲沉失，即於所在地方官報明，免其治罪，如果妄稱火砲沉失者，即行訊究。如若商船內買有外國的紅銅砲，准其帶回上交地方官，給與時價補償。

　　據此，可知民間是可以擁有火砲，但需鏨鑿姓名、製造時間，今觀此二尊土砲，砲身並無銘文，式樣且是嘉道年間流行在福州一帶滿州營抬砲，顯然是民間違法私製者。抬砲特色是重量輕，一人可以轉動方向，兩人可以抬動，而且是不需固定在砲架或砲車上，具有方便性與機動性，缺點是射程不遠，常安置在戰船上之甲板或船舷內，因此就種種跡象而推測，這極有可能是清代海盜遺留下來的私製抬砲。此二尊土製抬砲，是遺留在金板境天后宮前，該宮又傳說是蔡牽所創建；一切跡象都指向屬於蔡牽遺物。另一條可供旁證的證據是位在廣場前四尊大砲，最左邊的一尊大砲，這尊大砲正是嘉道年間流行在臺灣的短砲，俗稱「臺灣砲」，形狀是「前拿後豐，口形如缽」，其特色是短體的臼砲（**圖4-13**）。按砲管最短的火砲叫臼砲（mortar），是一種以固定仰角射擊（一般多採用45度），屬於曲射砲的一種，並藉裝藥量的多寡，來改變射程，最常安置

圖4-12　原在天后宮的古砲

圖4-13　短體的臼砲

圖4-14　金板境天后宮內的威武陳將軍

圖4-15　威武陳將軍鐵製香爐

在船上用。綜合上述的線索：如「清代的臺灣臼砲」、「清代的違法私製抬砲」、「原放在金板境天后宮前」、「海盜遺物」，佐以蔡牽種種的生平事蹟與傳說，答案似乎已呼之欲出了。

若能確證二土砲為蔡牽遺物，當年橫行浙閩台粵等諸省的蔡牽遺物恐怕也僅有如此，其珍貴性，稀少性自不待言，此尊古砲及金板境天后宮的文資價值，已不必作者曉曉多語了。

除上述古砲外，現存較古文物只有清穆宗同治己巳八年（1869）威武陳將軍鐵鑄香爐（圖4-15），據說此年天后宮曾修繕增建，此鐵香爐為福建連江縣壺江島張姓信徒所捐。香爐不大，可見當年容受香火份量有限，也可間接推知清代此廟之規模不大。馬祖的鐵板、青蕃（又稱青帆）兩地原是福建長樂嶺南支派陳氏族人的據點，在移民過程中，將原鄉的鄉土神華光大帝及陳將軍信仰也隨之帶來，因此馬祖四鄉五島的天后宮並非每座廟都同祀有陳將軍、華光大帝兩神像，僅有鐵板、青帆兩地有之。[28] 另，民國己未八年（1919）整修時，留下

（連江縣琯頭）龍沙境姜姓信士捐獻柱聯「威靈偏鎮僑居地，恩澤覃敷作客人」，可見其對閩東華僑信仰之影響。民國十四年（1925）連江郭婆（此為地名，在安凱鄉）黃總司贈石製香爐目前亦保存完整，其人其事則不詳。

圖4-16 今淡水龍山寺留存的鐵製香爐（光緒五年），形制與金板境天后宮的相同

至於神像文物，廟中諸神像是否清代古像，廟中執事，鄉耆均不敢確定，僅知民國時期曾經國軍部隊官兵兄弟整修過，但大體保持原樣，並未改變造型。不過按常情論，神像若非毀壞或擴建大廟新雕神像，基本上是不會移動或丟棄的。在臺灣民間神像收藏家習慣上判別媽祖神像年代，以是否戴有鳳冠或九龍冠（皇帝冠）為明代或清代文物之判斷依據。千里眼、順風耳兩神像造型以手遮眼、指耳，或只是揮手伸掌，作為清初、清中葉後之判斷依據。今觀察廟中神像為泥塑材質，但媽祖造型臉色粉紅，清秀素雅，手持圭板，非同臺灣常見成熟福態之貴夫人造型，偏又頭戴九龍冠，似非明代文物，更像現代神像。但千里眼、順風耳兩將軍造型並非遮眼指耳，造型古樸，色彩斑駁，似為清初文物，個人想利用神像製作年代來推測寺廟創建年代，仍不得解。[29]（圖4-17、圖4-18）此廟之清代歷史恐只有透過建築材料、建築形制、建築技術來進一步探稽，個人非建築專家，只能靜待建築專家解構推知了。

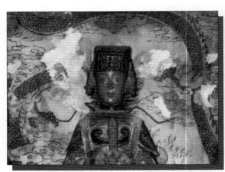

圖4-17　天后宮內媽祖的頭飾　　　　圖4-18　千里眼與順風耳

　　清代歷史能知能考僅有如此，進入民國時期文字、文物資料較多，但不夠完整，還是只能補綴拼湊。尤其進入戰地軍管時期，初期曾因蔣經國先生任總政戰部主任時，曾宿於村辦公處右側小廟內（今三君子廟），該廟旁有一古榕一株，年代久遠，枝葉繁茂，宛如傘蓋，覆蓋廟頂，而名噪一時。後縣政府婦女會、馬祖日報、仁愛國小均設於此，並在民國四十四年（1955）易名為仁愛村而風光一時，惜民國六十七年縣府遷往山隴後，逐漸失去光環。民國八十一年解除戰地軍管，駐軍大量減少，生意下滑，盛況不再，幸風華依然，舊貌仍存。

　　民國時期的鐵板天后宮，不僅見證了仁愛村的興衰變遷，與地方共興共榮、共損共衰，四百年的歷史，閱看世相，歷盡滄桑，不僅本身是一文化資產，雖文物不多，卻是地方公廟，一直扮演重要角色，提供地方公共事務的辦公、宗教、公益、政宣、選舉、觀光、教育、休閒及節慶活動各種功能的場域。今試分(一)祭典節慶、(二)政令場域、(三)廟宇修繕、(四)廟中神明四大項敘述如次：

一、祭典節慶

　　金板天后宮除諸神聖誕、多至慶典外，最重要地為「補庫」與正月元宵巡境活動，及「擺暝」、「燒塔」活動。《馬祖日報》民國七十八年五月二十一日報導〈南竿仁愛村天后宮／昨舉行補庫慶典〉一則，內容如後：

> 南竿仁愛村天后宮昨日舉行「補庫」民俗活動，全村民眾提供祭品及冥紙，祈求國泰民安，村境安和樂利。「補庫」即廟宇的錢庫快用罄，必須加以補充，傳說錢庫是神明用於對村莊境內平安，庫錢愈多愈好辦事。一旦用罄，神明會透過乩童傳話，村民選擇吉日供冥紙來「補庫」。這項民俗活動雖然沒有科學考證，但是地方民眾深信不疑。因此，村莊「補庫」一旦傳出，立即得到民眾熱烈的迴響。

　　同報民國七十九年五月十三日報導〈仁愛村民舉行補庫〉一則，內文如下：

> （上略）這項俗稱「補庫」的活動，於昨日中午展開，村民請來道士，並奉食品，活動在冥紙焚燒中結束。「補庫」是指廟宇的冥錢已經用罄。必須加以補充，全村民眾在獲悉後，即採購大量紙錢送往廟宇。（中略）依習俗，在「補庫」儀式完畢後，村民集體大會餐，這種會餐叫做「吃福」，村民可以自由參加，不過，大家基於能夠「吃出福祉」，所以絕大多數均參加，形成村莊喜事。

圖4-19　鐵板燒塔節[31]

圖4-20　馬祖藝術季——擺暝嘉年華[32]

　　王花俤進一步解釋「補庫」活動內涵，及背後的文化意涵：補庫是馬祖列島特有的澳口祭典風俗。補庫的意思是添補神明的財庫。透過每年補庫的儀式，和大量燒庫寶紙錢，來充實神明的財庫。至於補庫的時間，由各廟神明降乩選定，通常在春夏之夜，大約在端午節前後，村民有感是陰靈厲鬼開始蠢蠢欲動。補庫地點分成廟前和海灘排祭，在海邊的祭典，祭品和紙錢特別講究，祭品分大小麵包和麵糊，麵包給有牙齒的鬼魂吃，麵糊是給沒有牙齒者吃。紙錢上印有鞋子、襪子、衣服等日常用品，是燒給孤魂野鬼使用。排祭時必須請出神明鑾駕，坐鎮海邊，祭鬼魂香枝需插在祭品上，不能插香爐。下午醮祭結束後，請有經驗的長者循四方舊令旗位置，換插上新令旗，以示「境」內醮祭結束，邪靈厲神勿進。[30]

　　因此王花俤認為「補庫」具有「祭厲和普渡」的遺風。此說不能算錯，但從其儀式、祭品、地點來看，恐怕更接近臺灣、澎湖沿海區域「刈陰兵」之儀式，「補庫」恐怕兼具補「財庫」與「兵庫」雙重作用，只是馬祖可能更偏重在補「財庫」之作用。

圖4-21　天后宮補庫[33]

圖4-22　清道[34]

　　而每年元宵節幾乎是全馬祖列島年節慶典中廟會活動最隆重盛大的祭祀酬神節日，當日各村社老少咸集，全村動員，村與村、廟和廟之間相互較勁意味濃厚，頗有台諺「輸人不輸陣，輸陣歹看面」之態勢。天后宮附近宮廟神明也會被請出，移駕天后宮共享元宵夜盛會。元宵節活動主要有三：(1)遶境祈福活動；(2)天后宮前廟埕舉辦花燈猜謎晚會；(3)晚間各村姓家族的擺暝活動。遶境活動前先舉行「清道」遊行，顧名思義，「清道」者清理整潔街道。是以遊行街路兼具有「探路」、「動員」、「清潔衛生」之多重目的。出巡前須準備好出巡道具，花燈、神轎、鑼鼓、木偶神像，由於各廟各神均參加出巡盛會，整個活動過程往往需要持續三天，最遠遶行到三家村，再折返遶行村境之內。以金板境為例，午後先由乩童請示神明擇吉時出巡，再浩浩蕩蕩從天后宮出發，經馬祖日報→軍醫院→三家村，折返村境。隊伍經過之處，家家戶戶持香迎神，燃放鞭炮，獅隊也在鑼鼓聲中舞動驅邪祈福，為全村帶來歡樂。之後，返回原廟，接待各村各廟前來「做客」的乩神，一直忙到深夜。

　　此外，還有一別具人情味的活動，稱之為「送喜」，當年村中有新婚夫妻或剛生子女的家庭，由村內長老捧香爐或香案，以板鼓隊前導，前往新婚添子的民家去祝福「送喜」，此時長老嘴巴唸唸有詞，致上祝福吉祥話：「種好花，澆好水，先生男，後生女。」而新郎新娘與旁邊群眾均要應聲答「好」。長老隨即將馬祖老酒，在新娘頭頂圈繞一圈，倒下老酒（近年改成清水），表示預卜吉兆，兼有「鬧洞房」之趣味。大禮告成，隨後喜慶之家也會上香、煮湯圓、發紅包加以回報。鐵板境在元宵節慶之禮俗上還有一項獨特細緻的一面，民家在自備的供品上裝飾有剪紙花樣、繽紛多樣、各擅勝場。當夜並寫下各社百業祈福盃譜，祭祀時，廟方宣讀「請神譜」，廣邀鄰境山海各方天地神祇共同來享受餐宴。

　　「擺暝」活動則具有「模擬血親功能」，將普通祠廟象徵轉為祠堂、家廟的祭祀空間，透過信仰祭拜方式來凝聚宗族的力量。此活動透過不同宗族而輪流舉行多次醮祭，如正月十三夜由李、張、劉、曹等姓祭祀，正月十四夜由琅琦（社）朱姓後裔醮祭，正月十五夜則由嶺南（社）陳姓，正月十八夜則為「大眾暝」，全村不分姓氏，共同出資出人醮祭，並遊行遶境祈福，其中擺暝的祭品剪紙裝飾，更是各出心裁，互別苗頭，整個正月年節活動到此達到最高潮而結束，成為馬祖列島最具地方特色的年節活動，值得推廣觀光，普天同慶。

　　不過，福州地方「擺暝」稍有不同，更具有「賽會」之意味，李鄉瀏《福州習俗》在〈正月祠堂賽擺暝〉記：[35]正月的「擺暝」是村間祭祀祖宗的一種儀式，分為大祠、小祠、家廳三種，何以叫「賽」呢？就是觀看陳列的儀品特色誰好誰差。

圖4-23　金板境天后宮出巡遶境[36]　　　　圖4-24　南竿燈會[37]

　　大祠爲全村性的祀禮，儀品由各分支派陳列；小祠爲支派性的祀禮，儀品由各分房陳列；至於家廳，是獨戶或幾家合列的。儀品爲食物祭品，裝飾成具體藝術的人物或其他形象，各出巧思，比賽廚工，突出形、色、姿三者的比賽標準。

　　「擺暝」時間在正月中旬之內，各村不一。如長樂縣沙京上李村，是明代狀元李騏的後裔，在正月十八日晚間舉行。有的早在正月十一，也有遲至正月十九，都避開了元宵節。祭祀祖家的儀式，由村中輩分大的老者先祀拜，接著按輩分、長幼一一祀拜。祀拜之後，可分到丁肉、丁橘之類福品。丁肉是分給一塊豬肉，重量每年不同，視村中財力而定。丁橘一定要一份一雙。祠堂內設有燭架，每丁（滿16歲）須點一副紅燭，稱爲「丁燭」，具有添丁發甲、太太平平、吉祥如意之意。

　　而每年中秋夜天后宮廟埕前也舉辦團聚食福，並有「燒塔」之風俗，將村內汙濁不潔之髒物、廢棄物，疊積成塔燒毀，有團圓惜福，凝聚社區居民之意，兼有「除穢」之環保及淨化意涵。至於冬至祭典活動，只排祭不繞境，屬於小規模靜

態的活動，祭後餐敘，每人贈送一袋「福袋」，內有豬肉、橘子、紅蛋、包子意味來年大吉，太太平平。

二、政令場域

地方公廟不僅是信仰中心、祭祀中心，更是活動、聯誼教化中心，民國三十八、三十九年，金板天后宮的東廂房，曾作為附近仁愛國小的教室使用，廟埕為孩童們體育活動用，至今留下兩幀照片（**圖4-25**、**圖4-26**），極其珍貴，不僅可知其時人文活動，更可從照片中窺知該廟的立面建築形制，作為復原當時建築用。

今茲爬梳《馬祖日報》歷年相關報導，舉例如次：

民國八十三年三月二日〈金板境歡慶元宵／前晚食福／司令官與村民聚一堂話家常〉，內文如下：

「（前略）為慶祝元宵，仁愛村寺廟管理委員會今年並舉行了元宵燈謎及摸彩的活動，縣長曹常順、馬防部主任、

圖4-25　三十年代的金板境天后宮

圖4-26　昔日照片可作為昔時建築樣式的重要佐證

議長陳振青、國大楊綏生等多位地方人士都到場與會。
（下略）」

民國七十八年十二月十二日，〈仁愛村民為響應司令官號
召／踴躍捐資大力整頓四周環境／亦將開闢烤肉區提供民眾休
閒好去處〉，內文如下：

「（上略）另一村民曹玉明亦談到，仁愛的廟宇，是全地
區最先成立管理委員會，（中略）對於設計後的景觀，
村民亦表示，為了配合地區美化環境，在仁愛的天上聖母
廟、三君子廟及大王宮一線，規劃成休閒遊樂區，將開
闢一個烤肉區，以提供地區民眾一個休閒的場所。（下
略）」

民國五十三年十月三十日，〈仁愛村民動員月會／通過十
項重要提案〉，內容如次：

「南竿鄉仁愛村於本（十）月三十日下午二時，假該村天
后廟內召開十月份村民大會暨動員月會。該村各鄰鄰長、
民防幹部及民防隊員，和村民代表一百餘人，出席參加，
由村長陳傳水親自主持會議。會議中除由與會人員提出各
項意見，並由上級指導員藍天俠，及村長陳傳水、副村長
陳文斌分別解答與說明外，會中通過了：一、推行馬祖三
大運動。二、加強流動戶口管制。三、軍事地區禁止民眾
進入。四、禁止購買軍用物品。五、加強民防夜間巡邏。
六、宵禁時間禁止民眾在外遊蕩。七、各家戶嚴防火警。

八、各鄰戶加強整理環境衛生。九、禁止民眾賭博。十、加強燈火管制。會議歷三小時圓滿結束。」

民國九十一年十一月九日，〈鐵板社區發展協會／系列活動到年尾／包括元極舞、電腦入門等課程／歡迎社區鄉親踴躍參加〉，內容如次：

「為活絡社區脈動，凝眾社區民眾向心力，甫成立的鐵板社區發展協會，將於十一月至十二月底辦理一系列活動，包括元極舞、戰鬥陀螺比賽、電腦入門、果雕研習等等，歡迎社區民眾踴躍參加。（中略）鐵板研習營：十一月十六日起至十二月二十二日，每星期日晚上八時，地點在廟宇西廂房，採自由參加。」

民國八十六年十二月七日，〈醒獅技藝傳承／基隆長興堂金板境露兩手／氣勢壯觀技藝高超／圍觀者鼓掌叫好〉，內文如次：

「基隆廣東長興堂醒獅技藝團昨天在南竿仁愛天后宮進行一場研習營，傳授醒獅表演的基本動作，及中國武術精神，吸引不少民眾前往圍觀。（中略）完成表演後，醒獅團也技術指導仁愛天后宮醒獅隊及中正國中小學生。（下略）」

民國八十六年十月九日，〈第一屆文化小尖兵明金板境廣場開營／鄉土文化向下紮根／歡迎家長出席同樂〉，內文如下：

「馬祖第一屆文化小尖兵研習營，明天於仁愛村天后宮廣
場前開營，教育局局長兼社教館長林星寶將蒞臨會場，主
持授旗儀式。三十名學員隨即展開三天兩夜的田野生活，
為地方文史工作種下幼苗，也為連續假日提供青少年朋友
新的、健康的、生活的休閒。（下略）」

三、廟宇修繕

金板境天后宮在清代時的修建情形不詳，到民國時期，如
同解說牌所敘曾分別在民國八年（1919）、三十八年（1949）
年、六十八年（1979）、七十三年（1984）修繕過，其詳情，
除請教村中耆宿，廟中執事外，此處並佐以廟中文物、碑文及
《馬祖日報》相關報導，略述如下：

1. 民國三年、八年之修繕已不可得知，唯今廟中仍存有一
   「天上聖母」之豎匾，上下落款為「民國捌年立／長邑
   玉井境弟子徐紅利叩」，勉強可作為佐證（圖4-27）。
2. 民國三十八年時，天后宮曾一度作為仁愛國小教室用，
   或許因此才會有少許之修繕，其中較明確說法，將祭祀
   空間以木板隔開，作為教室用，時廟宇右側（虎邊）為
   一菜圃（圖4-28）。
3. 民國五十一年仁愛國小建好，遷至現址，原設在諸廟中
   的教室，恢復原狀，繼續供祭祀空間用，民國五十八年
   村長陳其灶延請王木喜匠師拆除原有木作牆面，並將正
   殿與東廂的前檐牆封住。以後數年，仍由王木喜繼續修
   繕，或修作供桌、神龕，民國六十六年（丁巳，1977）

圖4-27　民國八年的匾扁　　　　　　圖4-28　西廂房原為菜圃[38]

　　正殿地坪重鋪地磚，捐獻者有陳郡利、程光華、林玉利等二十餘人，今廟中正殿右側牆壁嵌有碑記存證（圖4-29）。

4.民國七十三年村長陳其灶發起大修，並獲得當時馬防部司令趙萬富同意，全力支持，派工兵支援（圖4-30）。《馬祖日報》民國七十三年六月十八日報導〈仁愛村民齊協力／整建天后宮廟宇／發揮愛鄉愛家的精神〉，內文如下：

「（上略）村長陳其灶邀集下，紛紛前往正在整建中的『天后宮』及『三君子』廟，處理庭間及鋪蓋瓦片。這兩座廟宇，承蒙司令官兼主任委員支持，指揮官兵協助整建，目前已接近完工。地方民眾對司令官整建古蹟的用意非常感動，並自動前往廟宇，與官兵一起工作。仁愛國小高年級學生也參與了搬運瓦片的工作。（中略）這項整建工程預定本月二十五日完成，舉行落成典禮。」

圖4-29　民國五十一年的敬獻碑　　**圖4-30　天后宮屋面係七十三年重鋪**

同報同年六月二十五日續報導〈仁愛村三君子廟天后宮／
整建落成及剪綵典禮／上午在廟前隆重舉行〉，內容如
次：

「仁愛村三君子及天后宮兩座廟宇整建落成及剪綵典禮，
今天上午在廟前隆重舉行，防區軍政首長及各界來賓數百
人參加。（中略）陳其灶村長昨日規定每戶出一人，參加
廟宇整理與慶典準備工作，大家共同努力，使廟宇裏裏外
外煥然一新。廟宇整建委員會今天將以晚宴招待各級首長
及施工部隊部隊長，以答謝他們的協助。（下略）」

此次整建工程，計花費新台幣二十一萬二千三百零五元，
結存尾款有一千二百九十元，花費項目有「水泥、大小土
木工程、台馬材料費、謝神開光祈福、供應司父福食費、
加茱金、金身四尊、運料及接送車資、送禮品應酬費、應
須雜支費」等等。今碑記嵌在正殿左側牆壁（**圖4-31**），只
是碑題題作「金板境乙寅年修建廟宇修復一覽表」，察民

國七十三年，歲次干支爲甲子，以下依次爲七十四年（乙丑）、七十五年（丙寅），並無「乙寅」之歲次，有可能此後兩年陸續有些小修繕，或則捐款直到後兩年才陸續收齊，故將「乙丑」「丙寅」混稱「乙寅」吧！

5.民國八十四年擴建西廂房及涼亭（**圖4-32**），《馬祖日報》民國八十四年九月十九日報導：

「金板境天后宮擴建開始動工，預定一個月以後完工。這項由村民自行集資興建的工程，未來完工以後將做為廟宇的娛樂中心。金板境廟宇管理委員會主任委員陳其灶說，天后宮右側將擴建爲西廂房，這項工程由村民募款興建，共募得一百六十多萬。（中略）又說，這項工程完工以後，將做爲廟宇的娛樂中心，內部有廚房及盥洗設備等。除了村民集資擴建工程之外，連江縣政府也將在廟宇前建涼亭一座，將來做爲村民的休閒場所。」

6.近年則在民國九十年，廟宇前伸，將原有簷柱截斷，在乳栿下增加矩形輔助樑，以確保結構穩定，匠師則延聘

圖4-31　金板境乙寅年修建廟宇碑

圖4-32　民國八十四年新建的涼亭

　　自福州工匠。

四、廟中神明

　　金板境天后宮，廟中供奉主神爲天上聖母媽祖，同祀神有福德正神（土地公）、威武陳將軍、臨水夫人（陳靖姑）、華光大帝（**圖4-33**）等，其中威武陳將軍與華光大帝較爲閩南、臺灣地區民眾所不熟悉，茲簡介如下：

(一)華光大帝

　　華光大帝即「靈官馬元帥」，又稱「三眼靈光」、「華光天王」、「花酒馬靈官」、「馬元帥」，流行於福州一帶，本神來歷據《三教源流搜神大全》卷五記：[39]

圖4-33　華光大帝

　　詳老帥之始終，凡三顯聖焉。原是至妙吉祥化身，如來以其滅焦火鬼壙有傷於慈也，而降之凡，逐以五團火花投胎于馬氏金母。面露三眼，因諱三眼靈光。生下三日能戰，斬東海龍王，以除水孽。繼以盜紫微大帝金槍，而寄靈于火魔王公主爲兒，手書左靈右耀，復名靈耀，而受業于太惠盡慈妙樂天尊，訓以天書，凡風雷龍蛇鹹鬼安民之術，靡所不精。乃授以金磚三角，變化無邊，遂奉玉帝敕，以服風火之神而風輪火輪之使，收百加聖母而五百火鴉爲之

用，降烏龍大王而羽之翼，斬揚子江龍而福于民，屢歷艱
險，至忠也。帝授以左印右劍，掌南天事，至顯也。錫以
瓊花之宴，金龍太子為之行酒，至寵也。殊憶太子傲侮怒
帥，火燒南天關，遍敗天將，下走龍宮中，戰離妻，師
曠，偕以和、合二神，仍咎金龍以泄其憤。至不得已，又
化為一包胎而五昆玉、二婉蘭，共產于鬼子母之遺體，又
以母故而入地獄、走海藏、步靈台、過酆都、人鬼洞、戰
哪吒、竊仙桃、敵齊天大聖，釋佛為之解和，至孝也。後
復入于菩薩座左，至慧也。玉帝以其功德齊天地，而敕元
帥于玄帝部下。下民妻財子祿之祝，百叩百應，雖至巫家
冤枉祈禱之宗，悉入其部，直奏天門，雷厲風行焉。

可知華光大帝前身原為如來身邊的至妙吉祥，後三次被貶
入凡間，先是馬氏金母生下祂，生來具有三眼，拜太惠盡慈妙
樂天尊為師，師授以天書，功力大增，靡所不精，曾斬東海龍
王，降烏龍大王，殺揚子江龍，盜紫薇大帝的金槍，腳踩風火
輪，第二次為火魔王公主所生，名為靈耀，第三次母親為鬼子
母，甚至為了母親而「入地獄、走海藏、步靈台、過酆都、人
鬼洞、戰哪吒、竊仙桃」，還大戰齊天大聖孫悟空，最後不得
不由如來出面調和，收入座下，而玉帝亦安撫祂將之歸入玄天
上帝部下之列。嗣後余象斗《五顯靈官大帝華光天王傳》，及
《閩都別記》兩書演義愈多，附會愈奇，本文非研究其信仰源
流變遷，茲不贅，不過基本上華光大帝是瘟神信仰與火神信仰
之複合體，其誕辰為農曆正月十三日。另外需再次強調者，鐵
板為長樂嶺南陳姓族人來馬祖發展的海上據點之一，族人來此

後，便一直奉祀著原鄉的神祇「湖中心靈官院」華光大帝，一面仍維持其祖籍神明之信仰，一面保持其族人親睦團結作用。

(二)威武陳將軍

鐵板（今稱金板）、青蕃（即西莒青帆村）、山隴等地都是福建長樂嶺南陳氏族人的海上據點，清末隨著兩地族人互動，也帶來原鄉鄉土神，信仰華光上帝與威武陳將軍，形成鐵板民間信仰的特色。

傳說陳將軍原名陳湯銘，人稱陳大哥，為長樂鶴上人。生來俠義，誅除當地縣令，為民除害，遂與其姊共同逃亡海上，不幸海難，淪為海波之臣，屍身漂至青蕃，後因其靈異，捕魚豐收，居民便為之建廟立祀。日後靈驗愈著，香火愈盛，陳將軍更被西莒人尊為「島神」。近年更由民間私諡私封，提升至「元帥」神階。《馬祖日報》民國九十六年六月十日報導：

> 「為了本週五（國曆十一月二十八日）金板境廟宇威武陳將
> 軍晉陞為威武陳元帥於尊前舉行祝賀儀式，鐵板社區總動

圖4-34　威武陳將軍匾

圖4-35　威武陳元帥匾

圖4-36　官兵弟兄為廟內畫像補色[40]

員為廟宇進行門面大修整。（中略）金板境廟宇威武陳將軍是由西莒威武陳將軍分爐而來，西莒陳將軍已升格為『威武陳元帥』。金板境廟宇委員會於本週五（農曆十一月初一）上午七時十五分，要為金板境廟宇威武陳將軍晉陞為威武陳元帥，於尊前舉行祝賀儀式。」

(三)臨水夫人（陳靖姑）

臨水夫人為道家所崇奉三奶夫人之一（即陳靖姑、林紗娘、李三娘等三人，合稱三奶夫人），夫人姓陳名靖姑，福州人，生於唐代宗大曆二年（767），父陳昌，夫劉杞。靖姑年少異常神敏，有通幻之能。唐德宗貞元六年（790）臨水鄉一帶適逢大旱，時靖姑已有孕數月，但惦念旱災赤燄，黎民受苦，乃毅然脫胎祈雨，因而卒逝，時年僅二十四歲，遺言：「死後為神，救人產難」，逝後屢屢顯靈，臨水鄉人因而祀之，稱號「臨水夫人」，後世

圖4-37　臨水夫人

祀爲安胎保產之女神，
清咸豐年間晉封爲「順
天聖母」。[41]

圖4-38　　祈求生男育女的紅色紙人

臨水夫人既爲安胎
保產女神，金板境居民
亦隨之發展出有關生兒
育女之法術，即在神座
前陳設碗豆莢之紅、白
兩色花朵（昔年馬祖地區花卉產植不盛，習俗慣以碗豆莢花作
爲供奉），白花爲男，紅花爲女，各取所需。另新婚夫妻也有
供奉剪紙之紅色紙人以祈求生男育女，紅色紙人下部凸出者爲
男，平圓爲女，亦同時供奉童鞋童帽，以求早日有孕生產（見
圖4-38）。此種生育法術正與臺灣本島「栽花換斗（肚）」儀式
相同，正有異曲同工之趣。[42]

第四節　結語

馬祖爲海上列島，區塊窄小，四面環海，因航運、軍事、
漁獲之重要，躍居歷史舞台，卻因海邊礁石林布，島上茅草遍
山，官兵難以長期駐守，民人也難以開墾定居。生存環境，不
安定的生活，決定了馬祖列島居民的宗教信仰與宗教行爲。反
之，宗教信仰與行爲又決定了他們的生活方式。

金板昔稱鐵板，命名源自港口海底的一塊沉積灘岩，在農
曆每月初三、初八大退潮時，會露出水面，猶如一塊大鐵板，

故得名。今設治改名仁愛村金板境，轄域爲南竿島之冠，北自中興嶺，東與清水村（梅石）爲鄰，西靠津沙村，是唯一具有南北雙港口聚落。金板聚落因地位之重要爲軍事要地，五十年代並爲行政中心，人口鼎盛。民國六十七年縣府遷往山隴，而漸失光芒。盛況不再。

金板爲仁愛村之中心，天后宮又爲金板境之中心。一座老廟，卻是身世、身分不明，留下太多空白、貧乏的身世，不過倒能充分反映馬祖歷史環境，社會現實的艱困歲月。本廟歷史雖然經作者努力的爬梳史料，採擷傳說，佐以口述，參以文物，經一番詮釋勾稽後，所得有限，約略言之，有三：

1. 此廟創建自明末清初，應大體可信，距今應有四百年之歷史。

2. 清代嘉道年間大海盜蔡牽曾修建此廟，駐守此廟，以此廟爲崗哨，瞭望清軍海上活動，並有可能留下二尊私製之土砲（抬砲）遺物。

3. 民國以來雖亦乏史實，但大體保留閩東建築形式及舊結構棟架遺存。

似乎如此，此廟便無任何價值，非也，以文化遺產觀念而言，此廟文資價值有五：

1. 附近大王宮之元代古碑，爲今日台澎金馬地區所知歷史最古老之碑，可稱台澎金馬「第一碑」，而大王宮則爲臺澎金馬「首廟」。

2. 若視寺廟爲載體，此廟宇充滿閩東福州民間信仰特色，

能見證過往閩東移民，及現代駐軍與閩南移民生活之實
況。

3.蔡牽修建傳說可信，古砲遺物也可信（基本上不違背史
實），可善加發揮，形成海盜村之文化觀光休閒特色。

4.更應以天后宮為核心，結合大王宮、三君子廟為整體空
間，並銜接南澳口，由鐵板沙灘往北延伸至仁愛綜合市
場；北澳口則以北海坑道與大漢據點接會，一方面透過
斜坡步道，仿臺灣九份山城風貌，而另創馬祖南竿山城
的聚落風貌，一方面呈現「反共抗俄」的戰地政務歷史
空間感，以吸引觀光客，不讓金門、九份媲美於前。

5.充分發揮農曆正月的祭典慶禮，將元宵前後的系列活
動，作為觀光行銷的重點，突出「擺暝」的特色。尤其
如果能夠不考慮季節慶典之時間序列，將「送喜」、
「補庫」、「燒塔」、「擺暝」等串聯成一系列文化觀
光休閒活動，亦是賣點之一。

　　金板境天后宮隨著歲月移動，略顯老態，居民一度有意拆
除新建，幸經地方有識者極力勸說，從民國九十七年起數度召
開鐵板社區民眾討論會、公聽會，聽取鄉親意見並邀請學者專
家共同與會，提供專業看法，終於凝聚共識，願意保留下來，
並提報予文化局，登錄為「歷史建築」，成為社區營造的一個
典範。

　　總之，金板天后宮雖扼於傳說、史料、文物之貧乏，而致
史實不詳，但這無損它在地方的「公廟」與「村廟」角色與功
能。廟雖小，歷史雖不全，但它一直是地方的重要信仰中心、

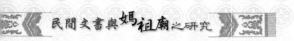

聯誼中心、活動中心、教化中心、娛樂中心，今後但願能形塑
成觀光中心。

表4-1　金板境天后宮歷史概略年表

年代	說明	備註
元世祖至元十六年（1279）	存「中統鈔二十貫」殘碑	大王宮創建上限
嘉慶年間（約1796-1820）	傳說蔡牽創廟	經考證，蔡牽修廟可能性較大
同治八年（1869）	威武陳將軍鑄鐵香爐	
光緒二十八年（1902）	《福建沿海圖說》記載	已確定為本宮
民國八年（1909）	「天上聖母」之匾區	
民國三十八年（1949）	作為仁愛國小使用	
民國四十四年（1955）	鐵板易名為仁愛村	
民國五十一年（1962）	仁愛國小建成	
民國五十八年（1969）	拆除原有木作牆面，封住前檐牆	
民國六十六年（1977）	正殿地坪重鋪地磚	
民國七十三年（1984）	村長陳其灶發起大修，獲得當時馬防部司令趙萬富全力支持	
民國八十一年（1992）	戰地政務解除，管理委員會正式登記	
民國八十四年（1995）	擴建西廂房及涼亭	
民國九十年（2001）	將正殿原有檐柱截斷，在乳栿下增加矩形輔助樑	
民國九十六年（2007）	金板境大王宮重建碑記	在大王宮

註釋

1. 劉還月之〈序·深植土地的果實〉，見王花俤等《馬祖地區廟宇調查與研究》之書前序（連江，連江縣社會教育館，民國89年10月）。

2. 詳見李仕德《追尋明清時期的海上馬祖》一書，連江，連江縣政府，民國95年12月。

3. 邱景雍《連江縣志》卷二十一，連江縣志編纂委員會，1988年，民國二十二年重刊本，頁343頁。轉引自徐曉望〈馬祖列島媽祖廟調查〉，《閩澳媽祖廟調查》，澳門中華媽祖基金會，2008年8月，頁89。

4. 此點承王花俤兄提示。

5. 徐曉望前引文，頁85-87。再，本文參考徐曉望、王花俤、李仕德三位兄台前引書甚多，特此說明，不敢掠美，並致謝忱！

6. 徐曉望前引文，頁90。

7. 詳見林美容，陳緯華，〈馬祖列島的浮屍立廟研究——從馬港天后宮談起〉，《臺灣人類學刊》6卷1期（2008年），頁103-132。另參王花俤等前引書。

8. 同前註，並略經改寫。

9. 王花俤〈探討北竿島海神信仰和海洋祭典的現象〉，收錄於黃麗生編《2009馬祖研究——歷史遺產與當代關懷》（馬祖、連江縣政府文化局2009年12月），頁185-186。

10. 徐洪興《中國古代簽占》（北京，九州出版社，2008年7月），頁28-29。

11. 詳見王花俤前引書。

12. 徐曉望前引文。

13. 林錦鴻〈馬祖廟宇建築〉，王花俤前引書，頁133-135。

14. 徐曉望前引文，頁62。

15. 詳見林明裕《媽祖傳說》（台北，東門出版社，1988年2月），頁107-114。另可參拙稿〈媽祖的神話與猾話〉（作者演講稿，未刊），本文非討論媽祖信仰傳說，此處只略提不詳述。

[16] 參見：(1)陳希育《中國帆船與海外貿易》（廈門，廈門大學出版社，1991年4月1版）第9章3節，頁357-366。(2)張中訓〈清嘉慶年間閩浙海盜組織研究〉，收於《中國海洋發展史論文集（二）》，台北，中央研究院三民主義研究所，中國海洋發展史編輯委員會，民國75年12月，頁161-198。

[17] 參考拙稿〈邱良功其人其事〉，收於《古蹟・歷史・金門人》，（台北，蘭台出版社，2008年10月出版），頁45-78。

[18] 李仕德前引書，頁132-133。

[19] 徐曉望前引文，頁66、72、73。

[20] 王花俤前引書，頁63。

[21] 見賀廣義部落格：http://mypaper.pchome.com.tw/hky1228。

[22] 王花俤前引書，頁117-118，故事已經本人略加改寫。

[23] 《馬祖日報》，1988/03/03。

[24] 李仕德前引書，頁12。

[25] 見宋梁克家等《淳熙三山志》卷二、卷六〈地理志〉，轉引自徐曉望前引文，頁61。另見黃麗生〈海島的疏離與連結：馬祖歷史人文的特質與可能性〉，收入作者主編《2009馬祖研究：歷史遺產與當代關懷》（連江，連江縣政府文化局，2009年12月初版），頁5。

[26] 以下諸史料均轉引自李仕德前引書，解說則略加己見，茲不一一分註，以省篇幅，並特此說明不敢掠美。

[27] 詳見劉旭《中國古代火藥火器史》（河南，大象出版社，2004年1月1版）第五章〈清代——火藥火器的衰落時期〉頁145-198，及第六章〈明清火器的製造〉頁217-231。以下所引，未特別註明，均出自該書，茲不再一一分註，以節省篇幅，謹此說明。

[28] 同賀廣義前引文。

[29] 有關神像之年代，承楊恭熙、李甘池兩位兄台協助研判，兩位兄台一再提醒，不可單一以神像年代作為寺廟創建年代根據，誠是，敬謹受教。

[30] 同王花俤前引文，頁88。

[31] 《馬祖日報》，2008/09/21。

[32] 圖：連江縣政府提供。

[33] 馬祖資訊網論壇，王建華，〈讓孩子融入社區——天后宮補庫記實〉

2004/04/27。

[34] 《馬祖日報》，2008/04/27。

[35] 李鄉瀏《福州習俗》（福州，福建人民出版社，2001年3月），〈正月祠堂賽擺暝〉，頁158-159。

[36] 《馬祖日報》，2009/02/13。

[37] 《馬祖日報》，2009/02/10。

[38] 《馬祖日報》，1992/05/06。

[39] 轉引自呂宗力、欒保群《中國民間諸神》（石家莊，河北教育出版社，2001年1月），〈靈官馬元帥〉條，頁357-358。另參王花俤前引書，頁51-52。

[40] 《馬祖日報》，2008/11/25。

[41] 追雲燕《三教聖誕千秋錄》（臺中，台中聖賢堂聖賢雜誌社，民國95年2月再版），「正月十五日臨水夫人陳靖姑千秋」條，頁15。

[42] 參卓克華《臺灣舊慣生活與飲食文化》（臺北，蘭臺出版社，2008年12月），「早生貴子找註生媽」，「推測生男或生女」，頁40-44。另本人校對未精，以致紅（女）白（男）誤植成紅（男）白（女），謹此附帶說明，讀者可逕行改之。

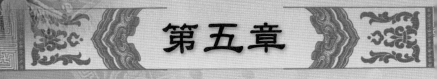

第五章

新竹長和宮——

外媽祖廟

第一節　新竹開發概略

　　新竹縣，位於台灣西北部，東北與桃園縣接壤，西南與苗栗縣為鄰，東南與宜蘭交界，瀕台灣海峽，面積共一五二八‧八〇八四平方公里。由於東南縣境之大霸尖山山脈往西北逶迤而下，故地勢在東南一帶為高，幾全是山地，西北則為鐵塔型，各山脈間夾有鳳山溪、竹塹溪（即頭前溪）、隙仔溪（即客雅溪）等溪流流向西北出海，是以每當季節風期，風從海岸吹入，為東南北三方所擋，匯歸一處，增強風勢，猛力掠過，故自昔以竹塹風出名，與宜蘭之雨併稱「竹風蘭雨」。新竹氣候溫和，雨暘順適，水利普遍，以茶葉、柑橘、通草、香粉、貢丸等地方特產馳名海內外。交通運輸發達，鐵路為清代台灣首創台北至新竹鐵路之終點，今日則縱貫鐵路可達南北，光復後鋪設橫線，經竹東而達內灣。公路四通八達，客貨車往返縣內及鄰縣各鄉鎮，自高速公路興建，交流道設在新竹市，更稱便捷快速。全縣原轄有一市（新竹市），三鎮（竹東、關西、新埔），十一鄉（竹北、香山、湖口、橫山、新豐、芎林、寶山、北埔、峨眉、尖石、五峰），民國七十一年七月一日，新竹市升格為省轄市，轄區減少一市。

　　新竹古名竹塹，以其為原住民竹塹社「番」所居，由番語之社名音譯而來。竹塹社「番」為平埔「番」大窩卡斯族（Taokas）之一系，即今之賽夏族也。古時之竹塹係指頭前溪、客雅溪及鳳山溪中流以下流域之原野而言，此片荒埔昔稱

竹塹埔。竹塹社「番」之由何年何地遷徙而來？渺不可稽，傳說雖多，似由香山、鹽水港以南海澨逐漸北遷之說較爲可信。據傳明隆武元年（1645）有紅毛人因海難船破，登陸於今之紅毛港，因而久住該地附近。由地名之流傳至今，及混血遺裔尚多散見於附近等事實，可見竹塹海岸早已有漢人或中外海寇船隻出入。明鄭時代，初隸天興縣，後隸天興州，永曆三十年（1676）設通事於竹塹社，由是竹塹之名乃傳播於一般漢人間。清康熙二十三年（1684），隸屬諸羅縣，期間有泉州同安縣人王世傑者，率其族親鄉人來竹開墾，至康熙末年，墾務漸進，居民日多，已形成大小村落數十莊。雍正元年（1723），新設治，隸淡水廳竹塹堡，時雖以竹塹爲廳治之地，惟當時竹塹，民少「番」多，淡水廳署乃僑置於彰化縣。雍正十一年（1733），同知徐治民環植莿竹爲城，始稱「竹塹城」，漸躍爲北台之重鎮。其後居民日聚，望治日殷，至乾隆二十一年（1756），廳署由彰化移於竹塹，從此防「番」與墾務進展順利，城鄉各地陸續建莊，水利建設亦多就緒，住民生活益趨安定，書塾之設漸遍於里巷，竹塹一躍爲北台第一邑。光緒元年（1875），北路新設台北府，廢淡水廳，轄淡水縣、新竹縣、宜蘭縣及基隆通判廳。「新竹」之名從此而定，蓋取竹塹之「竹」，日新又「新」之意。十三年台灣建省，十五年（1889）新苗分治，分新竹縣地爲新竹、苗栗兩縣，以中港溪爲界。時新竹縣治設於新竹。轄有竹塹、竹南、竹北三堡。日治期間，或因政局不穩，或因經濟需要，行政區劃更動頻頻，至大正九年（民國九年，1920）竹、桃、苗合併爲新竹州，轄新竹、竹東、竹南、苗栗、大湖、中壢、桃園、大溪等八郡。

光復後，恢復爲新竹縣名。

　　新竹實爲北台設治最早地區，乾隆間，竹塹附近漸次由閩粵人士拓墾，形成街市村庄。墾殖有成，人口增長，需求遂多，商人亦隨之日增，商業貿易趨於繁榮。嘉道間因淡水廳學宮之建置，文風丕振，人才輩出，乃有塹郊之組成。咸同以還，墾務政務，蒸蒸日上，區域開拓，發展至速，塹郊亦日趨發達壯大，積極參與地方事務。光緒年間，因對外交通之港口淤塞與中法戰役之打擊，商業日趨萎縮，經濟衰退，塹郊隨之沒落。影響所及，新竹地位一落千丈，以致治台史者，往往忽略竹塹，多著墨於「一府二鹿三艋舺」。

　　本章雖以長和宮爲主，而該廟實爲新竹塹郊金長和之會館，因此長和宮之創建興修，在在均與塹郊有關，本文擬以新竹之塹郊爲主軸，作一全面之探討，明其興衰沿革、組織貿易、衰落原因、功能貢獻，並及長和宮之創建修葺，與廟內匾聯石碑之稽考，期能略窺彼光輝史實之一頁。

第二節　塹郊之成立

　　塹郊之公號爲「金長和」，其名稱由來無可稽考，或因「金長和」公號而建廟名「長和宮」，或是因「長和宮」廟名才取號「金長和」，兩者何是已不可知。至其成立年代，亦無確切文獻可徵，茲以《新竹縣采訪冊》卷五所收諸碑碣中有關郊行者爲主，旁稽他文獻以探討塹郊成立之年代[1]。

今存方志中記載竹塹有行郊者，以陳培桂《淡水廳志》
為最早，其〈典禮志・祠祀〉「天后宮」條云：「一在北門
外，乾隆七年（1742）同知莊年，守備陳士挺建。嘉慶廿四年
（1819）郊戶同修。」[2]《淡水廳志》修於同治十年（1871），
其時淡水廳治在新竹，則似乎嘉慶末季新竹已有郊之成立，然
稽之《新竹縣采訪冊》所收諸碑碣與匾額，似又不然。

　　《采訪冊》中「員山子番子湖冢牧申約並禁碑」立於乾
隆四十一年，碑末有「鄭恆利、羅德春、吳振利」等名號，嘉
慶十六年之「大眾廟中元祀業碑」收有「益川號、吳振利、陳
建興、羅德春」等；道光五年之「文廟碑」中有「吳振利、陳
建興、吳金吉」等，彼等其先或為墾號業戶，或為股戶舖號，
至後來均為塹郊中之行號或郊商，揆之乾嘉年間諸碑均以私名
舖號捐獻勒題，獨未見「塹郊」之公號，應是其時尚未成立塹
郊。

　　同書又收〈竹塹堡匾（四）〉，內載舊淡水廳歷任同知德
政匾，計自嘉慶二十年至光緒十二年，共二十五方。其中「海
邦所瞻」匾，落款為「恭頌耘廬薛憲台，嘉慶乙亥年桐月吉旦
竹塹眾舖戶立」，乙亥，蓋嘉慶二十年（1815）也，可見此
時塹郊尚未成立，若云眾舖戶未必落款郊號，則同時之「廉明
慎勤」匾，落款為「恭頌耘廬薛憲台，嘉慶乙亥年花月吉旦，
新艋泉郊舖戶立」，新莊艋舺之泉郊眾舖戶既已公然題名，塹
郊若此時已成立，並無遮掩躲閃之道理。再「澤遍民番」匾為
「嘉慶丙子年臘月吉旦，治下竹塹眾舖戶敬立」，而「德齊召
杜」匾為「嘉慶二十三年葭月穀旦，淡北新艋泉郊眾舖戶立」
均可佐證此事實。直到「無欲而剛」匾，落款為「恭頌懷樸司

馬曹公祖大老爺德政，治下本城紳士郊戶叩敬立」及「愛民民愛」匾爲「治下新艋衆紳士郊舖總董等仝立」；匾文中之曹公祖（大老爺），即曹謹（字懷樸），道光二十一年任，二十六年卸篆，可知塹郊是於道光年間所組成，所出現的。其後出現諸匾，則大量出現郊舖字眼，如同治年間「潔己愛民」匾爲「治下新埔紳士郊舖全叩」；「實心實政」匾爲「治下閤淡紳耆郊舖全敬立」等等皆是顯例。

同書道光十六年（1836）之「義冢捐名碑」中錄有「吳振利、羅德春、逢泰號、陵茂號、益三號」等，並較明白指稱彼等爲「紳耆舖戶」。至道光十八年（1838）「義渡碑」中，則明確稱呼爲「郊商」，碑末之捐戶姓名中赫然有「塹城金長和公捐洋銀三百圓」。名爲「塹城」，顯見塹郊之成立與淡水廳城（即竹塹城）之建置有關。淡水廳城之築建，起自道光六年（1826）十一月地方紳士、舖戶具呈籲請，翌年六月初十日興工，於道光九年八月二十日工竣，此役之案卷，經劉枝萬先生整理標點，列入「台灣文獻叢刊」第一七一種，名爲《淡水廳築城案卷》。書中所收「鄭用錫、林平侯等呈」文件中，籲請建城者，舖戶有「恆利、逢泰、益吉、泉美、泉源泰、振吉、寧勝、瑞吉、寧茂、振利、瑞芳、裕順、金吉、益三、德吉、隆源、湧源、集源、長盈、福泰、泉吉等」[3]，均爲其後塹郊之郊戶，書末所收之「淡水同知造送捐貲殷戶紳民三代履歷清冊底」、「淡水同知造送捐建各紳民銀數遞給匾式花紅姓名冊稿」二文件，乃獎賞捐建廳城之各紳民、殷戶、舖號，其中頗多即是後來塹郊中之郊商、行號[4]，惟遍觀諸文件，均未見到有關「郊」或「金長和」之字眼，而塹郊諸行舖率集中竹塹城

之北門，其會所「長和宮」亦在北門口（位在崙仔庄，俗稱宮口），則似乎塹郊之成立在竹塹城興建後，故名「塹城金長和」，換言之，塹郊之成立或在道光八、九年左右。

　　另外，又據日治時期新竹公學校調查之《寺廟調查書新竹廳》中記載，其中「老抽分天上聖母會」成立於嘉慶二十三年（1818），會員性質爲「同鄉人（郊商）」；「中抽分天上聖母會」成立於道光八年（1828）；「新抽分天上聖母會」成立於光緒元年（1875）[5]。此調查若信實可靠，則塹郊早期是以「神明會」組織型態出現，而且早在嘉慶末年已有，但因其時尚未組織成「郊」之公會，所以早期乾嘉年間古碑，未見「塹郊」之公號，多以私名或行號勒名捐獻公益活動。至道光七年六月竹塹城興工，遂於八年正式組織成郊，名爲「金長和」。復次，日治初塹郊中抽分社之規約，其前云：「竊維我塹於道光間，建造聖母廟宇及聖母靈像，恭奉有年，即名曰長和宮」[6]，參照上引諸史料，應可確定塹郊正式成立於道光年間。

　　其後道光二十二年之「湳子莊萬年橋碑」，碑末明確稱「塹郊金長和」。咸豐年間之「憲禁冢碑」及同治年間之「長和宮碑」、「大衆廟中元祀業碑」、「重修湳子莊萬年橋碑記」、「示禁碑」等大量碑碣中，處處可見塹郊金長和之名，可窺知塹郊其時商業繁榮，勢力駸盛，於咸同年間參與地方事務，此時爲塹郊鼎盛風光時期。

第三節　塹郊之組織及貿易活動

一、貿易概況

　　塹郊成立於道光年間，創始不可謂不久，而有關其組織結構、貿遷活動、商品經濟，歷來志書甚少乏記述，有之，亦極其簡略，如修於道光年間之《噶瑪蘭廳志》卷五〈風俗〉「海船」條記：「蘭與淡（按指新竹）艋郊戶，其所云北船，惟至江浙而已。」[7] 所謂「北船」，同書卷五〈風俗〉「商賈」條解釋爲：「北船（往江浙、福州曰北船，往廣曰南船，往漳、泉、惠、廈曰唐山船）有『押載』。押載者，因出海（船中收攬貨物司賬者曰出海）未可輕信，郊中舉一小夥以監之。雖有亢五（按，指0.5%）抽豐，然利之所在，亦難保不無鑽營毫末也。」[8]

　　又據同治十年（1871）所修之《淡水廳志》〈風俗考〉「商賈」條載：

　　曰商賈：估客輳集，以淡爲台郡第一。貨之大者莫如油、米、次麻、豆、次糖、菁。至樟栳、茄藤、薯榔、通草、藤、苧之屬，多出內山。茶葉、樟腦，又惟內港有之。商人擇地所宜，雇船裝販，近則福州、漳、泉、廈門，遠則寧波、上海、乍浦、天津以及廣東。凡港路可通，爭相貿易。所售之值，或易他貨而還，賬目則每月十日一收。有

郊戶焉，或船，或自置船，赴福州江浙者曰「北郊」；
赴泉州者曰「泉郊」，亦稱「頂郊」；赴廈門者曰「廈
郊」，統稱為「三郊」。共設爐主，有總有分，按年輪流
以辦郊事。其船往天津、錦州、蓋州，又曰「大北」；上
海、寧波，曰「小北」。船中有名「出海」者，司賑及收
攬貨物。復有「押載」，所以監視出海也。至所謂「青」
者，乃未熟先糶，未收先售也。有粟青、有油青、有糖
青，於新穀未熟，新油、新糖未收時，給銀先定價值，俟
熟收而還之。菁靛則先給佃銀，令種，一年兩收。苧則
四季收之，曰頭水、二水、三水、四水。其米船遇歲歉防
饑，有禁港焉，或官禁，或商自禁，既禁，則米不得他
販。有傳幫焉，乃商自傳，視船先後到，限以若干日滿，
以次出口也。[9]

光緒二十四年（1898）所修之《新竹縣志初稿》〈風俗
考〉「商賈」條亦載有：

商賈：行貨曰商，居貨曰賈。貨之大者，以布帛、油、米
為最，次糖、菁，又次麻、豆。內山則以樟腦、茶葉為
最，次苧及枋料，又次茄藤、薯榔、通草、粗麻之屬。以
上各件，皆屬土產，擇地所宜，雇船裝販。船中有名「出
海」者，主攬收貨物。有名「押儎」者，所以監視出海
也。有柁工焉，主開駛；有倉口焉，主賬目；其餘如水手
供使令，廚子主三餐。近則運於福、漳、泉、廈，遠則
寧波、上海、乍浦、天津以及汕頭、香港各地，往來貿
易。所售之值，轉易他貨，滿儎而還，搬運入棧，各商到

棧販售。每月逢三，到各商店鋪徵收貨值，名曰「收期
賬」。以上皆現貨售賣，至所謂「青」者，乃穀未熟而先
糴，物未收而先售也，有粟青、糖青、油青之類。先時給
銀完價，俟熟，收而還之，古諺「二月賣新絲，五月糶新
穀」，即此意也。各郊共祀水仙王，建立爐主，按年輪流
辦理商務。竹屬米價頗廉，常多運販他處。倘遇歲歉防
饑，有禁港焉，或官禁，或商禁；既禁，則米不得出口。
有傳幫焉，外船到港運販，視船先到後到，限以若干日以
次出口也。[10]

此稿本文顯見抄襲《淡水廳志》，稍有增改，亦可推知：
從同治十年至光緒二十四年之三十年間，塹郊之組織及貿易情
形並無重大變異。難解者，其所敘述爲新竹行郊情形，殆無可
疑，而竟無隻字片語提及「塹郊」、「金長和」等字眼，令人
莫解。又光緒二十三年所修之《苑裡志》亦提及塹郊：

台灣各大市鎮業商者有水郊，台北之南北郊、新竹之金長
和郊類是。苑裡前為淡廳縣轄地，非通都大邑，故無郊。
然從前以米、糖、豆、麻、芋、菁等件，由船配運大陸者
甚夥；布帛、什貨則福州、泉、廈返配，甚有遠至寧波、
上海、乍浦、天津、廣東，亦為梯航之所及者。各商各為
配運，名曰「散郊戶」。船之中有名「出海」者，司賬及
買辦貨物；復有「押儎」者，所以監督出海也；然主持，
皆出自郊戶。現金買現貨者，為「現交關」；物未交而先
收金者，為「賣青」。米、粟有青，油、糖皆有青也，其
價較現交關者為稍低。買賣亦有依期收賬者，亦有陸續支

收至年末會算收訖者。樟栳、茄藤、薯榔、通草、藤、苎各件，苑里離番山太遠，故絕少。港則以通霄、苑里、福德為出入。日本新制，台灣各處小船只准本島運載，不得擅往大陸，而大陸船只准於三大口出入，例禁森嚴。因此，而苑里之貨物，悉由南北搬來，其價故比他處尤昂，商業為此稍沮。[11]

光緒二十四年所修之《樹杞林志》亦載有：

台灣商業，各大市鎮皆有水郊，即如台北府之南北郊、新竹之長和郊類是。樹杞林堡為新竹轄地，無港口往來船隻，故無郊。然該地所出之栳、茶、米、糖、豆、麻、苎、菁等項，商人擇地所宜，雇工裝販，由新竹配船運大陸者甚夥，運諸各國者亦復不少。布帛、雜貨則自福州、泉、廈返配，甚至有遠至寧波、上海、乍浦、天津、廣東，亦為梯航之所及者。各商各為配運，名曰散郊戶。船之中有名出海者，司賬及買辦貨物。復有押載者，所以監督出海也。然主持皆出自郊戶。現金買現貨者，為現交關，物未交而先收金者，為賣青。米、粟有青，糖、油、苎、豆、栳、茶亦有青也，其價較現交關者為稍低。賣貨亦有依期收賬者，亦有陸續支收至年末會算收訖者。惟樟腦、茄藤、薯榔、通草、藤、苎等件，樹杞林堡離山未遠，故此物最盛。各商販若遇價昂，爭相貿易。所買之貨，各雇工運至港口，乃商自傳，視船先後到，限以若干日滿，以次出口也。[12]

　　苑裡與樹杞林原屬舊新竹縣，兩地志書與上引之《新竹縣志初稿》及《新竹縣采訪冊》，皆是日治初期所修，故內容多有雷同，可貴者在其歧異處，如指稱台灣對大陸航海貿易之諸郊為「水郊」[13]，未加入郊行之商人為「散郊戶」，均為其他文獻所未見，亦可見新竹地區之郊行頗為離散，並不團結，且並未全加入「金長和」公號組織，才會有如此記載。又如郊行之沒落乃日人據台後，不許台灣船隻駛往大陸，及限制大陸船隻來台，致引起物價上漲及物資缺乏，為郊行沒落之一重大原因。

　　綜上所引諸志，知：新竹行郊又稱「塹郊」、「金長和郊」，或簡稱「長和郊」，為「水郊」之一。其組織採爐主制，或按鬮或憑筶選出，按年輪流辦理商務，並負責祭祀事宜，其下則有郊書等職員若干[14]，詳細編制及職掌不得而知。祭祀神明以海神媽祖與水仙王為主。商船運載人員有出海、押載、柁工、倉口、水手及廚子等，輸出貨品有米、糖、豆、菁、麻、苧、樟腦、茶葉、通草、茄藤等農產品，輸入貨品則有布帛、陶器、鐵器、紙張等什貨。其貿易地區，近則福、漳、泉、廈，遠則寧波、上海、乍浦、天津、汕頭及香港。售貨之值，轉易他貨，滿載而還，至港載貨下船，先將所發貨件斤兩開明，交駁船前赴釐金分局報明課稅[15]，再將貨物搬運入棧，由次級之批發商到棧販售。至於外銷，則由商人擇地所宜及價昂土產，雇工裝販至港口，由自設之傳幫負責船期，視船之先後到達以次出口。

二、交易方式

　　復次，其交易方式有現金交易及賣青兩種，結賬則有陸續支收至年末結算者，亦有依期收賬，於每月逢三之日到各商店舖收賬者。其平日所用賬簿種類，有：進貨簿（上水簿）、出貨簿（支貨簿）、存貨簿（貨底簿）、櫃頭簿（號頭簿）、現採簿、現兌簿、棧房簿、日清簿、總簿等九類。兼辦零售經紀業者另有：日清簿、草清簿、兌清簿、暫浮簿、小兌貨簿、採清簿、水客簿（外水總簿）、出貨簿、府治簿、出貨蓋印簿、收賬簿等十一種類。至於賬簿之用法年份首記在賬簿首，一月稱端月或元月，二月為花月，三月桐月，四月梅月，五月蒲月，六月荔月，七月瓜月，八月桂月，九月菊月，十月陽月，十一月葭月，十二月為臘月。貨物之「出、入」改曰「去、來」，分記於賬簿之上下段。現款均大寫，餘則用商場俗字（俗稱蘇州碼），即「丨、丨丨、丨丨丨、乂、ଌ、亠、宀、三、夂、〇」等碼子字，金額及數量單位書於數字之下[16]。

三、收支開銷

　　塹郊之收入，亦不外乎捐款及課稅兩途。以捐款言，如官府之徭役或地方公益事業，則臨時攤派或樂捐。以課稅言，於長和宮置有公糧（即衡器）過量炭薪，每過量一擔炭薪，則抽錢五文，充作香油錢，《新竹縣采訪冊》也記「又宮外公糧一枝，年可收錢百餘千文」。餘如船隻進出、貨物買賣，均有「抽分」。最重要者為公業租項之收入，或由值東爐主向個人

支取租穀，而佃人或納穀，或依時結價，俱皆兩可[17]，或出賃瓦店收取租金，以充祭祀費用之需[18]。其收支歲費，據《新竹縣制度考》記[19]：

收項

一、梛莊年贌小租穀九十石。佃人彭況。
一、番仔碑莊年贌小租穀九十石。同（指佃人兩字）黃仔木。
一、番仔湖莊年贌小租穀九十石。同吳華。
一、泉州厝莊年贌小租穀五十五石。同鄭青山。
一、鳳鼻尾莊年贌小租穀六十七石三斗。同林立。
一、浸水莊年贌小租穀九十三石。同楊富。
　　　　共計年收小租穀四百八十五石三斗。
一、北門外米市街瓦店三座，年稅銀六十元。

開銷

一、水仙王二季祭祀值年爐主去穀一百二十石。
一、長和宮二季祭祀值年爐主去穀一百二十石。
一、宮內和尚全年伙食去穀三十石。
一、完隆恩地基去銀四角。
一、完納隆恩去銀一十八元七角。
一、雇人出莊辛金銀三十二元。
一、上元火燭鼓吹並雜費去銀五元五角。
一、值年爐主去穀五十五石。

一、每年納完錢糧去銀一十九元九角三點三釐。

一、（媽祖）聖誕祭祀去銀六十二元一角。

一、宮內盂蘭會（指七月十五之普渡）去銀五十七元五
　　角。

一、聖母飛昇誕共去銀六十三元七角五點。

一、水仙王聖誕去銀二十一元。

以上共計穀三百二十五石，銀二百七十九元八角三點。

《新竹縣志初稿》〈典禮志・祠祀〉「水仙王宮」條亦附
有歷年租項，惟極簡略，稍有出入[20]：

一、贌榔莊水田年納小租穀九十石。

一、番仔陂水田年納小租穀九十石。

一、番仔湖水田年納小租穀九十石。

一、鳳鼻尾水田年納小租穀六十七石三斗。

一、泉州屋水田年納小租穀五十五石。

一、浸水莊水田年納小租穀九十三石。

一、北門米市街瓦屋三座，年納稅銀六十圓。

一、舊港老開成年納銀二圓。

　　此一文件，驟視之，似為長和宮之歷年租項開銷，實為一
難得有關塹郊之收支公費賬冊。析論之：知其收項以租穀、稅
銀為主，共計年收小租穀四百八十五石三斗，稅銀六十二元。
其開銷，則泰半是祭祀費用與和尚全年伙食之供應，至於完納
錢糧與雜項支出，僅佔部分，共計一年開銷穀三百二十五石，

銀二百八十元八角八點三釐（按《新竹縣制度考》一書統計有
誤）。光緒年間，米價最貴時，每石價銀三點七三兩，而常時
則每石在銀一兩六錢五分至一兩八錢[21]，時新竹地方米每石價
銀二圓，折算之，則長和宮一年盈餘有一百零一元七角一點六
釐，可謂盈餘頗豐。

第四節　市場交易及行銷系統

　　清代台灣商業，初期均以市場為中心之簡單貿易，生產者
與消費者在市集上直接以物物交換或貨幣交易。雍正年間，行
郊興起，在島內各港埠頭組織諸郊，經營貨物輸出入，至咸同
年間，勢力駸盛，掌握台灣內外貿易實權，並從而控制市場。
以新竹言，其交易之行銷系統，行郊下，略可分為：文市（亦
稱門市，即零售商）、辦仲（在各埠頭設店，為行郊與生產者
居間之商人。又辦仲所派短期駐在生產地，貸放生產資金並接
收生產品者，稱庄友）、割店（批發商）、販仔（辦貨往各埠
頭推銷者）等類。而貨物之輸入系統，通常係由行郊經割店至
文市，由文市出售給顧客，然亦有行郊自兼割店售與文市者。
鄉下埠頭係由販仔等經手而供應文市業者。其他尚有出擔（肩
挑零售）、路擔（露店、攤販）、整船（又稱船頭，即經營船
舶，航運各港交易者）、水客（帶各行郊所委託貨物，搭乘他
人船舶至各埠販賣者）等[22]。其間關係如圖5-1。
　　新竹地方市集交易，並無詳確文獻可徵，但在清代，新竹
街北門、北門外及南門等地，早已設有露店市場，並備有縣衙

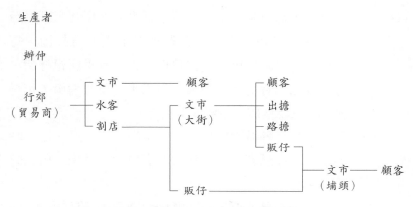

圖 5-1 新竹行郊交易之行銷系統

檢查核可，勒有「奉憲示禁」之公斗，做衡量之標準。在北門外天后宮（後面附祀水仙尊王，即長和宮，爲塹郊之會所），亦置有公糧，以過量炭薪，每過量一擔，須抽錢五文，充作香油錢[23]。當時已有米市、柴市……，自然集結各地街市，並無綜合性之交易市場，茲分述如後[24]：

一、米市：一在縣城內北鼓樓外之米市街，另城外之水田街、九芎林街、樹杞林街、新埔街、北埔街、鹹菜甕街皆有。皆城廂舖戶及各村莊農人用竹籃挑運到此，排設街中爲市。每日辰時（早上七點至九點）畢集，日晚則散。

二、樟腦市：大都集中在城內南門街、樹杞林街、北埔街。

三、柴市：一在縣署口，每日巳（九點至十一點）、午（十一點至十三點）二時爲市。一在縣城北門外外天

后宮口，每日未（十三點至十五點）、申（十五點至十七點）二時為市。一在縣東二十里九芎林街，每日辰、巳二時為市。一在縣東南二十五里樹杞林街，每日辰巳二時為市。在縣東南三十二里北埔街，也是辰、巳二時為市，另新埔街也有。

四、草市：一在縣城南門外，俗名草埕，每日辰、巳二時為市。一在縣城北門外外天后宮口，每月未、申二時為市。

五、炭市：一在縣署口，一在縣城西門內內天后宮口，每日巳、午二時為市。一在縣城北門外外天后宮中，每日未、申二時為市。一在縣東九芎林街，一在縣東南樹杞林街，一在縣東南北埔街，皆是辰、巳二時為市。

六、魚市：一在縣城內太爺街，溪魚每日下午為市，海魚無定時，大約下午為盛。一在縣城北門內之米市街，視太爺街稍稀。

七、菜市：一在縣署口，一在城內太爺街，一在縣城內南門街，一在縣城北門內，一在縣城北門外外天后宮口。

八、果市：一在九芎林街（又名公館街），一在樹杞林街，一在新埔街，每日辰、巳二時為市。

九、苧市：在縣城內南門街，每日巳、午二時，內山客人挑運到此為市。

十、瓜市：一在縣城北門街，每年五、六兩月瓜熟時，每日辰、巳、午三時為市。一在縣城內南門街，為市與

北門街同，而繁盛不及之。

十一、土豆市：在縣城北門外外天后宮口，每日辰、巳二
　　　時為市。如遇土豆（花生）新出時，則於黎明為
　　　市，日出則散。

這些各地街市，值得注意的是與塹城交通往來的關係。
九芎林街的興起頗早，早在乾隆年間佃首姜勝智招佃開墾九芎
林後，在其地形成市集，又名「公館街」，由於當時樹杞林未
設市，石壁潭僅有小市，因此樹杞林、九芎林、橫山地區大市
總聚在九芎林街，九芎林街成為當時商業中心，且在乾隆末即
成為墾民的中繼站[25]。嗣後，墾民再由九芎林南下到樹杞林之
三重埔、柯仔湖，越山經寶山、埔尾進入北埔。隨著五指山一
帶的開拓，北埔街乃成五指山地區首一的市場，作為農產品輸
往較大級集鎮的起點，及外地輸入貨品的終點。至光緒十二年
（1886）至少有二十家以上的舖戶，其中較著名者有金廣茂、
金福茂、金同興、金同茂、金合振、新合利、萬興號、義興號
等[26]。當時北埔街以腦市、米市、柴市、炭市最為著名，這些
市集均是每日皆有，貨品均由附近農村提供。同治初年，樹杞
林設市，隨著橫山、樹杞林等地內山的開發，樹杞林街市容日
盛，店舖日繁，反之，九芎林一帶屢被水沖，市容寖衰，遂被
樹杞林取代商業中心。

以上這些地區所產農產、山產、腦藤等，經由：(1)塹城
←→土地公坑（新竹市高峰里）←→雙溪崎←→雙溪；(2)塹城
西門←→茄苳湖←→新城；(3)塹城東門←→金山面（新竹市金山
里）←→水仙崙（今寶山鄉寶山村）←→草山（同上）←→大壢

（寶山鄉仙鎮村）←─→埔尾←─→北埔等道路[27]，挑運至塹城，由舊港轉運出口，而日常用品亦由舊港上岸轉運至各地。要之，當時竹塹郊商從對岸大陸之福州、蓮河、泉州、頭北、溫州等地輸入貨品，再分散配銷至大湖、苗栗、南庄、三灣、月眉（今峨眉）、北埔、樹杞林、九芎林、新埔等地區小市場，這些地區小土產再集中竹塹銷往對岸，形成一市場體系。

第五節　知名郊舖與郊商

一、塹郊中次團體

　　塹郊金長和，此一商人集團下又分為老抽分、中抽分、新抽分等三類。所謂「抽分」亦稱「抽解」，有二義，一是：唐及以後歷朝政府對國內部分貨物徵收的實物商稅。始於唐德宗建中三年（782）開徵的竹木稅。一般十分取一，後代沿襲，主要抽竹木、磚瓦等建築材料，也有抽及礦產。降及明代，凡販賣竹木、柴草、石炭、石灰、磚瓦等貨之商人所納的實物稅即是。工部設場局徵收，數額因貨種、時地而定，所徵貨物，堆存以資工用。後因實物運解不便，改折銀徵收。至清漸改徵貨幣。另一義是：中國古代的外舶貨物稅，由市舶司徵收。未規定進口海舶貨物，除政府收購部分外，還要抽徵實物稅，稱「抽解」。稅率大致為粗貨十抽其三，細貨十抽一、二，南宋時曾一度十抽其四。元沿宋舊制，稅率不同，粗貨十五抽一，細貨十抽一，此外另有三十分之一的徵稅。明初不徵外貿稅，明

武宗正德年後復行抽分，稅率十分之二，至明後期改徵餉銀[28]。

　　清朝對於台灣沿岸各港口之商船課稅，採船徵法，但計擔數，不計精粗，惟新竹縣屬，另有「抽分」名目，抽分之貨品為何？稅率多少？其詳不得知，不過於常理推測應不外乎米、糖等土產，至於其稅率，《淡新檔案》收錄有咸豐七年九月一件檔案，與此有關，茲摘錄於下，以供參考[29]：

> 具僉稟。塹南四保大甲街總理職員謝玉麟、義首職員王崑崗，暨各庄總董庄正人等，為蒙諭團練……奈團練供費宜有條規，方能厥成。麟等爰集各庄總董庄正人等，僉議保內「抽分」條目定規，如每家有租谷壹百石，該抽伍石，業主應抽肆石，佃戶應抽壹石。米石出口，每□□抽銀□，照每百袋該抽銀參元，餘可類推。若舖戶家資隨時從中的酌量捐題，未知有妥，不敢擅專，合應僉稟請給憲示鑑定……保內各家宜照抽分條規而行，不可違例……（批）……至需用局費，每營壹百石議抽谷五石，業四佃一，應自與各庄業佃公同商酌議定，免致推諉阻撓。所有出入米穀各貨抽分，前已議著條款，札飭照辦矣……

　　若以此資料所提到的抽分作為參考基準，似乎稅率在5%左右，尚屬輕微。抽分課稅為塹郊收入之一，用在日常祭祀事宜、地方公事、職員薪資，及其他雜項為主，是以《新竹縣志初稿》卷二〈賦役志・釐金〉記新竹船戶抽分之半，充為竹塹育嬰堂費用[30]：

> 育嬰堂，在南城內龍王祠左畔。同治九年，官紳倡首捐

項⋯⋯原撥船戶「抽分」之半，以充經費⋯⋯嗣因「抽
分」一款改歸釐金按給，嬰兒之項無從提給。

《淡水廳志》卷四志三〈賦役志・卹政〉亦記[31]：

育嬰堂，一在塹城南門內龍王祠右畔，購汪姓屋改造。一
在艋舺街學海書院後，購黃姓地基新造，俱同治九年官紳
倡捐合建。艋舺詳定撥三郊洋葯「抽分」每箱四圓之半，
塹垣亦撥船戶「抽分」之半，以充經費。⋯⋯

《新竹縣制度考》復載[32]：

查育嬰堂前給嬰兒，係由本城糖米出口「抽分」項下提
給。⋯⋯嗣抽分由官改歸釐金，而每月按給嬰兒之項，莫
從提給，由此截止，理合聲明。

不僅此，抽分之費亦曾用在竹塹城之興建，鄧傳安在〈捐
造淡水廳城碑記〉中載：「工用捐輸，皆屬股戶司出納，不假
手於在官」、「維億之費出於官捐者十之二，餘皆取於士庶
捐助，雖計畝輸粟，按船出算，而人不以為苛。」[33]「按船出
算」即是抽分之項。此項稅收，至光緒十三年（1887），奉巡
撫劉銘傳諭定：「將全台船貨釐金及抽分、斛船等項名目一概
裁免，仿照內地按貨抽釐，以除風弊。」以後「凡郊行儎貨下
船，應將所發貨件斛兩開明，交駁船前赴分局報明，由局逐一
秤量，按則徵收給與完單，方准盤上大船。倘不先赴分局報完
釐金，擅行下船者，即以偷漏論。除令繳足正款釐金外，照應
完之釐三倍處罰，以示懲警」[34]。

塹郊組織有老、中、新三抽分之分類，據《百年見聞肚皮
集》之解說為[35]：

> 然竹塹外天后宮創建自竹塹開港時，得諸船戶水郊祀奉，
> 媽祖廟之檀越施主中，分為老抽分、中抽分、新抽分，
> 是由船戶水郊抽捐供養，故稱三抽分。但水郊設有商會議
> 堂，在水仙王宮後殿，曾選置郊師一人主議會事務，凡郊
> 商有事，關於大要會議或商務交涉約束，暨就郊師議決。

　　此說仍未解釋老、中、新之稱別，究竟是指郊戶加入金長
和之先後抑或是舖戶行號創業之先後？按，同治五年（1866）
之「長和宮碑」列有老、新抽分，並未有「中抽分」，據個人
看法：前已言新竹地區頗多「散郊戶」，並未加入「金長和」
組織，顯見該地區郊戶之組織與管理頗為離散。因此嘉慶年間
之老行號視道光年間新加入之諸行號為「新」抽分，故其時只
有「老、新」二抽分。迨光緒初年續有一批新行號加入，遂又
視之為「新抽分」，而原來道光年間加入之「新抽分」遂因年
資升級為「中抽分」。至此乃有老抽分（嘉慶年間組成）、中
抽分（道光年間加入）、新抽分（光緒元年加入）三類。至日
治後僅存「中抽分社」，不見老、新抽分。不過，據以上種種
資料，似乎可以推論知塹郊金長和內部並未十分和衷團結。蓋
台灣各地行郊之組成，雖因交易地區、販售貨物、宗族籍貫之
不同，分成若干種類行郊，但絕無同一行郊內因加入先後再分
成若干次團體，是組織中另有派系、門戶之別，顯見金長和內
部之不和，有違「長和」之名，而「長和宮」之名與塹郊「金
長和」之名，或許正因此取名，其中頗有期許之深意。我們從

日治時所存塹郊中抽分社之規約中，刻意稱之為「中抽分社諸同人公訂」不稱「金長和」，不見老、新抽分社，除了說明塹郊內部之不能克衷和諧外[36]，也似乎說明了道光年間加入塹郊之中抽分社諸行號商舖才是塹郊正式成立之主要成員暨推動力，我們在前文推論塹郊成立於道光八、九年即可做一旁證。

老抽分之郊戶，據「長和宮碑」所載，同治年間有：金和祥、金逢源、謝寶興、林泉興、金協吉、金集源（後之集源號疑即是金集源）、范殖興、金振吉、陳振合、郭振德、金振芳、周荼春、吳金吉、陳建興、金德隆、吳萬德、王益三、吳振利、楊源發、金東興、吳金鎰、王振盛、王元順、金協豐、杜鑾振、陳振榮、吳振鎰、吳萬隆、金瑞芳、金瑞吉、吳金興、吳萬裕（按即吳振利）、林萬興、陳協豐等計三十四戶。至於其時新抽分之諸郊戶，或則為：鄭用鑑、恆隆號、吳源美、吳福美、鄭恆升、李陵茂、郭怡齊、鄭恆利、鄭吉利、鄭同利、何錦泉、恆吉號、怡順號、利源號、吳鑾勝、振益號、振榮號、義榮號、曾德美、王和利、魏恆振、茂盛號、泉泰號、恆益號、義和號、正香號、勝興號等計二十七戶[37]。另前引中抽分社規約內提及「社內之人共有三十餘人」、「契券交在振合號」，兩相對照，差距不大，或應即是。

船戶向與郊戶不可分，「長和宮碑」之捐獻名單中有竹塹諸港之船戶，茲一併抄錄於後：金洽吉、金勝順、張吉發、林德興、曾瑞吉、曾復吉、曾萬和、曾順益、金慶順、金益勝、金振吉、曾順成、曾振發、曾盛發、張和興、陳鎰隆、張吉盛、金順興、金順盛、許泉勝、曾順吉、金泉順、金瑞順、金成興、金順安、陳捷順、金新興等計二十七戶。

二、塹郊郊戶名單

除此外，《淡新檔案》所收錄諸文件，偶有提及塹郊諸行號暨附近地區諸行郊，茲爬梳史料，一併摘錄於下，謹供參考：

1. 「塹郊香山港長佑宮首事、總理張自得」、「金順和街公記」（咸豐十年四月，編號：一一〇一‧一，下同，茲省編號二字）。

2. 艋郊殷實頭人名單「泉郊金晉順、北郊金萬利、頭人總理蔡鵬桂、南北郊爐主、職員黃萬鐘、林正森、林國忠、吳光田、謝廷銓」（一一一〇一‧二）。

3. 「竹南四保大安街郊舖金萬和、監董事陳興、易雲，舖戶萬發號、協源號、源美號、吉金號、自成號、自源號、源榮號、丹成號等」（光緒八年、一一一〇‧六一）。

4. 滬尾街商號公記三十五枚：「豐源」、「濟生」、「德春」、「春和」、「萬美信記」、「福安兌貨」、「晉利」、「復興信記」、「□□」、「蔡晉發」、「祥興」、「崇興江記」、「泰興信記」、「泉和號」、「源順利記」、「長春」、「芳□」、「源泰」、「裕成」、「瑞□周記」、「德成兌貨」、「利興」、「德美印記」、「萬勝合記」、「永吉利記」、「晉益瑤記」、「源振兌貨」、「新興林記」、「復源勝記」、「德興」、「建泉」、「合和□□」、「榮源同記」、

「□□□□」、「□□興記」（道光二十七年十一月，
一一一〇八‧三）。

5.竹塹「本城舖戶瑞興號」、公記一枚「瑞興信記」（光
緒六年二月，一一二〇五‧五A。

6.竹塹「金聯盛」、公記一枚「金聯盛兌貨，支取不憑」
（光緒六年三月，一一二〇五‧一〇）。

7.竹塹「本城內舖戶益合號」、公記一枚「益合」（光緒
七年二月，一一二〇五‧一八）。

8.竹塹「本城西門街商民振吉號即陳服，……緣服開張商
賈、倚售貨物店舖……所倚係是茗葉、魚脯等貨，各府
縣地方，亦有客商倚售貨物店舖，俗名九八行」、公記
一枚「振吉號記」（光緒七年十一月，一一二〇七‧
一五）。

9.竹塹「本城西門街商民泉成號即倪連溪」、公記一枚
「泉成」（光緒七年十一月，一一二〇七‧一六）。

10.竹塹「本城舖戶高恆升」、公記一枚「恆升信記」（光
緒九年六月，一一二一〇‧二）。

11.竹塹「城內舖戶金源成」、公記一枚「金源成」（光緒
十年十一月，一一三一五‧七）。

12.竹塹「吳興……現住北門街前做生理」（光緒十三年閏
四月，一一三二一‧三）。

13.竹塹「舖民郭振春」（光緒十三年閏四月，
一一三二一‧四）。

14.竹塹「業戶林恆茂出資……買過本城泉源泰號王秀水番
木大料三十五件……蓋用『恆豐』字樣烙號爲據」（同

治九年閏十月，一一七○一・五）。

15.中港「舖戶陳恆裕號，住竹南一保中港街，在中港街合本開張恆芳號生理⋯⋯由內地買載船料⋯⋯埋寄在香山頂寮合茂號店後」（同治九年十一月，一一七○一・六。

16.竹塹「就各郊舖公同選舉⋯⋯舖民郭尚茂⋯⋯堪以頂充北門總理」（道光二十三年五月，一二二○二・七）。

17.竹塹「舖戶寶源號、吉昌號等」、公記二十五枚「□連」、「新福泰兌貨」、「茶瑞」、「三益合記」、「永昌合記」、「金順利記」、「隆興信記」、「益興晉記」、「進興信記」、「自成信記」、「金同成記」、「聚發長記」、「瑞茂林記」、「怡盛源記」、「川盛梅記」、「政和林記」、「金茂」、「吉昌」、「寶源」、「恆順信記」、「新興」、「協源」、「尚□」、「泰昌」、「瑤興信記」（道光二十三年九月，一二二○二・一一）。

18.竹塹「北門總理王禮讓⋯⋯現住本城北門街內，開郊行生理」（道光二十四年五月，一二二○二・二○，按另前後之西門總理洪德樑、南門總理陳大彬、北門總理鄭用鍾、東門總理林揚芳、西門總理林承恩等人極有可能也是郊商）。

19.苑裡及通霄「竹南三保宛裡街⋯⋯舖戶恆生、恆美、文興、聚利、發興、恆德等⋯⋯吞霄街⋯⋯仝眾舖戶泉發、瑞興、振吉、協利等」、公記三十四枚「長茂」、「聚利」、「順美」、「恆升」、「合記」、

「源美」、「合利順記」、「登興」、「恆美」、「恆德」、「和成勝記」、「恆合」、「□□」、「保生」、「長發勝記」、「文興勝記」、「湧源勝記」、「源盛信記」、「發興勝記」、「古松林」、「泉成」、「泉協信記」、「泉美」、「信興義記」、「□□□記」、「□發□記」、「瑞興」、「協合」、「泉興」、「泉發」、「益利翁記」、「壽仁堂」、「晉吉隆記」、「成發」（道光二十二年十二月，一二二○三・四）。

20.通霄「舖戶廣發號、振利號等」、公記二枚「振利合記」、「廣發號」（道光二十二年十二月，一二二○三・七）。

21.通霄「舖戶成美號、源美號、合利號、和盛號等」、公記十四枚「恆順信記」、「豐發陳記」、「成美」、「源美」、「聚利合記」、「萬利兌貨」、「□源」、「合利圖記」、「和盛」、「榮勝」、「和源兌貨」、「復盛兌貨」、「協和」、「松盛」（道光二十三年十一月，一二二○三・二二）。

22.通霄「吞霄街舖民梁壬生……與妻子現住吞霄街生理」、公記十三枚「恆順信記」、「豐發陳記」、「成美」、「源美」、「萬利兌貨」、「□源」、「合利圖記」、「和盛」、「榮勝」、「和源兌貨」、「復盛兌貨」、「協和」、「松盛」、「聚利合記」（道光二十三年十一月，一二二○三・二四、二七）。

23.通霄街眾舖戶稟推薦陳存仁接充董事，後附公記十六

枚「成美」、「永芳信記」、「益美信記」、「合利
兌貨」、「泉美」、「新謙泰」、「洽裕記」、「協
和」、「瑞興」、「成發」、「泉協信記」、「源
泰」、「泉發信記」、「濟成信記」、「壽仁堂」、
「萬利兌貨」（道光二十四年四月，一二二〇三·
二八）。

24. 通霄街眾舖戶請由梁壬生暫充總理，後附公記十四枚：
「承發號」、「協發信記」、「和發」、「廣源」、
「新廣泰」、「義利法制」、「振順勝記」、「源發勝
記」、「新廣成」、「源美」、「福仁名煙」、「振和
合記」、「□□□」、「吉利」（道光二十五年五月，
一二二〇三·三二）。

25. 芎林鄉「舖戶益齡號」（同治六年三月，一二二〇七·
四、五）。

26. 竹北一保九芎林等庄僉舉徐安邦為總理，後附公記十五
枚「魏祥衢」、「九芎林山下莊眾佃戶公記」、「源發
兌貨」、「萬福益記」、「振隆劉記」、「化育堂」、
「福成盛記」、「源勝」、「永成」、「□□芎林課
□」、「昆和」、「劉萬昌記」、「振和兌貨」、「從
順信記」、「林冠英記」（同治七年八月，一二二〇
九·二四）。

27. 後龍「舖戶成金號」（同治九年十月，
一二二一一·一）。

28. 銅鑼鄉人稟舉李逢年充當約首，後附公記二十枚「永興
信記」、「濟安兌貨」、「榮盛」、「榮豐兌貨」、

「接興信記」、「銀昌」、「同春兌貨」、「福盛信記」、「裕盛陳記」、「榮興信記」、「全興」、「義興兌貨」、「益成兌貨」、「福源兌貨」、「萬成信記」、「福昌兌貨」、「協和兌貨」、「復盛劉記」、「和生堂」、「源利信記」（同治十年十二月，一二二一二‧一）。

29.中港眾舖戶，附公記二十一枚「義成」、「金寶興」、「尊賢鍾記」、「源泰」、「合順□記」、「和盛」、「義發兌貨」、「大安」、「榮昌信記」、「振昌信記」、「良記」、「梓記」、「和成」、「萬興兌貨」、「寶和信記」、「梓□謝記」、「陞昌兌貨」、「義盛兌貨」、「裕成源記」、「遠美謝記」、「延年兌貨」（同治十一年十一月，一二二一四‧二）。

30.後壠「會同塹局派往紳董……及該地各紳商郊舖妥議，僉舉……舖戶監生蘇綸為局董」（同治十三年八月，一二二一五‧一）。

31.大甲街「郊舖泰和號、祥春號、興瑞號、金振順暨眾舖戶等」、公記二十三枚「祥春」、「新泰和信記」、「興瑞兌貨」、「金振順信記」、「隆發」、「和美」、「復盛兌貨」、「泉扁（廈？）兌貨」、「勝吉兌貨」、「新振源兌貨」、「金□春記」、「泉興兌貨」、「順興兌貨」、「協發」、「萬吉兌貨」、「道生兌貨」、「成春兌貨」、「恆勝」、「□隆」、「大甲隆源」、「金瑞兌貨」、「順源」、「和順」（光緒九年九月，一二二二二‧一）。

32.九芎林庄眾舖戶，後附公記十三枚中有「慶隆祀記」、「合□兌貨」、「義昌□□」、「和順利□記」、「源順」、「金義發兌貨」、「金福安」、「振順」、「源興」、「金源昌」、「榮喜」、「源順德記」（光緒九年十一月，一二二三‧一）。

33.通霄「金和安眾舖戶等、巫怡順號、黃金和號」、公記三十七枚「通霄街眾舖戶金和安公記」、「金安信記」、「金源順信記」、「利源」、「勝利兌貨」、「永昌」、「勝發」、「盛□」、「勝益」、「泉成」、「新勝發記」、「泉協信記」、「振憶」、「□□□□」、「德芳兌貨」、「□□□□」、「合順勝」、「順發」、「新永泰」、「□盛兌貨」、「源興」、「怡順」、「茂春」、「吞霄課館」、「恆隆兌貨」、「振成」、「合興」、「裕盛」、「德發兌貨」、「義盛」、「錦源兌貨」、「合順兌貨」、「通盛兌貨」、「金利信記」、「源利勝記」、「金永順」、「義利」（光緒九年二月，一二二二四‧三）。

34.後壟「郊戶金致和」（光緒十二年四月，一二二二九‧四）。

35.北埔眾舖戶，公記二十枚「金同興記」、「理元信記」、「德隆信記」、「逢原兌貨」、「瑞興」、「合利兌貨」、「萬興」、「同□」、「金長勝」、「振利」、「□□」、「□□□□」、「勝興」、「益興兌貨」、「義興兌貨」、「□興記」、「□壽」、「榮和」、「□通彭記」、「長壽居」（光緒十二年十二

月，一二二三一・一）。

36.新埔金廣和、公記十枚「廣和宮公記」、「雙和曾記」、「金利兌貨」、「源茂兌貨」、「振和」、「進發」、「天德美記」、「萬安」、「鼎興」、「合裕兌貨」（光緒十三年閏四月，一二二三二・一）。

37.苑里街眾舖戶、公記十五枚「正□□記」、「振合」、「惊錦信記」、「泉玉兌貨」、「恆泰」、「□□」、「□□」、「德安□□」、「自發兌貨」、「恆□」、「源興信記」、「永盛信記」、「昌盛信記」、「榮順」、「□□」（光緒十三年閏四月，一二二三三・一）。

38.大湖「舖戶振昌、振利、東益、福和、陳義合、金合源、益成等」、公記十二枚「獻福陳記」、「金福成公記」、「振利吳記」、「福源」、「金合源」、「東益信記」、「福和堂」、「陳義合信記」、「興盛」、「□□」、「□□信記」、「□□兌貨」（光緒十四年十一月，一二二三九・一）。

39.中港舖戶、公記七枚「□□局號」、「榮昌□記」、「鎮和徐記」、「新興黃記」、「□□□記」、「德美黃記」、「接興」（同治十二年十一月，一二三〇一・六）。

40.竹塹「本城舖戶益豐號」（光緒五年閏三月，一二四〇四・三）。

41.「後壠、大安舖戶合興號即朱烏杙、益成號即梁琳」（光緒五年十月，一二四〇四・一三）。

42.竹塹「本城舖戶金恆順號」（光緒五年十月，一二四〇四‧一五）。

43.竹塹「本城舖戶恆泰號」（光緒六年五月，一二四〇四‧一八）。

44.竹塹「本城舖戶恆春號」（光緒七年九月，一二四〇四‧二〇）。

45.「大甲街金萬興郊暨眾舖戶等」、公記九枚「大安□金興公記」、「泉成」、「萬吉兌貨」、「新隆源兌貨」、「大甲春兌貨」、「新義順兌貨」、「榮春兌貨」、「新恆瑞兌貨」、「□□」（光緒八年三月，一二四〇四‧二六）。

46.「淡水舖戶黃萬順、賴源和」（光緒九年十二月，一二四〇四‧四一）。

47.竹塹「本城舖戶金德美」（光緒十年四月，一二四〇四‧四九）。

48.「本城舖戶吳萬裕號即吳士騰⋯⋯茲查有該（大安）□舖戶王合發⋯⋯」（光緒十年十二月，一二四〇四‧五四）。

49.竹塹「本城舖戶雙合號」（光緒十一年正月，一二四〇四‧六三）。

50.大安「舖戶金勝發」（光緒十四年二月，一二四〇四‧八七）。

51.竹塹「本城舖戶劉振春號、劉勝發號⋯⋯本城舖戶郭蔡祥一名，在該口生意有年」（光緒十五年十一月，一二四〇四‧九七）。

52.竹塹「本城郊鋪高恆升」、公記一枚「恆升號」（光緒
十六年四月，一二四○四・一○四）。

53.竹塹「民人金協和……竊和籍隸竹城，貿易為業」（光
緒十七年八月，一二四○四・一一三）。

54.竹塹「民人駱財源……竊源籍隸竹城，貿易為業」（光
緒十七年八月，一二四○四・一一二）。

55.竹塹「本城鋪戶榮源號」（光緒十七年八月，一二四○
四・一一三）。

56.竹塹「協和號」（光緒二十年三月，一二四○四・
一二七）。

57.竹塹「民人馬得利……竊利籍隸竹城，貿易為業」（光
緒二十年三月，一二四○四・一二八）。

58.竹塹「民人金駿發……竊發籍隸竹城，貿易為業」（光
緒二十年三月，一二四○四・一二九）。

59.竹塹「鋪戶勝記號及蘇進賢」（光緒二十年四月，
一二四○四・一三六）。

60.竹塹「民人金合和……竊和籍隸竹城，貿易為業」（光
緒二十一年正月，一二四○四・一四四）。

61.竹塹「本城鋪戶王義合」、公記二枚「復合兌貨」、
「義合」（光緒二十一年正月，一二四○四・
一四五）。

62.竹塹「本城鋪戶源春號」、公記一枚「源春兌貨」（光
緒八年八月，一二五一一・四）。

63.九芎林，公記十三枚「九芎林鋪戶公記」、「姜
源興」、「源豐」、「大□兌貨」、「□源」、

「□□」、「源□」、「恆生」、「燮和」、「□□」、「九芎林下山□佃戶公記」、「和昌」、「□和□」（光緒九年七月，一二五一三‧四）。

64.中港舖戶，公記四十四枚「新竹縣中港義圍總局公記」、「中港金和順公記」、「珍□兌記」、「德成信記」、「興利」、「□□」、「利源」、「興吉」、「恆順信記」、「和成」、「錦發信記」、「恆生□」、「安發」、「瑞發兌貨」、「榮發」、「□□」、「□□記」、「合安□記」、「恆美兌貨」、「合安信記」、「洽安信記」、「福興兌貨」、「協□兌貨」、「裕記」、「泉順」、「泉春」、「義成信記」、「義□信記」、「興□」、「口發」、「□□」、「振安」、「泉安兌貨」、「和興信記」、「恆陞」、「□□□□」、「□□信記」、「□□」、「榮興□□」、「捷勝」、「□□」、「泉盛陳記」、「泉興兌貨」、「恆□兌貨」（光緒十二年二月，一二五一五‧六）。

65.竹塹「商郊吳順記」、「商郊戶內鄭人俊」（同治七年五月，一二六〇二‧三）。

割台前所採輯之《新竹縣采訪冊》亦有零散之紀錄，茲整理如下：

(一)竹塹義倉之建，於同治六年淡水同知嚴金清諭「業戶林恆茂、鄭永承、吳順記、李陵茂、鄭恆升、鄭吉利、鄭同利、翁貞記、陳振合、何錦泉、陳沙記、鄭

利源、恆隆號等捐建」，此份名單，幾乎全是郊商或郊行，但可惜案卷只明確的記載：「郊行吳順記捐穀四千石。」[38]

(二)義冢之設，據道光八年五月淡水同知李愼彝告示，中有「據本城舖戶郭逢茂（即郭棠棣）稟稱……今該舖戶稟稱願將以己業南勢一帶……充作冢地」[39]。

(三)六十甲圳（一名振利圳），道光初，吳振利濬。十六年十二月，吳振利與田主鄭恆利等，及各佃人籌議，商由隆恩圳陂長張王成備本修築，歸併一手管顧，同立約章，付陂長執憑。後「十五年七月，吳振利捐銀三百圓繳縣，發交舖戶陳和興生息，作爲遞年修理考棚經費」[40]。

其他像：(1)「創建試院碑」末之捐題名單「杜漢淮、蘇團芳、林恆茂、鄭如蘭、蔡景熙、李陵茂、鄭以典、葉祥孚、陳其德、高廷琛、黃照卿、郭□合、何錦泉、杜鏡濱、張維巖、黃勝吉、林鳳儀、黃仕配、張程材、陳鳳岐、陳萬順、王瑤記、廖讚元、郭程銘」；(2)「大眾廟中元祀業碑（一）」中捐輸名單有「陳建興、益川號、林紹賢、林光成、吳金興、潘文助、吳振利、林元瑋、金和祥、洪贊光、益三號、羅德春、金逢泰、張文吉」；(3)「大眾廟中元祀業碑（二）」中有「同治六年間，有本城恆義號（即麥悔官）生理倒罷，積欠和等眾郊戶銀貨賬項」；(4)道光十八年「義渡碑二」捐題名單中有「禮部正郎鄭用錫、加五品銜林祥雲、新艋泉廈郊、塹城金長和、後壠眾行舖、塹城金瑞華、大甲金濟川鹽館、艋舺陳悅記、艋

郊林榮泰、艋舺杜遠記、艋舺珍瑞記、大甲舖戶新義號、艋舺
舖戶舖濟和、大甲舖戶協泰號、大甲舖戶新振興、大甲等堡舖
民長成、恆勝……等五十七戶、粵莊舖民監生邱鳳池、源陞、
元利……等五十六戶」；(5)道光二十二年「湳子莊萬橋碑」有
「塹郊金長和、鄭用鍾、鄭用哺、吳奠邦、陵勝發、源泰號、
鎰泰號、協裕號、德隆號、泉吉號、萬成號」；(6)同治七年
「重修湳子莊萬年橋碑記」有「金長和、李陵茂、陳振合、吳
萬吉、鄭恆升、翁貞記、恆隆號、金泉和、集源號、恆吉號、
義榮號、振榮號、怡順號、錦泉號、利源號、和利號、鄭吉
利」；(7)道光十六年「義冢捐名碑」有「林平侯、新艋泉郊
金進順、艋舺廈郊金福順，紳耆舖戶：鄭用鍾、吳振利、曾昆
和、吳稱其、金振成、周智仁、陳詞裕、金廣福、鄭長源、林
元會、羅德春、劉聯輝、李青雲、逢泰號、陵茂號、源泰號、
益三號……春貞記……鎰泰號、協裕號、德隆號、鄭武略、陳
祖居」；(8)咸豐三年「員山子番子湖冢牧禁碑」有「本城舖
戶陳泉源、鄭恆利、張順發、吳振利、林九牧、林慶算、吳嘉
記、官志交、林美士、林瑞源、童高秀、張成珠、林其回、詹
瑞業、林清隱、林廉逸、童士添、林福孫等」；(9)光緒十三年
「重修龍王廟」中倡捐各紳商士庶名單有「林恆茂、周茶泰、
謝謙利、鄭永承、蘇團芳、李陵茂、曾萬春、鄭時霖、葉鼎
記、蔣瑞章、鄭恆升、鄭吉利、王義合、曾昆和、林振榮、梁
占魁、魏泉安、鄭利源、黃瑞利、范福興、王和利、王義芳、
魏益記、曾德興、曾榮發、何錦泉、陳泉源、金新茂、陳振
合、陳玉衡、黃義龍、陳和興、吳盛吉、陳廣義、洪合春、蔡
福鎰、陳怡順、金德美、陳恆裕以上三十九戶」[41] 等等。上述

名單有不少即是郊行或郊商，可惜史未明文，無法明確予以斷定。

以上史料之爬梳，本諸寧詳勿略之原則予以摘錄出來，茲再集中竹塹一地，並將明確寫出郊行或郊商者，整理如次：(1)咸豐十年張自得；(2)道光二十四年王禮讓；(3)光緒六年郊舖高恆升；(4)同治六年郊行吳順記。其他僅記載「舖戶」或從事「貿易」（非「生理」）者，依常理判斷，應該也是，不過為嚴謹學術之考慮，暫不開列。至若更周詳之名單，讀者有興趣者自可參考林玉茹《清代竹塹地區的在地商人及其活動網絡》（聯經出版公司，2000年）書末附表2〈清代竹塹城郊商資料表〉（頁400-408），表長，此處不引錄。

三、著名郊商

塹郊中特具代表性，財勢最稱雄厚者，據《台灣省新竹縣志》載爲：

> 當時新竹財界，以內外公館（原註：即林占梅、鄭用錫之族人）為兩大勢力。行郊以鄭、林兩族之鄭恆利、鄭吉利、鄭恆升、林恆茂及林泉興、陳建興、陳和興（原註：稱三興）及周瑞春、羅德春、×××（原註：一缺詳；再註：稱三春。筆者按，不知是否即是「曾萬春」或「洪合春」？）為巨商。[42]

三興與三春，方志無傳，事蹟不詳。但提起內外公館之林、鄭二家，可是大名鼎鼎。鄭氏在崇字輩時，雖漸有餘裕，

尚未發達。至文字輩時，人才輩出，有理財致富，購置田產成
爲地主，亦有讀書中舉，取得功名成爲士紳，使鄭家兼巨商、
地主和鄉紳三種身分。鄭家家族俱業商起家，分爲四大號：曰
永承、永裕、吉利、恆昇，各造有角板烏艚巨船，貿遷遍及
天津、上海等大江南北，及呂宋、噴叻（即今新加坡）、檳榔
嶼、新加坡各港灣[43]。惜《浯江鄭氏家乘》與《百年見聞肚皮
集》等書有關鄭家經商資料缺詳，難能做進一步了解。

　　內公館之林家，至林紹賢，善治生計，墾田習賈，從事帆
船航運，頗爲得手；復辦全台鹽務，致成鉅富，廣置田產，人
稱「萬生翁」，商號曰「恆茂」，負責全台鹽務，故有「恆茂
課館」之稱，另外還有「恆發」商號，專門從事貿易，貿易遠
達呂宋群島[44]。不料嗣後林、鄭兩家卻因田界、水路問題起衝
突，積怨成讎，終於涉訟。林占梅後來且因佃農命案，與鄭家
構訟，林氏因久訟纏身，復受風寒，憂憤致命，含恨以終。訟
則終凶，林鄭兩家之紛爭，在新竹遂留下「銀牛相觸角」之俗
諺。

第六節　塹郊與金廣福之組成

　　清代台灣之隘防制度，其先起源於明鄭時期之「土牛」、
「紅線」，蓋嚴禁漢人侵越，同時也制止番人越出。其後隨著
在台漢人生齒日繁，土地日闢，耕地漸侵入土牛界內，非設隘
防守無法防止生「番」滋擾，尤無法積極進取墾拓，於是設隘
成爲北台開拓墾土方法之一。

　　道光十四年淡水同知李嗣業積極開疆拓地，諭令新竹殷戶粵籍姜秀鑾與閩籍周邦正二人，合組「金廣福」團體，聯合驅「番」拓墾。金廣福設有公館，統轄全部墾務，以此為中心，拓墾竹塹城東南城郊地區，此地區山巒起伏，為中港溪、鹽水港溪及客雅溪三水系之上游，約今北埔、峨眉、寶山三鄉，一面戒備，一面墾地。至同治間，墾地愈廣，各隘移入內山，規模愈大，時人稱之為「大隘」，號稱全台最大隘。

　　時賢已有人運用檔案、方志等資料對「隘」加以討論，近人吳學明著有《金廣福墾隘與新竹東南山區的開發》，則進一步就：(1)金廣福組成的背景、經過，及其資金的籌措方式與運用；(2)檢討金廣福防番、開墾兩大功能運作情況；(3)透過土地開墾、水利興修以及聚落形成的探討，更進一步探究在金廣福開墾下的漢人社會發展特色，予以全面深入探討，其所運用資料率多未刊史料，乃「幸能得到開闢大隘粵籍墾戶首姜秀鑾裔孫之協助，得借閱大批有關金廣福大隘之諭示、稟稿、墾照、契字、丈單、案底、族譜、鬮書等寶貴文件」，其珍貴可想而知。文中所述，極多有關塹郊者，惜著者不知，文中所述不僅未提及任何「塹郊」之名號，所述相關郊商多以「塹城聞名商戶」或「塹城經商舖戶」含混稱之。今茲據吳書撮述整理有關塹郊者於下：

　　清領台灣後，南部可墾荒埔所剩不多，移民逐漸北移，由於地理環境限制，開墾形式隨之改變，因之墾戶扮演一重要角色，彼等提供農具、種子，及開圳築堤，耗費甚鉅，故開墾資金之籌措，頓成問題。而透過兩人或兩人以上認股出錢，籌集資金之方式最為普遍，合資經營成為台灣開墾主要型態。金廣

福大隘於沿山諸隘中最大，獨具特色，由姜秀鑾負責總其成，
「起造隘寮、招募隘丁、把守該地方、鳩派隘糧，及築開圳招
佃、墾闢田園、建造庄屋、設立庄規」等，凡此在在莫不須有
大筆人力、物力、財力之支出，而姜秀鑾個人財力有限，獨力
難成，官府乃另諭飭姜秀鑾、林德修勸捐定股，舉二人為總墾
首，合串戶名金廣福，以在城在鄉股戶之財力，共同解決隘費
不足之困境。

先是閩人多城居經商，因經商致富累積資金，須為資金
謀一投資出路；再則埔地愈墾愈深，「番害」也逐漸加重，隘
寮隘丁隨之添設，所需開墾資金隨之提高，已非一般移民所可
承擔。因緣兩相湊合，在城之閩商或以小租戶、或合夥、或獨
資組成墾號，將資金投入附近山區開墾，如咸豐二年十二月樹
杞林總墾戶金惠成之組成股份，計有「黃利記、林桓茂、蔡致
記、何順記、彭阿祿、許珠泗、陳建興、彭阿添、彭林山、陳
阿生、郭村記、陳敦記、張福貴」等十三人合成十四股[45]，此
名單可明顯確知是塹城郊商與在地粵籍墾戶合作組成。今既有
官府出面諭知合組金廣福，而林德修曾任塹城西門總理，是塹
城縉紳，此次授命與姜秀鑾集城鄉股戶捐資認股，並被推為閩
籍墾戶首，向在城閩籍股戶招募股底銀，又與姜氏訂立大隘規
約。林氏不久過世，改由周邦正接替為墾戶首，周氏在道光初
年由福建安溪來台，來台十餘年，一方面在塹城經商，一方面
在大甲從事水圳投資，人稱「周百萬」。

金廣福大隘所需隘費丁糧主要來自官方的資助，然而隘
丁甚眾，隘糧不敷甚多，不足貼補，遂有賴股紳捐派、隘糧大
租、給墾埔底銀，及墾戶貼納隘糧等鳩集資金之方法[46]。

　　閩粵捐派中，閩籍捐戶中可確知為塹郊郊商者有：吳金桔（金吉號）、林恆陞（即林恆茂）、金鎰號、鄭恆利（即鄭用錫）、振益號、許泉記、德隆號、萬泉號（為大甲郊鋪）、鄭和順、羅德春、鎰泰號、陵茂號、新瑞芳、王益發、童泉陞（即童陞）、童高秀、蘇泉吉（即蘇陞）、集源號、鄭振興、林瑞源、林同興、金逢泰、瑞吉號、源順號、振裕號等皆是。餘如陳舒和、周邦正（在塹城經商）、鄭咸亨、涂阿慶、王天宮、陳阿生、鄭承福、許萬生、鄭亨記、黃源利、鄭貞利、周鼎瑞、吳有量、楊庭金、蔡致記、林印卿、林惠香、陳昆榮、林德和、林德悠、陳柳官等[47]，史籍有闕，無法證明彼等是否塹郊中之郊商郊鋪，於常理推論，亦應大部分均是。

　　在議貼隘糧中，據吳書所引之例，道光十五年正月有鹽水港墾首吳振利、鄭振記與金廣福所訂合約[48]，道光二十一年二月有王義方與金廣福所訂合約[49]，而王義方、吳振利與鄭振記正是塹郊郊商與郊行。誠如吳文所言，以上諸人諸鋪「與其他資料對比，得知閩籍捐戶大都為塹城之鋪戶，除在城經商外，部分亦從事土地拓墾，如金逢泰、林同興、鄭長源、陳大彬等曾合夥承領土地，開闢田園」，事實上除此外，金德成、金福泉、金德發等墾號，均為塹郊聞名郊商李陵茂與許泉記所擁有之公號[50]。

　　然而塹郊郊鋪捐資合組金廣福之用意，一則出於官府之諭示派捐，二則以為商業資金之出路，三則加上樟腦利益之誘因，使得在當年閩粵械鬥頻傳的大環境下，居然會出現閩粵合資經營的墾號。結果是疊派不休、出資不停，而金廣福墾務遲遲未成，所得僅埔地數甲，況塹郊郊商活動範圍仍以廳城附

近之商業爲主，此種土地投資，所得微薄，投資意願遂低，而閩籍郊商多爲不在地之地主，取得土地後，勢必將土地轉租出去，而承租者大半爲粵籍佃戶，此種現象在當時地緣意識強烈，械鬥頻生的時代而言，畢竟非閩商所樂見，於是莫不急於抽退或拒絕加派，咸豐同治年間，閩籍墾戶仍漸將股權抛售，因而粵籍墾戶轉而逐漸掌握金廣福。

　　要之，金廣福拓墾成功固有官方的協助，但閩粵兩籍股戶之合作攤派，才是金廣福組成之主要憑藉，而開墾初期金廣福開山防番之資金，主要來自在城閩籍商業資金，以及在鄉粵籍農墾資金之結合；換言之，若無塹郊郊商之參與，金廣福之能否成功，頗堪疑問。此亦塹郊於新竹附近地區開拓助力之一大功勞也。

第七節　塹郊會所長和宮

一、長和宮之創建

　　新竹之天后宮有「內媽」與「外媽」兩座，內媽祖座坐於西門街一四八號，建於乾隆十三年（1748）。長和宮則係外媽祖宮，由於新竹城之北門外，從西北可通頭前溪河口舊港，爲往昔與大陸貿易物資運輸路線，及城裡城外必經之路，因此長和宮建立在塹城外之北門口，亦有其選地之考慮因素。除爲交通要道外，也因建城之後，城門白天開啓，晚間關閉，無法配合漁民出入捕魚時間，乃在城外修建該廟。再則，此地又爲風

水寶地，民間傳說新竹市爲一「鯉魚穴」，魚頭是關帝廟，魚尾是長和宮，長和宮兩旁的愛文街、城北街爲魚尾雙叉，魚臍則是城隍廟。

因以上諸原因，所以長和宮建置頗早，《淡水廳志》卷六志五〈典禮志・祠祀〉記：「一在北門外，乾隆七年（1742），同知莊年、守備陳士挺建。嘉慶二十四年（1819），郊戶同修。」[51]《新竹縣志初稿》亦記：「天后宮，在縣城北門口，乾隆七年，同知莊年、守備陳士挺建。嘉慶二十四年，鋪戶同修。廟宇五十坪，地基百坪。」[52] 時前殿祀天上聖母，後則祀水仙尊王，而且因各行業店舖行號店號匯集北門口，有米市、柴市、炭市、魚市等等之結市[53]，熱鬧繽紛，北門大街成爲商業中心，竹塹郊商爲求近便，自然會以長和宮爲聚會議事之所，何況崇奉之媽祖、水仙尊王是海神，職司庇佑航海平安，故爲郊商海客所崇信，尊爲安瀾之神，長和宮遂成水郊總匯之所，是以今廟中猶存二匾，可堪佐證，一是「嘉慶辛酉（六年，1801）仲春（二月）」、「衆街水郊弟子奉」之「德可配天」匾，後可能損毀，遂在「昭和八年癸酉（民國二十二年，1933）」重修塑立，由「老抽分會重修」。一是「嘉慶辛酉仲春」、「水郊衆弟子奉」之「慧光普照」匾，後在「昭和十年乙亥」由「老抽分會重修」。從此二匾亦可推知其時竹塹郊商尚未組成正式之商會，是以僅能籠統的稱呼爲「衆街水郊」，亦可進一步佐證，老抽分會確是最早加入之會員，所以才肯在日治時期由他們重修嘉慶年間古匾；反之亦說明了老抽分會的鋪戶成員大體上在嘉慶初年已出現，初只是神明會型態，未組成正式商會團體。

　　再，前文提及日治初期之中抽分社規約，刻意不提老、新兩社，據此區，知直到日治末（昭和八年）老抽分會尚存在，余一再言塹郊內部之不協和，在此又得一例證。

　　以後眾郊戶在嘉慶二十四年大力捐輸，予以修建，可能是在翌年完成，所以今廟中有一「嘉慶庚辰年（二十五年，1820）桐月（三月）吉旦」、「董事郭尚安、吳建邦、吳世英、吳國舟（？）、陳展遠（？）、郭尚茂、金登□、郭治本仝奉」之「海邦砥柱」區。而此一批人也非常有可能是「老抽分」初創者，今廟中尚存有一「創立老抽分會諸先烈神位」之長生祿位供奉。不過其時之建築，筆者懷疑是一落單進式建築，尚談不上「前後二殿」，蓋「長和宮碑」記：「我塹郊創建長和宮，由來已久。前殿崇祀天上聖母，而後蓋則崇祀水仙尊王。廟宇亦自清肅，然徑迂而曲，堂宵而深，未甚軒昂豁達。」不稱「後殿」僅稱「後蓋」似可見其時之簡陋，是以眾郊商遂在同治二年（1863）十二月間，公議將老抽分東畔店地（即天后宮左側）重新起建新廟，充為水仙王宮，奉祀夏王，殿後另有竹安寺，奉祀觀世音菩薩。關於此次興建，《新竹縣志初稿》記：「水仙王宮，在天后宮左側，祀夏王，同治二年，鋪戶捐建。廟宇三十坪，地基五十坪。」[54]「長和宮碑」尤詳述始末：「同治二年十二月間，公議將老抽分東畔店地重新起建，以為水仙王殿，其規模較為宏敞可觀。爰詢請老抽分紳士，咸樂獻其地。謀及新抽分紳士，則樂供其費。因倡是舉以成厥事者，則職員林君福祥之力居多。茲值落成，謹溯始末事由，勒書於石，以垂不朽。」碑末落款是「同治五年歲次乙丑臘月印塹郊眾紳士仝立」，可知斯役興於同治三年，完成於

五年歲末，費時三年（1864-1866）才得以完成，可以想見此次工程之浩大，碑末之「總共收來佛銀四千二百二十四大元整」、「總計開出佛銀四千二百二十四大元正」，亦可佐證其花費之龐大。

另新竹耆宿蔡翼謀曾口述：「外媽祖廟是漁民出海打魚前，祈求神明庇佑的所在。以前竹塹石城，晚間封閉，無法配合漁民捕魚時間開啓，因此在城外修建這座廟。當時老抽分出六百石租，中抽分出三百石租，新抽分出一百石租。船頭行負責抽收、設料、買地、完成建廟。那個時候一百石租約納一萬石稻穀。日據時代後期，實施皇民奉公化，廟產充公，租穀由助役負責收取。」[55] 惜未明確指出是何時修建，不過既說是有塹城之後，應即是指道光之後的同治年間此次修建。

花費如此鉅大，自可想見其時郊商之財力雄厚，也因行號成員日多，原有廟宇空間不敷使用，才有擴建之舉，更有需要購置廟產以充廟中香資祭祀及郊中諸事之開銷，是以《新竹縣志初稿》記其「歷年租項」中有「楤榔莊水田、番仔陂水田、番仔湖水田、鳳鼻尾水田、泉州屋水田、浸水莊水田、北門米市街瓦屋三座」，另「舊港老開成年納銀二圓」[56]。而《新竹縣制度考》中記「北門外長和宮、水仙王宮香油銀」中之「收項」與前文完全相同，是其明證。

二、廟中文物稽考

不過，今廟中存有道光年間二匾，一是道光乙未（十五年，1835）仲冬（十一月），「水郊眾弟子奉」之「萬世永

賴」匾。一是道光丁未年（二十七年，1847）季春月（三月）
吉旦，「大夫第貢生鄭如梁敬立」之「海邦赫濯」匾。廟外
側三方石碑中之道光十五年，總理鄭用哺、吳建邦、鄭用銛
（？）、郭尚茂，董事李錫金、曾玉山、新陸勝、王益三……
等眾行郊捐輸之碑文，惜碑文漫漶不清，無法辨讀是為何事
而捐題，碑末略可辨讀者有「一總收題捐緣銀肆仟捌佰捌拾
元……開用外，尚剩銀二佰四十伍元……」、「……生息以
供……水仙尊王」等字句，參考以上二匾一碑，似乎道光十五
年尚有一次修建，而且日治時期之中抽分規約中記載：「竊維
我塹於道光間，建造聖母廟宇及聖母靈像，恭奉有年即名長和
宮」，也可證明其是。

　　同治初年之大事新建，使得廟中留下頗多之匾碑，如：(1)
「同治三年吉月」、「塹城眾董事敬立」之「盛德在水」匾；
(2)「同治三年吉月」、「塹城眾郊戶敬立」之「績著平成」
匾，後於「昭和八年癸酉」、「老抽分會重修」；(3)「同治四
年仲夏月」、「裔孫（林）福祥敬立」之「母儀配天」匾；(4)
「同治丙寅（五年，1866）春月穀旦」、「兵部侍郎兼都察院
右副都御史、福建巡撫提督軍務兼理糧餉徐宗幹敬立」之「泛
舟利濟」匾；(5)廟外側矗立之同治五年臘月所立之「長和宮
碑」均是。

　　同治年之新建，立下壯麗偉固基址，光緒年間遂無甚修
葺，今廟中僅存一聯一碑，一聯是「光緒十五年孟夏穀旦」、
「候升同知直隸州本任埔裡通判權知縣事方祖蔭敬酬」所撰
書之木聯：「四海安瀾稱后德、萬人再示頌慈恩」。一碑是廟
外牆矗立之光緒十三年六月之「獺江祀碑」，碑文清晰可讀，

《新竹縣采訪冊》亦收有此碑文。

另《百年見聞肚皮集》亦有記載長和宮若干事宜，如道光咸豐年間長和宮之住持有「天恩」、「和尚金」等二人，墊郊在水仙王宮開會商議時，和尚金必在議堂奔走，當差應命，原文如下[57]：

> 然竹墊外天后宮創自竹墊開港時，得諸船戶水郊祀奉，媽祖廟之檀越施主中，分為老抽分、中抽分、新抽分，是由船戶水郊抽捐供養，故稱三抽分。但水郊設有商會議堂，在水仙王宮後殿，曾選置郊師一人主議會事務，凡郊商有事，關於大要會議或商務交涉約束，暨就郊師議決。和尚金遇有水郊開會議時，必在議堂奔走，勤謹應命當差，備辦（辦）茶點，無不充足周到，又能巴結鋪郊家長，各位稱意，殷勤親切，故凡佛事供養、燈火香花、做敬奉齋、捐題募化，俱與容易便宜，所得樂施錢米，收入比較天恩師時倍加，年年出息不少，綽綽有餘裕，任憑揮霍，尚亦裕如。和尚金得此機會，洋洋自得，以其諸檀越施主信任無疑，可以放心肆意，行其所欲為。

又如同治初年戴萬生之亂，於水仙宮設協（集）義廳，權充衙門辦事處，暫攝淡水廳篆[58]：

> 民情洶洶，一城無主，城門緊閉，用砂包堆塞城門，交通不便，有越垣縋城，方能出入。全城紳商人等，開會議選林占梅為議長，公同舉立張師爺出為攝理淡防廳職，設協義廳於水仙宮。後依官衙辦（辦）法，差遣捕快，捉

拏暴徒劫賊二三，依法押赴北門外城邊車埕地場斬決。
惟礙秋大老殉職，一城無主，難以服眾，百姓不得安寧，
甚遺憾事。乃有提議設立臨時假廳長，得名具爾瞻方妥。
然後募兵籌餉，並專差材幹能為之士，到福州陳情，請兵
救援，算是上策。議決公同超選推舉張師爺，因張師爺曾
為秋大老幕賓，現充舖郊郊師，為人能幹善謀，老成諳
練，熟悉人名政事。得其承諾，遂設假廳事於北門外水仙
王宮後殿，充當做衙門辨（辦）事處，用林覺、呂世宜、
謝琯樵同參贊廳事，以該殿為集義廳，攝淡水廳篆，出告
示安民心，籌辨（辦）餉糧，設軍儲會計、物資度支兩
局，分理募兵籌餉。

也有提及長和宮之重新修整，惜未明確記下年代，但以和
尚金交往之諸人年代稽考，應即是筆者前面推論之道光十五年
事[59]：

和尚金在新莊、艋舺盤桓經旬，始歸竹塹，時外媽祖宮廟
宇多少舊象，諸水郊擬再重新修整，煥然一新，媽祖神像
在塑舖金，議訂要往湄州謁祖進香，出發有日，即使和尚
金奉媽祖神像，隨駕至湄州乞火掛香。及期，和尚金同諸
善信及水郊頭人，相將由舊港啟帆，向湄州進發。不幾
日，到湄州，入祖廟進香乞火，依例行事畢，和尚金乃對
諸頭人道及欲往興化探訪故舊相厚僧侶，並要往南海普陀
山講求佛道，定明年春三月歸廟，諸檀越請奉媽祖回竹
塹，貧僧不在廟內，諸香火請檀越祈代為照料為幸。水郊
等眾許諾，和尚金自去，水郊等眾即奉媽祖歸竹矣。

三、日治以來

　　到了割台前，日治初，時長和宮「廟宇五十坪，地基百坪」，水仙宮「廟宇三十坪，地基五十坪」。《新竹縣制度考》又記其規模：「天后宮（即媽祖廟），北門外。門一棟，堂五棟，前面空地大凡一百四十五坪。又附屬水仙尊王廟，後面尚有一棟廟（即長和宮），前面空地大凡一十坪。」[60] 陳朝龍《新竹縣采訪冊》則有更清楚詳盡的記載：

> 天后宮，……一在縣城北門外，名長和宮，又名外天后宮（以城內有天后宮，故別之曰外），正殿三間，左右廊各一間，前殿三間。左為水仙宮，後為觀音殿，又後為四香別墅三間，右為僧舍大小計七間。香燭租穀三十石，每年由金長和公租支給，又店租銀一十二圓（店在縣城內北門街，年收店租銀二十四圓，與內天后宮對分）。又宮外公糧一枝，年可收錢百餘千文。

至於原來的水仙宮改祀觀音菩薩，陳書又記：

> 觀音殿，……一在縣城北門外長和宮後殿，三間。舊為水仙宮，同治二年，郊戶改建水仙宮於長和宮左畔，以舊水仙宮改祀觀音佛祖，即今所也。

　　對於清末時塹郊與地方歲時信仰的活動，陳書復載：「郊戶所祀之天后香火，則自興化府屬之湄州分來；每三年則專雇一船，奉安天后神像駛往湄州進香一次，祭以少牢。回時各郊

戶具鼓樂旗幟往海口迎接回宮，輪日演劇。」中元普渡則「各郊戶同日會普，謂之眾街普」[61]。

　　日治時長和宮之興修補葺，經筆者之探訪，惜執事者或云不知，或稱資料已被取走，無可奈何，僅能就廟中現存文物建築做一稽考。今廟中有一「歲次乙卯仲冬穀旦立」、「信官程介眉敬酬」之「厚德配天」匾；一「丙辰年福醮紀念」、「閤竹眾紳商庶全敬叩」之「霖雨蒼生」匾，似乎大正四年（乙卯，1915）、五年（丙辰）可能有小修，才有作醮之舉。又有一柱聯題「跡顯湄州坤雍永奠、神依淡北水道安瀾」，落款「昭和戊辰孟秋之月重修」、「林桓茂敬獻、李逸然（樵？）謹書」，則明確指出昭和三年（民國十七年，1928）廟曾一度重修。廟中神桌上置有二籤筒，內各有十二地支之令牌，皆是昭和八年夏季所設，乃「老抽分會會員一同設置」。水仙宮正龕下之神桌乃明治三十二年（光緒二十五年，1899）十二月捐獻，桌之邊角赫然落款「沐恩弟子魏泉安、陳桓豐、杜玉計、莊崑茂、吳吉記、連裕興、李怡泰、謝泉源、鄭邦露、李陵茂、周茂泰、興隆局、金德美、鄭利源、振榮號、怡順號仝叩」，對照前節稽考得知之郊舖、郊商，重複頗多，幾乎可斷定即是日治初、光緒末之郊商及郊舖，為今存最晚之塹郊古文物。除此外，再加上前述老抽分會重修昭和八年「德可配天」匾、昭和十年「慧光普照」匾，暨中抽分祭祀規約，正說明了日治時期，眾郊商祭祀活動之頻繁與熱烈，不過不用塹郊或水郊之名稱，僅用「老抽分」、「中抽分」之名稱，已顯示性質返歸趨向神明會之型態。至於「新抽分」無聞焉，不知是解散歸於沉寂，還是分別併入老、中抽分，則無可得知矣！

另外，經檢索日治時期報紙資料，有若干則報導，也可供補充長和宮此時期之歷史沿革，這些報導，大略歸類，可以分為三類。

(一)廟與廟往來交陪聯誼

如《台灣日日新報》明治四十二年（1909）十二月九日四版報導：

> 北港媽祖，本月四日來竹。邑之善男女，齊備鼓樂，前赴南門外停車場迎接……及汽車既至，乃舁神輿，直赴北門外媽祖宮駐驛。是日到宮參拜者，絡繹不絕，幾無立錐地。宮外設露店賣金香燭，以十餘處計，演劇四台，觀者如堵。翌五日參拜者，竟覺多數，牲醴陳列，如星羅棋佈。乞爐丹者，紛如蟻聚。宮外演官音菊部二台，國錦文掌中班一台。庭前新築土圍，高四尺餘，濶有一丈四方，中燒金紙，其灰堆積如山，亦可見信仰者之眾矣。

同報同日又報導：

> 去六日竹邑街莊人民，合同歡迎北港媽祖，及竹蓮寺觀音菩薩。午前八勻鐘，鑼鼓樂隊，已齊聚於新竹街後布埔。迨鐘鳴九點，煙火三發，始舁神輿出遊。……入夜則滿街餘興，如城隍廟，外天后宮，內天后宮、竹蓮寺、水田福德祠、東門福德祠、地藏庵等處，各演劇一、二台。……據古老所云，竹邑迎神，未有若此回之盛。然此一日之熱鬧，僅就市區管內而言。其他附近各庄，將順次恭迎，聞

須至來十三日，方畢其事云。

《台南新報》昭和元年（1926）五月二十四日六版有記：

> 近駐新竹街北門外長和宮之北港媽祖，及彰化南瑤宮聖
> 母，以去二十一日下午二時，由各團虔備鼓樂詩意，及子
> 弟團等二十餘陣，恭迎神像遶境……受該地人士行香至四
> 時半發程，迎神輿回鑾於長和宮。

(二)廟會戲曲陣頭之表演

如《台灣日日新報》大正十二年（1923）八月十日六版記
載：

> 新竹街北門新樂軒，恭迎其軒之西秦莊府王爺，已登前
> 報。去六日午後一時，煙火三發，由行台起程遶境。是日
> 諸軒員各寄贈音樂隊、南管、歌仔唱、車鼓、採茶歌、獅
> 陣、藝閣、蜈蚣閣、外江陣、其他假裝什劇，並庄下十數
> 陣參加行列，共四十餘陣頭。是日天氣佳良，庄下紅男綠
> 女，到市上觀迎，時壅塞不開。同夜自西門隍廟前街中，
> 點五百燭光電火，到北門外天后宮行台前電門止，照耀如
> 同白日。

再如《台南新報》昌和二年（1927）三月十五日版記：

> 新竹北門堡訂古曆二月十八日至廿五日之間，分為北門市場
> 營業團、外天后宮團、雜貨商團，籌備詩意廿二架、蜈蚣
> 閣五架、子弟劇四陣、大鼓隊其他各數陣，現正設備云。

(三)廟慶建醮活動

《台南新報》昭和六年（1926）十二月十六日六版報導：

> 新竹城隍廟慶成三朝福醮，以去十四日舉行善施，始自柱
> 音一百七十二名，並村庄各團，裝結醮壇者百餘行，其中
> 最特色者三十餘處。是夜由審查員，分為五等。而公選之
> 中選者，如下：……三等者外天后宮壇……（下略）。

　　謹舉以上數則報導，以概其餘。只可惜七七事變後，日府
下令進入「禁鼓樂」時期，尤以太平洋戰爭爆發後，更是全面
嚴格執行，廟會活動少了，報紙報導也就少了，終至絕跡，直
到台灣光復後才又恢復活動。

　　光復以來，又有幾許滄桑變化。廟中現有一匾「安瀾濟
眾」立於「民國戊午年（六十七年，1978）三月」，乃「新
竹水仙宮、長和宮管理委員會、主任委員吳張炎暨水郊會派下
一同」所敬立，凸顯了塹郊已純然是神明會組織，至於「水郊
會」近況如何？是否尚存在？經詢問執事者亦是一問三不知。
民國六十七年為響應復興中華文化，始奉文昌帝君，因此乃拆
除長和宮室間，增建文昌殿，於六十九年五月發包興建，工程
順利，於同年農曆十月完竣，於十月二十八日奉文昌帝君神像
進殿安座。翌年（辛酉年）舉行建廟兩百四十週年建醮大典，
今廟中有台南大天后宮「后德配天」、新竹市長和里里長楊金
土「慈光宏達」之賀匾。民國七十九年（庚午年）十二月，續
作整修，內外油漆，煥然一新，並製獻媽祖，觀音佛祖，水仙

王神龕前雙龍幛幃、神冠、神袍。近年全面暫修，由慶洋營造公司負責，於民國九十年六月二十七日完工。

第八節　塹郊對地方之貢獻

台灣行郊實為一特殊之商業團體，其所具有之功能已含括政治、經濟、社會、宗教等多元功能，舉凡如地方上之徭役、公益、宗教、教育等事業，幾無一不由彼等倡導、創建或重振。郊行之組織，不僅促進了台灣商務之發展，安定移民社會之秩序，更對社會建設提供了巨大之推動力量。

塹郊金長和成立於道光年間，盛於咸同年間，期間對新竹之社會建設與地方公益事業，莫不熱烈參與支持，踴躍捐輸，茲分述於後：

一、教育方面

教育為百年之計，風俗之醇，人才之盛，端賴學校化陶之，我國自昔之文教設施，無非以設學宮廣學額，輔以書院，加之義塾等方式來培養人才。新竹地方之文廟、試院、書院、學田，在在皆有郊商鉅富之參與，或倡謀捐建，或慷慨輸獻，碑文俱在，如「文廟碑」、「創建試院碑」等是，昭昭可信[62]。

二、公益方面

清代台島道路不修，交通不便，兼之河流不一，野水縱

横，每逢大雨後，淺者固易架橋，深者非渡不爲功。故除在路旁由官民建置路亭以供行旅暫憩奉茶外，各大河溪多有官民捐置之義渡或橋樑，以供旅人之便利。

道光十六年（1836）淡水廳同知婁雲，召集紳士、郊商等，廣爲勸諭，在大甲溪、房裡河、柑尾溪、中港溪、鹽水港等六處，或設渡船、或架木橋。事後撰有〈義渡碑記〉，詳記始末，內中捐戶姓名有「新艋泉郊公捐洋銀一千圓」、「塹城金長和公洋銀三百圓」。按淡北義渡較少，據婁雲詢諸紳耆郊行，知悉淡北各港溪所設渡船，渡費低廉，均稱利濟，並無訛索之風，率由舊章，未改設義渡[63]。

橋樑部分，以萬年橋之修建最具代表性。萬年橋，舊名湳子橋，在縣二里湳子溝，爲南北往來孔道。嘉慶間竹塹社屯千總錢茂祖創建木橋，並於橋南北各砌石塊爲路，共計長一里許。道光二十二年（1842），舊橋朽壞，郊舖金長和及諸紳士鳩捐重修，並於橋南北石路中間改敷石板，旁夾以石塊，以期永固。其後屢壞屢修，塹郊商民靡資修葺，耗費不少，覺終非長久之計，遂於同治七年（1868）由同知嚴金清、諸紳士及郊舖金長和捐資改建，仿三江運河式，仍其舊址，纍石爲圓洞橋，橋上翼以石欄，更名萬年橋[64]。

三、宗教方面

清代之台灣移民社會，因台島荒蕪初啓，天災疫害頻頻，加以官府力量薄弱，兵燹屢屢，民間互助合作之風氣特盛，常有結社組織，多由同鄉、同族或同業組成，以共同信仰神明爲

中心而結合之，因之促成寺廟之興建發達。故台灣廟宇不僅是民間信仰中心，同時也成為聚落自治及行會自治之中心，具有自衛、自治、涉外、社交、教化、娛樂等多元功能。明乎此，知寺廟之與地方發展息息相關，我拓台先民實善於運用寺廟以推進地方建設，興辦慈善公益事業，進而教化百姓，平定變亂，維持社會治安，促進商務繁榮。

　　行郊係由同一行業之商賈組成，奉一神明，設幫會，訂規約，以時集議；內以聯絡同業，外以交接別途，自須有一集會辦事處。此辦事處或稱公所，或名會館，惟此多見於大陸各地行會，台島少見，多是附屬於寺廟，以充聯誼自治之所。故本省各大寺廟之創建興修，各地郊商莫不踴躍捐輸。塹郊之參與新竹地方寺廟修建，有文獻可徵者乃文廟、龍王廟及長和宮、大眾廟[65]，他文獻不足徵，以籠統之「眾紳商、諸舖戶」等稱之，概不採納。其中長和宮為塹郊之會所，亦為本章之主體，已在前節詳述之，茲不贅。

四、慈善方面

　　本慈善事業主指助葬、救荒兩種。清代助葬事業，有供給土地於貧民埋葬，或合葬無緣枯骨，或寄託旅櫬，或協助埋葬等，其種類不外乎為義塚、寄棺、枯骨埋葬及孝舍等。台灣之義塚，由官建置者有之，紳民買獻者亦有之，任人埋葬，不收地價，勒石定界，以垂永遠，並嚴禁牛羊踐踏之害，誠為義舉。

　　新竹地方之有義塚，約始於乾隆四十年（1775）前後，

惟嘉慶年間清廷曾下諭以凡無耕耘或無田賦之地，皆作為塚墓或牧場，此後糾紛迭起。緣由道光十四年（1834），金廣福墾號開始拓墾後，墾戶屢屢混界殘害塚墓，滿山遍野破罐露骨，致使訴訟不斷。咸豐元年（1851），遂由諸紳士及郊行舖戶等向同知朱材哲稟請，具呈金廣福等之弊害，朱氏乃差官屬前往查勘，其後勒石嚴明境界，設禁以防佔混踐踏。光緒年間，南門口巡司埔附近時有毀塚私營田園，或任牛車亂駛，毀塚墓尤甚，致暴露棺骸；七年（1881）有諸紳士耆老及郊行舖戶等之稟請，又至南門城門建碑示禁。此後凡義山之開墾必須受官之准許，其例持續至清領台灣末期[66]。

清代之救荒設置有常平倉、義倉、社倉、番社倉等，新竹地方有常平倉、義倉、番社倉，而社倉則無文獻可稽。

義倉者，當年歲凶荒之際，貧民告糴無由，則開義倉之穀，而給民糴；義倉原由官方管理，後改由民間經理。新竹之義倉，係道光十七年（1837）淡水同知婁雲創始，但未置倉廠，捐穀即由捐戶收存。至同治六年（1867）同知嚴金清復倡，捐廉俸銀一千圓購穀一千石，並勸諭紳商、業戶捐穀四萬九千石，於同年在竹塹及艋舺各建明善堂為義倉，附以義塾，另撥捐穀三千六百石充為義塾經費，以興養立教。

竹塹明善堂（即義倉）在新竹城南門內，係購城內義倉口街金姓舊屋而改築，其房數共十二間，同治六年（1867）九月興工，翌年四月竣工，費銀二千九百七十二圓二角。此役主要捐輸者有業戶林恆茂、鄭永承、紳董吳順記、李陵茂、鄭恆升、鄭吉利、翁貞記、陳振合、何錦泉、陳沙記、鄭利源、恆隆號等，多為聞名郊商。無如其後世風不古，有遇青黃不接之

時，告糴者聚而請，收儲者置罔聞，明善堂之設，於是乎有名而無實。義倉至光緒十六年（1890）改爲電報局，附設之義塾至翌年，由知縣葉意深移入明志書院，自爲塾長，另謀發展[67]。

五、平亂方面

　　新竹行郊內公館林家、外公館鄭家，與三春、三興爲巨商。鄭家祖先原是福建漳州漳浦人，於乾隆四十年（1775）遷居後壠（今苗栗縣後龍鎮）之溪州，至「文」字輩起家，聲名烜赫，有讀書中舉者（如鄭用錫、用鑑），有經商墾殖致富者（如鄭用鍾、用鈺），其家族又分爲四大號，曰永承、永裕、吉利、恆昇，俱業商起家，貿遷遍及天津、上海、大江南北，及呂宋、嘪叻（今新加坡），檳榔嶼等地，而鄭用錫其人，少遵父訓，力行爲本，於道光三年舉進士。平時家居，里黨有舉，輒致其財力，鄉人稱善士。凡倡修學宮、橋渡、賑饑、恤寒，悉力爲之。咸豐三年（1853），林恭、吳磋以次起事，而漳泉又分類械鬥，全台俶擾。當是時，械鬥愈烈，延蔓百數十里，殺人越貨，道路不通。鄭用錫親赴各莊，力爲排解，著「勸和論」以曉諭衆人。這其中倒有一段內幕，牽連新、艋、竹諸郊商，《百年見聞肚皮集》詳記其事，也可見衆郊商之熱心公益，平定紛亂，茲摘錄於下，以略見梗概[68]：

> 賦間（聞）無事，有一日，得頂港有人來下書，披閱之下，知是大龍峒陳維英迂谷先生，及林右藻、林柏邱兩紳商，並艋舺舉人蘇袞榮，廩生黃中理，僉同函信，函中所云事爲新艋漳泉人，分籍械鬥，經累歲月，塗炭生靈，禍

害不淺。今二比知悔，漏意謂，若有人出作魯仲連，便可排難解紛，因此邀請公及許超英到新艋磋商擬議等語。晚間又接林本源家五少爺林國芳，暨新莊紳商數人，並艋舺黃林吳三郊家長，各通書信，先後投遞，其大意亦欲依賴公等出為周旋。公得信遂與許超英計議可否。許超英曰：「事無難處，到時見機而作，可也。」雖（遂）決偕行。不出三日，先到艋舺，會三郊家長，同來大龍峒，訪陳迂谷先生家。得迂谷先生殷勤禮遇，遂假宿焉。翌日，公與許超英集合陳迂谷、蘇袞榮、黃中理、林右藻、林柏邱諸氏，並艋舺黃林吳三郊家長，一齊到新莊見五少爺林國芳，新莊紳商人等，議定和約，既和不論理，各自引責，相好如初。公遂為作勸和文一章，刻石永垂鑑戒。以多年紛糾事，經一席話迎刃而解。雖曰人情有，天意在焉。自此新莊、艋舺漳泉籍人，賣刀買犢，棄利刃，負犁耙，化衽兵革而尚玉帛，同流合污，無分畛域，此咸豐三年（1853）事也。然斯時竹塹當閩粵反，經年始平，俗有「世事恰大咸豐三」，是謂此也。公因新莊和議告成，歸艋舺，回大龍峒與陳迂谷先生暢敘攸情，盤桓浹日，即招許超英同歸竹塹。

內公館之林家，其祖林紹賢，墾田習賈，復辦全台鹽務，富冠一鄉。傳裔至林占梅，性豪邁，好交名下士，濟困扶危，糜萬金在所不惜。道光二十五年，英人犯雞籠，沿海戒嚴，倡捐防費，得旨嘉獎，以員生加道銜。二十三年，防堵八里坌口，又捐巨款。二十四年，嘉彰各邑漳泉械鬥，募勇扼守大甲溪，絕其蔓延，並護閭閻，出資撫卹。

咸豐三年，林恭之變，北路震動，奉旨會辦全台團練，
又以捐運賑濟津米三千石，奉准簡用浙江道。同治元年
（1862），彰化戴潮春起事，淡水同知秋曰覲被戕，民心
惶惶。林占梅獨籌危局，備器械、出資餉、討軍實、修城
濠、募勇士，部署甫定，而警報亦至，占梅力主戰守，以
家資十數萬為餉糈，竹塹城中眾紳士郊商亦踴躍輸將，民
心始定。旋奉巡撫徐宗幹檄准布政使，頒總辦台北軍務鈐
記，通飭所屬聽令。後陸續克復大甲、牛罵頭、梧棲，梧
棲為通商之埠，殷商聚集，占梅暗中潛結當地郊戶楊至
器，遂得於同治二年二月取之。至十一月，率勇與官軍會
攻，克復彰化，十二月振旅凱歸[69]。潮春之役，林占梅傾家
紓難，保障北台，運全局於掌上，屢收要隘，再復堅城，
固一時之傑，若舉有功於鄉里者，當推為先。

舉此二例，可以概括新竹郊商平匪亂、維治安、禦外侮、
護鄉梓之貢獻矣！

六、其他方面

每一時代，每一社會均有其惡風劣俗，清代台島淡廳之地
方惡習，約而舉之有四大害：如母家藉女病故索擾、賣業找盡
纏訟、總董誣良為盜、命案任意牽連等是，為害中之最。於是
諸紳耆暨郊舖金長和共向淡水同知向燾僉稟，請求嚴行禁革，
以杜訟源而肅法紀。為此向燾特立碑示禁，以期互相勸勉，漸
挽頹風，若有不遵，則執法嚴懲[70]。

至若擔任城工董事，管收店租生息，以備歲修城工[71]，或

為人作保具結[72]，以求息訟，以杜爭端，並進而共同保舉董事總理[73]，自行擔負行政大任等，一則可見塹郊在新竹之權勢，擔負行政，再則移風易俗，可想見其熱烈參與地方事務之積極態度矣！

第九節　塹郊衰微原因

《新竹縣采訪冊》中所收碑碣，同光年間最多，光緒年間有關塹郊者反而最少，甚有簡稱為「郊舖、郊戶」，至後來根本以郊商之私人姓名或行號銜題，不見公號之稱呼，又恢復乾嘉時代之情況，可想見塹郊此時之衰微[74]。方豪先生曾就有關新竹萬年橋之修建前後文獻加以研究，獲得三點結論[75]：

(一)道光年間，鳩捐重修人以郊舖金長和居首，紳士舉名者三人，皆列金長和後。

(二)同治年間，捐款人同知之後為紳士，舉名者三人，郊舖金長和列紳士後，居於末位。

(三)光緒年間，紳士舉名者二人，郊舖金長和且未列入。

此三點事實可作為塹郊於光緒年間衰微之旁證。

塹郊衰微之原因固多，如：郊商私人向官府借款營商，遇邇年市面光景歉薄，生理賠累[76]；或其他行號向塹郊借款經商，因生理倒罷而致拖欠公款[77]，與海禁大開，洋行勢力侵入，遭受嚴重打擊等均是，但諸種因素中恐以：(1)港灣淤塞；(2)內亂外患為主，茲先分述新竹三港之沿革興廢：

一、港灣淤塞

(一)舊港（塹港）

　　舊港於清乾隆時稱爲竹塹港，至嘉慶十二年（1807）改稱爲舊港。該港每年三月至七月間多西南風，九月至翌年二月間多東北風而爲雨季，港位於新竹市西北四公里半之舊港溪與頭前溪分流再匯合入海之三角洲上。港口面北，因水淺，民船須利用滿潮時始能出入。

　　舊港至雍正九年（1731）始因島內貿易而開港，惟因地形限制，自昔屢有塗流夾砂壅塞港口之患，是以《淡水廳志》載：「港分南北二線，可泊小船，候潮出入。如溪流沖壓，港路無定；晝則循標而行，夜則籌燈爲號。」嘉慶八年，因洪水港塞，妨礙船舶出入，經商民籌議各捐資金，於嘉慶十二年（1807），在其附近新開停泊處，稱之新港，前之竹塹港改稱舊港。但未及二年，此新港亦被淤塞，商船難以出入。嘉慶十四年，淡水同知薛志亮勸諭商民招股創設老開成，濬復舊港。咸豐四年（1854）以後，行郊多設棧於此，船舶出入日多，該港之開發亦日見興盛。其貿易地區以大陸對岸各地爲主，以泉州第一、福州、廈門、溫州次之，主要輸出品爲苧麻、水產物、棉織物；輸入品爲苧麻布、黃麻布、紙箔、陶器、木材等。其後貿易地區更延伸至天津、牛莊，進而至日本、朝鮮、呂宋、暹羅。然因咸豐七、八年間，諸商以該港南方四浬之香山港港水深，便於出入，自是大船多泊於香山港，

舊港大受打擊。數年後，香山港亦被泥沙淤塞，船舶復歸泊於舊港，惟已不及往時之盛。

　　舊港在日治時期，曾一度恢復盛況，至昭和七年（民國二十一年，1932）十二月二日奉令廢港，從此該港僅被利用為漁港[78]。

(二)香山港

　　香山港位於鹽水港溪與客雅溪兩溪口之間，南北二公里半，海灣距深水外洋約六公里，岸去海口遠，海灘甚大，不能靠岸。《淡水廳志》載：「香山澳……距城西十里，離深水外洋五里。口門闊二十餘丈，深一丈二尺。潮漲至鹽水港而止，退即旱溪。三、五百石之船，乘潮可入，為南北大路。」以今視昔，變遷驚人，今日之滿潮深不過五尺，潮退即可涉過，自然船舶出入不便，僅五十石以下之舟楫可繫碇。

　　該港之被發現，係在咸豐七、八年左右，因商人至竹塹港貿易時，發現竹塹港南方四浬有香山港，較竹塹港水深，為一優良港灣，故內地商船每遭風暴，寄泊於此，從此大船多泊於該港，與大陸對岸貿易甚盛，一時成為貨物集散地。當時又適際大陸移民來台頻盛，與中港遂成為內地貿易商船出入頻繁之港。但未及數年，港亦被泥沙壅塞，出入之船舶大半復歸泊於竹塹港，復因八里坌開港，遂被禁止通商，其後僅成為漁港[79]。

(三)紅毛港

　　紅毛港位於新豐鄉紅毛口，南有鳳鼻山突出於海，北有小

丘，成爲細長港灣，有新庄子溪、茄苳溪流入港內。港內滿潮時，水深八尺，平潮時平均六尺。港口雖小，而內較寬，就自然條件言，南北有山丘，港內廣闊，爲一良港。在明鄭之前，爲台灣西北海岸一著名海舶交通門戶，明鄭以後，仍繼續利用，經常諸船輻輳，銅鑼之聲不斷。

　　清時曾在該港架設砲台，從事海防。咸豐十一年（1861）在該港設釐金卡，徵收釐金。該港出口貨，以樟腦、米穀、茶葉爲主，入口貨爲棉花、布匹、酒類、陶器、木材、石材、獸骨等，多由大陸對岸及台島中南部輸入，供應竹北二堡、中壢等地，極盛時爲北台一重要物資集散地。其後因土砂淤積，海舶難於進口，遂逐漸衰頹。日本據台後，鋪設鐵道，運輸多賴鐵道，海運減少，終成廢港[80]。

　　近人林玉茹根據港口之泊船條件、商業機能、軍事機能，以及行政機能作爲綜合指標，將清代台灣大小諸港口，分成五種等級，其中有關新竹諸港，略謂：1710年（康熙四十九年）以前之竹塹港爲五級港；1731-1860年（雍正九年至咸豐十年）之竹塹港爲三級港；1861-1895年（咸豐十一年至光緒二十一年）爲二級港；同時期之香山港爲三級港[81]。所謂三級港，據林氏之定義爲：大都可以容納閩、台兩地之大商船出入，或是港口雖因泥沙淤塞，只容航行於南北沿岸之小船停泊，但可由外口轉駁。在商業機能方面，一般已具備市街型態，或是作爲內陸縣城、市鎮之貨物吞吐港，而本身並未形成市街。在軍事地位上，大部分是由千總、把總以上之中級將弁駐防，少見營盤駐紮之例。在行政設置上，最多派駐縣丞、巡檢專防，鮮見同知或通判之駐守。大部分的三級港並未被官方開作兩岸對渡

港，因此通常與二級港有轉運關係，且往往具有民間人、貨、走私或偷渡型態，與大陸對岸時有往來。至於二級港之定義是：大都已由官方正式開口，作爲大陸與台灣之對渡門戶，一般言港口的泊船條件可以容許航行閩台兩地之橫洋船或販艚船等等大商船自由出入；即使泊船條件惡化，也可以尋找外口以停泊大船，再用船轉駁至內港。一個二級港，通常有行郊、倉儲存在，已具備市街型態，具有區域性商業中地機能，在軍事機能上，大都有營盤駐防，或至少有把總以上武弁駐紮。在行政機能上，有海防同知或縣丞、巡檢駐防，稽查海口。二級港大都爲官方明令開放與大陸對渡的正口，通常必須負責配運兵穀、配渡官兵，以及轉遞文報。其與一級港最大差異在於：二級港的對外貿易範圍局限在中國大陸地區，腹地大都較一級港小，而且禁止外商停留貿易，洋行、領事館與海關等設置，付之闕如[82]。

此說對照前述諸港興廢，雖未必全部符合，亦大體可通。竹塹港爲新竹地區主要港口，鄰近小港與之互動頻繁，本身也成爲淡水以南地區四個（竹塹港、後壠港、中港及大安港）次級港之一。特別是竹塹港與淡水港距離最近，聯絡關係也最密切，由淡水至竹塹的交通，水陸皆可通往，大體言，水路沿海岸向南行，約費時五小時，陸路則需三十六小時，艋舺並有客船航運至竹塹[83]。而該港戎克船在台灣沿岸貿易，北至基隆、淡水，南至鹿港皆有，也即是說，與淡水、基隆、許厝港、笨仔港、紅毛港、香山港、中港、後壠、吞霄、大安、梧棲、塗葛窟、鹿港等港區均有往來。其中自然與淡水、鹿港之貿易往來最爲重要，竹塹商人常自艋舺取得鴉片，再轉輸鹿港[84]。

淡水港輸入貨物，也大都由沿岸迴行本港，再分配至各集散市場，也即前述輸入品，大部由竹塹港集中至竹塹城，再分配至大湖、苗栗、南庄、三灣、月眉、北埔、樹杞林、九芎林及新埔等市場。反之，竹塹港並收集鄰近地區樟腦運往淡水出口。

至於香山港位於竹塹港與中港之中間，港口亦置文武口，稽查掛驗內地出入船隻。其後因竹塹港一度壅塞淤積，竹塹郊商改由香山港進出貨物，因此香山港也有郊行市街，但因始終是作爲竹塹港外口，集散市場與竹塹港重疊，與竹塹港又有密切連結關係，也因此始終不能取代竹塹港地位。

總之，新竹地區自昔因陸地交通不便，地廣無人，野番出沒，野水縱橫，處處病涉，故居民多利用船舶交通，如舊港、紅毛港、香山港等是。諸港自康熙年間已有船舶往來。惟因地形之限，環佈礁砂，大船難近，「竹塹舊港、香山港，皆港門一線，大船雖可出入，必須乘潮遙立望燈，小舟帶引，方可出入，否則有淺涸之患。」[85] 通航不便如此，加之新竹附近山陵高崇，平原不廣，溪流短急，諸港多位於溪流之口，易爲泥沙淤積，且未常加疏濬，年久失修，港口遂不能用，失去港灣機能，終成廢港。於是不復可見往昔物資集散之商況，此後竹塹僅成爲一消費地，大量物資殆皆須由外地進口，塹郊之逐年衰微，良有以也。

以上爲新竹三港之榮衰沿革，三港因淤積壅塞而失去港口機能，自會對操持進出口貿易之塹郊成一大打擊。

二、內亂外患

　　另一重大原因即是連綿不絕之內亂外患，結果造成社會之動盪不安，破壞地方之治安與建設，阻礙經濟建設與成長，新竹地區之民變與械鬥，導致商鋪罷市，郊商或助餉募勇，或斂資通款，在在蒙受損失。以《新竹縣志初稿》卷五〈兵燹〉所載為例：先是乾隆五十一年林爽文起事，「塹城陷，巡檢張芝馨、把總高茂、尹貴、尹仰舟，外委虞文光等俱死之。」後由淡水同知幕賓壽同春偕原任竹塹巡檢李生椿、書院掌教孫讓，糾合義民萬餘人，收復塹城。嘉慶十年海盜蔡牽「復駛至竹塹、鹿耳門等處游奕」。嘉慶二十二年三月，「草鳥匪船擾塹南各港口」。咸豐四年，「（黃）位竄大雞籠口，逸竹塹港。同知丁曰健平之。」[86] 而同治元年彰化戴潮春起事，更波及竹塹，一城驚慌，《百年見聞肚皮集》記載：「城內街市，殺人越貨，白日搶劫，暴亂行為，死傷人命，百姓紛逃。」[87] 對附近郊商殷戶之影響，尤有一段深刻記載[88]：

　　不幾日，有自後壠走來之殷戶鋪郊，攜有眷屬老幼，相將避難來竹塹，云大會約某日取後壠，街眾無力抵抗，我等聞風先行逃走，以避賊鋒。不幾日，人又來報道，大會果於某日入後壠街信宿，便全隊抽退，其原因為街眾老弱幼少不堪受驚者，出避於外埔。聞大會入街，專事尋覓巨商大賈、殷實富戶，入門勒索，捐題軍輸，來狀可怕。哥老會首腦者坐大轎四，拋綏結綵，繫繡球裝飾，如王爺公坐輦轎，發軔用三進三退，開大鑼打大鼓，號頭奏笳嗚嗚叫，

奔躍狂進入街時，坐轎首腦探頭出轎窗，爭佔大戶大郊
舖，入則傳呼頭家家長，謂大哥有令，勸捐軍需，某號數
萬，某號數十萬，盡封業戶粟倉。逃眾聞聲不敢回家，聚
集在外埔朱王爺宮。

諸如以上所舉之內亂、民變、械鬥為例，所至烽火蔓延，
焚殺擄掠，郊商素稱殷富，尤為覬覦之目標，焉能不受慘重損
失。內亂頻仍，而外患亦至，其中以中法戰役打擊至深。

光緒九年，中法為越南爭釁，爆發戰爭，台灣告緊，清廷
分調劉璈、劉銘傳守南北。十年六月，法將孤拔率艦攻基隆，
銘傳敗之。七月再犯，不勝而去，法軍遂改採封鎖政策，於是
北自蘇澳，南至鵝鑾鼻，禁止船艦出入，台海被封鎖，長達七
閱月。這期間對新竹之影響，《新竹縣志初稿》僅簡略地記
載：「（十一月）二十三日癸亥，法兵輪停泊竹塹舊港口，開
大砲擊燬商船。」[89] 其實遠比縣志所記尤要殘虐，《法軍侵台
檔》收錄有「督辦福建軍務左宗棠咨報往來台澎漁商各船被法
船轟擊情形」（以下簡稱左文），及「閩浙總督楊昌濬咨報法
船在台灣洋面殘暴情況」（以下簡稱楊文），詳述法船之殘暴
手段，關於新竹一地，左文中載[90]：

十一月初五日，有法船一隻停泊新竹油車港，並拖帶商船
一隻。又見商船一隻，已被法船開砲轟壞，擱在淺水之
中；船上血跡淋漓，並有青菜、酒罈等物。嗣據泅水逃水
手蔡連升供稱：「該船名『陳合發』，載運木板等物，自
福建來台；在紅毛港被法船轟燬，焚燒殆盡，人盡死亡，
僅存船底而已。」

十一月七日未刻，有法船一隻游弋紅毛港上之泉水空港。適遇竹塹郊行商船一號（船名「金妝成」）由泉州運載麵線、紙箔、雜貨；又有頭北船一號：均被法人開砲，尾追莫及，又見隨後有商船二號，已被法船趕上牽去。而法船又將龍皂漁船兩隻內有捕魚者共十六人盡行擄去，而空船放還。

——新竹縣稟（紳士稟同）

十二月初七日，有法船一號在距城八、九里之拔仔港外游弋。適逢兩隻商船進口，內一隻名「柯永順」，由頭北裝貨來台；被法開砲，貨客林三娘受傷。尚有一隻躲避不及，係被牽去；船民及人數，無從查悉。

——新竹縣稟

左文中又有轉記「泉州轉運局稟法船焚害民船情形」，載泉州諸船在新竹口外之悲慘遭遇：

(一)惠安小樵地方陳細糞隻船，於十一月初間由省出口，至十一月十二日駛至竹塹口外：遇法人兵船，被放火箭，射中大帆。該船急沖沙汕，船工、水手登岸脫逃，後開大砲，該船被焚。

(二)惠安獺密澳地方張草圭船，於十一月初四日在獺密揚帆駛至觀音澳，於十二日放洋，至十三日駛至竹塹地面；適遇法船，被其牽去滬尾口外。舵工、水手等人均被兜留，挑運沙泥；船貨放棄，漂流滬尾之南嵌地

方，貨物被在地百姓搬空。

(三)同澳地方曾雅舵之船，同日揚帆駛至竹塹口外；均被牽去。舵工、水手亦被兜留；其船放棄，不知漂泊何處。

(四)晉江古浮澳地方金成利、金進發、金順興三船，在澳揚帆，於十一月二十一日早駛至香山之鳳鼻腳；忽遇法輪，均被牽去。其舵工、水手均禁在輪船上；將金順興船拖入基隆，金成利船被砲擊沉大額尾、金順發船擊沉八尺門之三灣鼻。至二十四日，法人將所拏去三船等人押在獅球嶺頂，令其挑運砂石，慘不可言。至二十五日，所拏去諸人皆暗約申刻逃走；即於山崗上墜下，不顧生死，拚命奔走。嗣後法人知覺，追趕前來，被洋銃擊斃金進發、金成利二船水手蔡扶、凍走二名；尚有數名，不知名字。其逃至六堵官軍得以安全者，計有六十二名。

據上引諸條，可見法艦撞遇商船民船，即肆行轟掠，殘暴萬分，也可知郊商損失慘重。何況以上所奏，僅是十一月初五至十二月初五，一閱月時間而已，而且這期間「聞在洋被害商船，甚多無人具報，候查明彙開」，則其他五、六個月時間，尚不知有多少船隻、人民，無辜被戮被轟。是可知內亂迭興，外患交侵之下，台灣社會經濟飽受創痛傷害。每次亂事一起，互市停止，百業俱歇。郊商擁資貿易，為保家衛國，輸力輸財，捐餉助防，募勇組團，輸耗鉅大，虧損日益，新竹塹郊亦難逃此劫，內亂外患之連綿不絕，對新竹郊商實具嚴重之打擊

與影響。

第十節　結語

　　新竹行郊習稱塹郊，為水郊之一，公號金長和。其創立或可溯至嘉慶年間，確知者成立於道光八、九年間，咸同年間最稱繁盛，至光緒年間，因中法戰爭之摧殘及竹塹港、香山港、紅毛港之淤塞而衰微，論其輝煌歷史亦不過七十年。

　　塹郊之會所為長和宮，位於北門口，奉祀媽祖及水仙尊王，而此地為通頭前溪舊港之要道，故郊舖與市集均聚結於北門街，其他如：頭重溪、頭份街、大湖口、貓裡街（今作苗栗）、署前、大甲街、四城門、中港街、新埔街、後壠街、香山街、吞霄街（今作通霄）、房裡街等亦有郊舖之分布[91]。其組織採爐主制，以按鬮或憑筶選出，按年輪流辦理商務，其下則有郊書及若干職員協助。塹郊又分老抽分、中抽分、新抽分三社，未加入者稱散郊戶；郊商人物則以鄭、林兩族為首，其他以三興、三春稱鉅。其貿易地區以福州、漳、泉、廈門為主，而泉州尤盛，有時甚且遠至寧波、上海、天津、汕頭、香港，凡港路可通，爭相貿易，由商人擇地所宜或價昂土產，雇工裝販至港輸出。其輸出以米、糖、苧麻、樟腦為著，輸入則以布帛、陶器、鐵器、紙箔等民生用品為主，而堆積貨品之棧房，多集中於舊港。復次，其交易方式有現金交易與賣青二種，或至年末總結算，或於每月逢三之日結賬。餘如郊貨之搬運，致引起挑夫之紛爭承挑，有賴官府出面協調，諭示郊舖均

分，俾得其平，為郊史外一章[92]。

　　新竹地方，山高原狹，溪道支分，橫流氾濫，陸地交通不便，多賴海舶交通。無奈溪短湍急，其對外交通貿易之港灣，遂易受泥沙淤淺，其榮枯固繫於港灣之疏濬暢通也。其盛也，郊商雲集，為北台一重要物資集散地；其頹也，郊商四散，地位一落千丈，淪為神明會組織，乃使治台史者，每每忽略竹塹之歷史，令人惋嘆白雲蒼狗，變遷無情。惟新竹地方之發展，郊商亦盡其力襄助，促進地方建設之繁榮，舉凡如廳城之建築、學塾之興建、寺廟之創修，總理之保舉，金廣福之組成，無不參與；至如平日之矯俗移風，懲惡解紛，作保具結，平匪息亂亦莫非行郊是賴；餘如地方公益，或舖橋樑，或捐義倉，或置義塚，或設義渡，則踴躍捐輸，共襄義舉，實亦可觀。

　　論新竹地方於咸同年間，政務、墾務之蒸蒸日上，成為北台一重要政經中心，其發展之速，固得官民協力合作，而塹郊居中襄贊之功亦不可沒也，惜今存遺跡僅一長和宮矣！

註釋

1 光緒十八年，新竹知縣葉意深，設採訪局於縣署，廩生陳朝龍應聘，出差縣下各地實查，寫成採訪冊十二本。舉凡山川、城池、莊社、街市、舖遞、營汛、橋樑、水利、祠廟、寺觀，及其他各類記載莫不詳盡。至若碑碣、坊匾等，悉皆搜羅無遺，故本章撰述，採用碑碣者以此書為主。此書後有佚失，缺書院、祠廟、坊匾、風俗及列傳等項。幸碑碣項無缺，民國五十一年七月由台灣銀行經濟研究室印行，列入台灣文獻叢刊（以下簡稱台銀文叢）第一四五種。茲將碑碣中有關郊行者，列表於後：

清朝年代	西元年代	碑名	頁碼
道光五年	1825	文廟碑	頁173-175
光緒十一年	1885	創建試院碑（一）（二）	頁177-179
同治五年	1866	長和宮碑	頁181-183
光緒十三年	1887	獺江祀碑	頁183-184
嘉慶十六年	1811	大眾廟中元祀業碑（一）	頁186-187
同治六年	1867	大眾廟中元祀業碑（二）	頁187-188
道光十八年	1838	義渡碑（一）（二）	頁193-199
道光二十二年	1842	湳子莊萬年橋碑	頁202-203
同治七年	1868	重修湳子莊萬年橋碑記	頁203-204
咸豐元年	1851	憲禁冢碑	頁208-210
光緒七年	1881	示禁碑記	頁210-211
道光十六年	1836	義冢捐名碑	頁212-214
咸豐二年	1852	員山子番湖冢牧禁碑	頁216-217
乾隆四十一年	1776	員山子番子湖冢牧申約並禁碑	頁218-219
同治十二年	1873	示禁碑	頁226-228
光緒十三年	1887	重修龍王廟	頁232-233

附註：以上概屬竹塹堡碑碣，竹南、竹北二堡碑碣，竟無一涉及郊行者。
再，民國83年1月，台灣省文獻委員會另刊行合校足本之《新竹縣采訪冊》，惟與本註出處並無矛盾之處，茲仍維持舊註，以存當年原貌。

² 陳培桂《淡水廳志》（台灣省文獻委員會，民國六十六年二月），卷六志五〈祠祀〉「天后宮」，頁137。

³ 見《淡水廳築城案卷》（台銀文叢第一七一種，民國五十二年五月），所收之「鄭用錫，林平侯等呈」，頁1。

⁴ 詳見前引書之〈淡水同知造送捐貲殷戶紳民三代履歷清冊底〉、〈淡水同知造送捐建各紳民銀數遞給區式花紅姓名冊稿〉，頁94-114。

⁵ 轉引自陳惠芳〈清代台灣的移墾與民間結社的發展〉，《教學與研究》，第四期，頁128。

⁶ 《台灣私法物權編》（台銀文叢第一五〇種，民國五十二年一月）第八冊，第四章第四節宗教，第十五條規，即塹郊中抽分社之規約，頁1448。

⁷ 陳淑均《噶瑪蘭廳志》（台銀文叢第一六〇種，民國五十二年三月），卷五上〈風俗上〉「海船」，頁218。

⁸ 同前引書，頁197。

⁹ 陳培桂《淡水廳志》卷十一〈風俗考‧商賈條〉，頁286-287。

¹⁰ 鄭鵬雲等《新竹縣志初稿》（台銀文叢第六一種，民國四十八年十一月），卷五〈風俗考〉「商賈」條，頁177。

¹¹ 蔡振豐《苑裡志》（台銀文叢第四八種，民國四十八年七月），下卷〈風俗考〉「商賈」條，頁83。

¹² 林百川等《樹杞林志》（台銀文叢第六三種，民國四十八年一月），〈風俗考〉「商賈」條，頁98。

¹³ 按《苑裡志》〈建置志〉「橋渡」項中指出房溪渡由大甲街「水郊户」出辦（頁27），似乎「水郊」之稱呼在光緒年間頗為普遍，特別是在北部台灣。有關台灣行郊之種類及稱呼，可參考拙著《清代台灣的商戰集團》（台原出版社，民國八十二年六月一版二刷），第二章第四節，頁49-51。

¹⁴ 塹郊中職員之詳細編制及職掌，苦乏文獻，無法得知。《新竹縣采訪冊》收錄之「長和宮碑」中曾開列同治五年修建該廟之總理及董事名單。又，《淡新檔案選錄行政編初集》（台銀文叢第二九五種，民國六十年八月）第六十三號案卷，收有光緒十二年正月九日「新竹知縣方，飭郊户金長和、郊書吳士敬選舉挑夫首」（頁70），觀其諭文，如「為此諭，仰該郊户書，即便遵照，迅邀各郊舖，公同妥議，所有船隻

裝載貨物入港，有與郊鋪交關往來之貨擔，概歸挑夫首搬挑」，「該郊戶書等，作速妥議，或有誠實、諳練、可靠之人，出爲承充挑夫首額缺」，則似乎郊書之權責頗大，對內可召集各郊鋪集議，對外代表郊鋪應接官諭，且郊書吳士敬爲舉人，或有功名者方能擔當此一職務，然則塹郊之「郊書」，或同於台南三郊之「稿師」耶？但此稱呼又有一二疑點，恍我氏《百年見聞肚皮集》曾提及：「水郊設有商會議堂，在水仙王宮後殿，曾選置郊師一人主議會事務。凡郊商有事，關於大要會議或商務交涉約束，概就郊師議決。」（頁98）又提及淡水同知秋日覲某一幕賓張師爺在同治初年戴萬生之亂時，「現充鋪郊郊師，爲人能幹善謀、老成諳練，熟悉人民政事。」（頁120）「郊書」「郊師」何者爲是，頗難斷定，茲姑以公文稱呼爲主。從上引二件資料，似乎可確定郊書權力很大，不同於他地行郊職權掌控在董事或爐主手中，亦可凸顯塹郊之特色。

[15] 有關郊貨進出口之手續及稅則，詳見《新竹縣志初稿》卷二〈賦役志〉「釐金」項，頁82-84。

[16] 見《台灣省新竹縣志》（新竹縣文獻委員會，民國四十六年五月編纂，民國六十五年付印）卷六〈經濟志〉第七篇〈商業〉第一章〈沿革〉，頁4。

[17] 同註6。

[18] 見《新竹縣采訪冊》所收之「大眾廟中元祀業碑（二）」，頁188。

[19] 見《新竹縣制度考》（台銀文叢第一〇一種，民國五十年三月）所收「北門外長和宮、水仙王宮香油銀」文件，頁112。

[20] 《新竹縣志初稿》卷三〈典禮志·祠祀〉「水仙王宮」條，頁110。

[21] 關於清代台灣米價，詳見王世慶〈清代台灣的米價〉，《清代台灣社會經濟》（聯經出版公司，民國八十三年八月初版），頁78。

[22] 同註16，前引書，第六卷第七篇第三章〈市集交易〉第一節〈清代〉，頁14。

[23] 同前註。

[24] 同前註前引書，及《新竹縣志初稿》卷一〈建置志·街市〉，頁21；與《新竹縣采訪冊》卷二〈街市〉，頁103。

[25] 《樹杞林志》，頁126。

[26] 見新竹縣北埔鄉慈天宮所懸光緒二年「志衛山河」匾。另參見《淡新檔案選錄行政編初集》，頁569-572。

27 見吳學明《金廣福墾隘與新竹東南山區的開發（1834-1895）》（國立台灣師範大學歷史研究所專刊，民國七十五年二月初版），頁263。

28 關於「抽分」之解說，見：(1)《經濟大辭典》〈中國・經濟史卷〉（上海辭書出版社，一九九三年三月初版），「抽分」條，頁357；(2)《中國歷史大辭典》〈明史卷〉（上海辭書出版社，一九九五年十二月一版），「抽分」條，頁275。

29 《淡新檔案》（國立台灣大學，民國八十四年十月）第一編〈行政〉，編號一二四〇二・一，頁284。

30 同註15。

31 陳培桂，《淡水廳志》，頁100。

32 《新竹縣制度考》，頁89。

33 《新竹縣志初稿》卷六〈文徵〉，鄧傳安「捐造淡水廳城碑記」，頁228-231。

34 同註15。

35 恓我氏《百年見聞肚皮集》（新竹市立文化中心，民國八十五年二月出版），頁98。

36 同註17。按此規約立於光緒二十三年三月，乃「中抽分社諸同人公訂」，不見老、新二抽分。

37 同註1，前引書，頁181。關於新抽分郊戶名單，乃是據碑文所列行號扣除老抽分名冊部分，謬誤自所不免。

又《台灣省新竹縣志》卷六經〈濟志商・業篇〉第四章〈公司〉，收有「日據初年新竹市合股經營商號一覽表」（頁42），乃根據光緒三十一年日政府調查所得製表，其中有許多似曾是塹郊之老郊戶，茲摘錄簡化如下：

店號	營業種類	股東數	創設年代
興隆	中藥行	二	光緒九年
金德隆	中藥行	三	光緒十一年
集源	染房	五	嘉慶廿五年
怡順	船頭行兼彩帛店	三	乾隆卅三年
振榮	船頭行	二	咸豐年間

38 《新竹縣采訪冊》，頁64。

39 同上註前引書，頁134。

40 同上註前引書，頁145。

41 同上註前引書，分見頁178、179、187、188、197、198、203、204、213、216、233等。

42 同註16。

43 《百年見聞肚皮集》〈祉亭公逸事〉，頁23。

44 見陳運棟《內外公館史話》（華夏書坊，民國八十三年元月），頁70。

45 見咸豐二年十二月南興庄總墾戶金廣福、樹杞林總墾戶金惠成等全立合約字，轉引自吳學明，前引書，頁27。

46 見吳學明，前引書，頁42。

47 見吳學明，前引書中附表二：（一）「金廣福閩籍捐戶及其可能原捐銀數表」，頁62-64。

48 見道光十五年正月金廣福、吳振利、鄭振記全立合約字，轉引自吳學明，前引書，頁78。

49 見道光二十一年二月金廣福、王義方等全立合約字，轉引自吳學明，前引書，頁78-79。

50 見吳學明，前引書，頁43。

51 同註2。

52 《新竹縣志初稿》，頁110。

53 同註24。

54 同註52。

55 《新竹市鄉土史料》（耆老口述歷史叢書第十五種，台灣省文獻委員會，民國八十六年六月），頁151。

56 同註20。

57 《百年見聞肚皮集》，頁98。

58 同上註，頁84、120。

59 同上註，頁100-101。

60 同註52、註54，及《新竹縣制度考》，頁49。

61 陳朝龍撰，林文龍點校《合校足本新竹縣采訪冊》（台灣省文獻委員會，民國八十八年一月），分見頁209、217、375、377。

62 同註1，前引書，及《新竹縣志初稿》卷三〈學校志〉，頁89-100。

63 見註1，前引書之「義渡碑」，頁193-199。

64 見註1，前引書之「湳子河義渡碑」「湳子莊萬年橋碑」「重修湳子莊萬年橋碑記」，及同書卷三〈橋樑〉項「萬年橋」，頁113。

65 見註1，前引書有關諸碑。

66 見註1，前引書卷五所收「憲禁冢碑」、「示禁碑記」、「義冢捐名碑」、「員山子番子湖冢牧禁碑」、「員山子番子湖冢牧申約並禁碑」等諸碑文，及同書卷三〈義冢〉「竹塹堡義冢」，頁131-140。

67 參見《新竹縣采訪冊》卷二〈倉廒〉「竹塹義倉」條，頁64；《新竹縣志初稿》卷二〈建置志·倉廒〉「義倉」條，頁16；及《苑裡志》上卷〈建置志〉「倉廒」，頁23。

68 同註57，前引書，頁42-43。

69 連橫《台灣通史》（台灣省文獻委員會，民國六十五年五月印行），卷三三，列傳五〈林占梅列傳〉，頁691。

70 同註1，前引書所收「示禁碑」，頁210。

71 同註14，前引書所收「城工店稅」文件，頁92-95。

72 同註1，前引書所收「獺江祀碑」，頁183。另《淡新檔案選錄行政編初集》（台銀文叢第二九五種）中所收有關香山港浮出大枋，致民人爭奪紛紛，其中舖戶陳恆裕號投明香山總理、郊舖等，共同查驗具結，亦為一例。見此書第二六三號至二七一號文件，頁330-340。

73 見《淡新檔案選錄行政編初集》中郊舖金長和保舉郊中商人任北門總理（第三二五號至第三四二號文件，頁414-234），吞霄舖戶等選舉吞霄總理（第三四四號至三五一號文件，頁425-432），及舖戶人等保舉陳存仁為竹南三堡董事（第三六一號至三六四號文件，頁446-448）。其他例證尚多，茲不多舉。

74 碑碣中有關郊行者，茲統計如下表：

年代	碑數	有關者	佔有百分率
乾隆	4	1	25%
嘉慶	5	1	20%
道光	9	4	44.44%

咸豐	6	2	33.33%
同治	13	4	30.77%
光緒	12	4	33.33%
合計	49	16	32.67%

附註：本統計數字僅限於竹塹堡。

[75] 方豪〈新竹之郊〉，《方豪六十至六十四自選待定稿》（著者發行，民國六十三年四月初版），總頁319。

[76] 《新竹縣制度考》〈小課經費〉「利息減一分具稟」，頁64。

[77] 見《新竹縣采訪冊》碑碣中所收同治六年之「大眾廟中元祀業碑」，頁187。

[78] 參見：(1)《台灣省新竹縣志》第六卷第七篇第五章第四節〈港灣〉，頁66-73，及第十篇第五章〈海港〉，頁211-216；(2)陳培桂《淡水廳志》卷七〈武備志·海防項〉之「香山澳」「竹塹港小口」，頁171，及卷二〈封域志·山川項〉之「竹塹溪」，頁17。

[79] 同上註。

[80] 同上註。

[81] 林玉茹〈清代台灣港口的發展與等級劃分〉，《台灣文獻》，第四十四卷第四期，民國八十二年十二月，頁119-125。

[82] 同上註。

[83] 林玉茹〈清代台灣港口系統的演變：顛峰期的轉型（1861-95）〉，《台灣文獻》第四十六卷一期，民國八十四年三月出版，頁101。

[84] 同上註前引文，頁114。

[85] 陳培桂《淡水廳志》卷一圖說三「論沿海礁砂」，頁3-4。

[86] 《新竹縣志初稿》，卷五考三〈兵燹〉，頁200-215。

[87] 《百年見聞肚皮集》，頁119。

[88] 同上註。

[89] 同註86。

[90] 詳見《法軍侵台檔》（台銀文叢第一九二種），光緒十一年「督辦福建軍務左宗棠咨報往來台澎漁商各船被法船轟擊情形」，頁347、356，以下楊文略同（頁369），茲不贅引。

91 同註73，前引書，第四二號「新竹知縣李，對郊舖等告示」，頁45-
47。

92 按郊舖船隻往來貨物及與郊舖交關往來之貨擔，必須雇夫、雇車挑運，
原係由蕭姓包辦，引起官夫首之覬覦，致有紛爭不平，後由新竹知縣諭
示，半歸蕭姓，半歸官夫首，同沾利益，以勻苦樂，遂得其平，乃息紛
爭。詳見《淡新檔案選錄行政編初集》中第三七至四三號有關文件，頁
40-47，此處不具引，以省篇幅。

第六章

新竹天后宮——

內媽祖廟

第一節 內天后宮之創建與時代背景

新竹內天后宮新竹人俗稱內媽祖廟，與文廟、武廟、城隍廟夙稱四大官廟，又同與城隍廟、竹蓮寺，因香火最旺，素稱三大廟宇，其創建年代一般說法均是清乾隆十三年（1748），諸人喜引用陳培桂《淡水廳志》卷六志五〈典禮志・祠祀〉「天后宮」之記載，今先全文引錄，再一一釐清史實：[1]

> 天后宮：一在廳治西門內，乾隆十三年，同知陳玉友建。四十二年，同知王右弼修。五十七年，袁秉義捐修。據袁秉義碑記云：「廟僧稱為陳護協所建，王司馬修之。創始何年弗可考。乃集都人士，謀節俸倡修，凡費番錢三千有奇。襄厥成者，守戎盧植，二尹陳聖增，分司章汝奎，董事邵起彪。」道光八年，李慎彝重修。同治九年，官紳復重修。

其實其前鄭用錫《淡水廳志稿》卷一〈祠廟〉已先有記載：[2]

> 天后宮二：一在西門內，乾隆十三年，廳主許建造，五十七年，廳主袁秉義捐修。道光八年，廳主李慎彝率舖民重修。

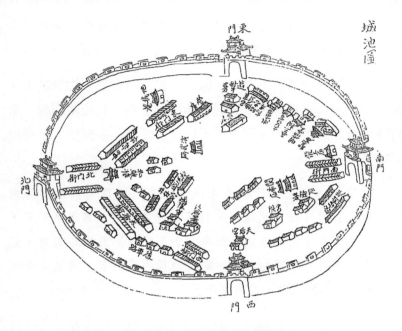

圖 6-1　城池圖（鄭用錫《淡水廳志稿》）

　　二書記載互有出入，創建者一指「廳主許」，一指「陳玉友」，按陳玉友據鄭喜夫《台灣地理及歷史》卷九〈官師志〉第一冊「文職表」記：陳玉友，字瓊度，號蓬園，直隸文安人，雍正八年庚戌進士，乾隆十三年十月初二日由建寧府同知調任，乾隆十六年三月陞署台灣知府。[3] 陳培桂前引書亦有傳：[4]

> 陳玉友，字瓊度，號蓬園，順天文安人，雍正庚戌進士。
> 乾隆十三年，調淡水同知，清操絕俗，不以絲毫累民。
> 善決獄，剖斷如流，一時豪右屏迹，民戴之若父母。調署
> 台防同知，以廉明稱。稽察商船，吏役無敢染指。商民感

之，立祠祀焉。尋轉台灣知府。改建崇文書院，倡捐膏伙以育生徒，一時人文蔚起。以事去職，民至今思之。

至於鄭書之「廳主許」，遍查志書〈職官志〉均無其人，則似乎陳志可信，鄭志不可信，卻也未必然。其後陳朝龍《新竹縣采訪冊》卷四〈祠廟〉「天后宮」條下小字夾注，已提出質疑：[5]

按《廳志》云：「據袁秉義碑記云：廟僧稱為陳護協所建。」考雍正、乾隆間，竹塹只駐守備，並無所謂協者，如謂駐彰化之北路協，然考《彰化縣誌》北陸路副將，終乾隆年間，無陳姓其人。彰化縣屬屢遭兵燹，案卷燬失，其《縣志》所載，武職闕佚甚多，今亦無可參考也。

可知「陳玉友」創建一說一樣未必可信，何況此一說法僅是根據乾隆五十七年廟宇重修時，某一「廟僧」口述而來，更是未必可靠。

然而鄭志成書於道光初年，陳志修於同治年間，於情於理，自較晚修之陳志可信，何以反有此失誤？再細查陳玉友之前後任，赫然發現其前任為「陸廣霖」，字用賓，一字補山，江蘇武進人，乾隆四年己未進士，乾隆十三年以彰化縣護理淡水同知。[6]志書有傳：[7]

陸廣霖（1706-1780），字用賓，一字補山，號簡園，江蘇陽湖人。乾隆三年（1738）順天鄉試舉人，四年成進士，改庶吉士，未散館即除福建連城知縣。九年二月（墓

志作八），調知彰化縣事。城外虎尾溪，土地遼闊，為劫奪藪，請設縣丞，以資彈壓。巡道以彰化多鴨寮，康熙間朱一貴曾藉以起事，令善處之。廣霖曰：「苟業耕者叛，將廢耕乎？審年貌，鄰右互結足矣。」十三年去任。歷順昌，復再任彰化、恭城縣，署百色同知。後家居，一意文酒。四十五年卒，年七十五。

按，「陳」、「陸」、「許」三字若以毛筆行書抄寫，筆形相似，極易造成誤抄誤讀誤判之混淆，陸廣霖當年以彰化知縣護理淡水同知，廟僧下民於官制不明，誤「護理」為「護協」，再加上陸、陳二人恰為前後任，又同是乾隆十三年任期，事久年遠，更不免失憶，可能情形是：乾隆十三年時陸廣霖倡建於先，陳玉友十月繼任，建成於後，更易造成混淆不清。

創建人物既已大體解決，尚有一疑點要解決，即何以余文儀《續修台灣府志》未有採錄記載，何況此廟又是官廟，列入祀典。按余志之前的諸府志，如季麒光《台灣府志》、高拱乾《台灣府志》、周元文《增修台灣府志》等等，皆修於康熙年間。劉良璧《重修福建台灣府志》修於乾隆六年，七年（1742）刊行，范咸《重修台灣府志》乾隆十年重修，十二年（1747）刊行，新竹內天后宮既是創建於乾隆十三年，以上諸府志未有記載，自然是理所當然，但是余志修於乾隆二十七年，刊於三十九年（1774），卻未有記載，不免是一疑問，若說是失記，則同時間興建之彰化縣天后廟有「乾隆十三年知縣陸廣霖倡建」，淡水廳內也有城隍廟（也是建於乾隆十三

年）、關帝廟及其他諸天后廟之記載[8]，並未漏記，實在令人不解。唯一能強作解釋之說法：或當時新建廳治，規模草創，不值得採錄，或是捐項不敷而中輟，而無法採錄。總之，扼於史料，也只有暫闕待考了。

　　至於內天后宮清代舊址在今日新竹市何地？今人范明煥稽考已明，范氏參考文獻、地圖、耆老口述，及實際踏勘，尋得其舊址為：今西門市場旁西安街五巷五號一帶。[9] 新竹耆老葉錦爐更明確指出「現在的西大路408號附近，就是舊時稱媽祖宮口，而408號的旁邊巷仔，即西安街35巷，其中1號至11號的兩邊店舖屬舊廟地，10號及11號為廟前庭，旁邊的三尺小巷就是書院街。」[10] 不過，此舊址仍有進一步補充申論之餘地：

一、西門街今昔不同，舊的西門街係指清代的西門街，址在今日的石坊街底通往中山路段。今之西門街仍係明治三十八年（1905）到明治四十二年（1909），日府實施第一期市區改正時，拆除明志書院時所闢建，約在昔西門街之南，目前是北區和東區，關帝里、中央里二里之分野。[11]

二、清代西門街大約是今中山路轉石坊街之路段。在清代，進出南北官道是由告成門（昔土城西門，約今中山路、延平路交會處）或挹爽門（昔磚城西門，約今中山路、勝利路交會處）入城後，為西門口街，前轉西門街經石坊腳（即今石坊街）到淡水同知署衙門（約今西安街三十一巷口），續分兩路，一路右轉經同知衙門至太爺街；或左轉到衙門口街，再右轉接太

爺街成一路。太爺街即中山路從北門街口到城隍廟口
的街段，此一街段和衙門口街同樣是清代銜接北門與
西門的官道之一，也是進出西門與北門商旅行販的匯
聚之所，不但是清代重要的魚市、菜市所在，仍是今
日西門零售市場的所在地，因常有官員出入，故民間
俗稱太爺街。而衙門口街即今中山路自城隍廟口到西
安街口的街段，淡水廳署位置約在今西安街四十六號
向東南方至土地銀行，也即是今西門市場和中央商場
一帶，衙門口街顧名思義，因位在衙署前方而得名，
為清代柴市、炭市和菜市所在。要之，太爺街、衙門
口街同是商旅、官員出入西門、北門的必經官道，也
是行販、市場匯聚所在。

不論左右轉兩路，均會合在太爺街，接著再北折經鼓
樓門街、米市街、北門街，出北門口。[12]

三、附帶一提，附近有一菁仔巷，址在西安街三十一巷，
陳國川書記：相傳此巷為早期新竹市販售檳榔、荖葉
及其他青果之地，故名，[13] 此乃陳氏誤信後人口述，
一時失察所誤。此巷在清代為販賣染料大菁所在，為
大宗買賣，從其附近有前布埔之舊地名可為佐證，清
末外國發明人工染料後，此一傳統染料為之淘汰，此
地商行居民才不得不轉型，改販青果、檳榔維生。菁
仔巷西南側，也即是內天后宮舊址所在。

不僅如上述所引，吾人尚要擴大目光，注意新竹附近郊區
之開發與塹城交通市集往來關係，才會明白內天后宮創建之時

代背景，與其需要性、選址原因。

內天后宮創建因由，據日治時期增田福太郎的調查，略謂：「乾隆十三年爲祈求與對岸間來往的商舶之安全而創立，建立當時對船舶的往來靈驗顯著。」[14]，這是習說常文，媽祖隸屬海神，職司安瀾，一向爲郊商漁民所信仰，此說固然無法反駁，亦不足爲憑，尚未完整道出實情。雍正元年（1723）設淡水廳，竹塹地區日闢，游民日增，雍正十一年，同知徐治民環植莿竹，建竹城設四門，新竹城遂有內外之分，其後在城外北門口，於乾隆七年（1742）創立長和宮，「往日僅於祭祀時開廟門，不作一般崇拜祈禱之用，其功能類似爲一商業會議所，乃評斷商戶善惡之處。」[15] 李亦園於民國七十年代調查時，亦記載長和宮乃由昔日北門街船頭行所組成之老、中、新抽分共同獻地集資建成，「不對外開放，會員資格係父子相承」[16]，可知一般信徒，前往參拜並不是相當方便之事，所以勢必增建一座新媽祖廟，以滿足竹塹其他大眾，此其一。

其二，長和宮位在北城門外，且是郊商海客等民間百姓所建立之私廟，媽祖既列入清代國家祀典，官員於朔望春秋時需前往禮拜祈報，官民混雜一起，自有所不便，若要鳴鑼喝道，清場肅靜，只供官府祭拜行香，不免於民不便，在官民兩皆不便情形下，則勢必新建一座媽祖廟。

其三，乾隆十三年陸廣霖已在彰化倡建一座媽祖廟，同年陸氏護理淡水同知，新官上任，下車伊始，自然樂於倡建，迎合民意，只不過至同年九月底調職去任，由陳玉友接任，遂收功實，成於其手。

至於內天后宮何以興建在西門街，揆其原因，不外乎下列

數項：

一、北門口外既已有長和宮，自無在北門街興建之理。

二、其時，城隍廟正在興建，位在廳署右側，也即是西門
　　街範圍，同是官廟，便於一併祭拜自有地緣與廟緣之
　　考慮。

三、北門街、西門街為南北官道途徑，亦為商販行旅所
　　經，西門街附近又有太爺街、衙門口街，廳署又在其
　　左近，自然方便參拜，在各種考慮中，應是優先考慮
　　之適當地點，自然不作他想。

　　更重要的是，竹塹周遭地區已開始開拓，日後出現各地
街市，如九芎林街興起頗早，早在乾隆年間佃首姜勝智招佃開
墾，在其地形成市集，又名公館街。由於當時樹杞林未設市，
石壁潭僅有小市，因此樹杞林、九芎林、橫山地區大市總聚在
九芎林街，九芎林街在乾隆末即成為墾民的中繼站，亦是當時
商業中心。嗣後，墾民再由九芎林南下到樹杞林之三重埔、
柯仔湖，越山經寶山、埔尾進入北埔。隨著五指山一帶的開
拓，北埔街乃成為五指山地區首一的市場，成為農產品輸往
較大級集鎮的起點，及外地輸入貨品的終點。至光緒十二年
（1886），至少有二十家以上的舖戶，當時的北埔街以腦市、
米市、柴市、炭市最為著名，這些市集均是每日皆有，貨品均
由附近農村提供。至同治初年，樹杞林設市，隨著橫山、樹杞
林等地內山的開發，樹杞林街市容日盛，店舖日多。反之，九
芎林一帶屢被水沖，市容浸衰，遂被樹杞林取代為商業中心。[17]
　　以上這些地區所產農產、山產、腦藤等，經由：(1)塹城

←→土地公坑←→雙溪崎←→雙溪；(2)塹城西門←→茄苳湖←→新城；(3)塹城東門←→金山面←→水仙崙←→草山←→大壢←→埔尾←→北埔等途徑，挑運或車載至塹城，再由舊港轉運出口，反之，日常用品亦由舊港上岸轉運至各地。[18]

也就是說在雍乾之際，竹塹地區的墾務大振，新竹市在乾隆年間大致完成拓墾，續以竹塹城為核心，呈光環式的向外擴張，這時間點似可以乾隆二十一年（1756），王錫縉將廳署移駐竹塹城內為基準。當時的塹城為交通、市場的中心，將各種貨物分散配銷至大湖、苗栗、南庄、三灣、月眉（今峨眉）、北埔、樹杞林、九芎林、新埔等地區的小市場，反之亦然，這些地區物產再集中竹塹銷往對岸，形成一市場體系。此所以後來在內天后宮口形成炭市，在北門外長和宮口出現炭市、柴市、茱市等等市集之背景，[19] 因此吾人在討論內天后宮當初興建選址的三項原因時，尚需要注意到官府說不定也有考慮日後交通與市集的因素。其他如風水因素之考慮，一定會有的，只是史料缺乏，無法析論。

第二節　清代變遷與祭典活動

內天后宮在乾隆十三年（1748）創建後，如上所引錄，在清領時期有四次的修建紀錄：

一、乾隆四十二年（1777），同知王右弼修

此次修建，陳朝龍在《采訪冊》中提出質疑：「又云王司馬修之，考《淡水廳志》所載淡水廳同知，雍正二年有王汧、乾隆十六年有王鶚，二十年有王錫爵，三十九年有王右弼，既不載其名，亦無從考證。」[20] 其前有四位王姓同知，遂使陳朝龍一時混淆不知那位才是。按清代官場習稱同知為司馬，「王司馬」者，非姓王名司馬，而是指王姓同知也，王右弼其人其事，惜諸志書皆無傳，不能深考其人其事。

二、乾隆五十七年（1792），同知袁秉義捐修

「凡費番鏹三千有奇，襄厥成者，守戎盧植、二尹陳聖增、分司章汝奎，董事邵起彪。」

陳朝龍書又記：「又云：襄厥成者守戎盧植、二尹陳聖增、分司章汝奎。考《廳志》職官表武職所載竹塹官守備，只自嘉慶十一年起，本無可考。惟《彰化縣誌》卷七所載北陸路中營都司有盧植，當即是其人。據《廳志》新莊縣丞陳聖增，乾隆五十六年署。竹塹巡檢章汝奎，五十五年任。核與同知袁秉義乾隆五十六年回任相符，其為五十七年重修無疑也。按袁秉義所立碑今亡。」[21]

查鄭喜夫書，記：盧植，字松坡，山西潮州人，乾隆四十九年甲辰武進士，嘉慶八年任台灣北路協標中營都司，嘉慶十年以本協中營都司護理台灣北路副將，同年以蔡牽案陣亡，一作以疾卒於任。[22] 再查袁秉義履歷：袁秉義，字介夫，

直隸宣化人，乾隆三十一年丙戌進士，乾隆五十三年十一月以前署淡水同知，五十四年實授，五十六年五月二十四日陞署台灣知府兼攝台防同知，同年八月二十九日回任，五十八年九月又署台灣知府兼攝台防同知。[23] 袁、盧兩人任職時間不符，陳朝龍懷疑有理。不過，「守戎」一名乃清代對地方武職長官的泛稱，且多是對低階暫署高階者稱呼，《淡水廳志》所載竹塹守備，只有嘉慶十一年起，其前失記，說不定乾隆五十七年時竹塹守備正是盧植，反而可以成為一條增補職官志的材料。盧植其人，《淡水廳志》有傳：[24]

> 盧植，山西人，武進士。嘉慶十年，以北路中營都司護副將。性毅而和，善撫士卒，順體民情，所至得兵民心。素有膽略，臂力過人，尤精擊刺諸法。蔡牽亂，匪船入滬尾港登岸，戕害兵民。署艋舺都司陳廷梅傷斃，告急。植率兵往援，力戰中砲亡。旨贈北路副將。同時死者尚有千總陳必陞，植與廷梅、必陞，俱祀昭忠祠（節《彰化縣誌》參《鄭稿》）。謹按《彰化縣誌》云：「盧植與賊戰不利，會賊大至，兵眾皆怯，植親放大礮擊賊，身被礮傷，猶以智計退軍，不致潰敗，其膽略有難及者。賊號植為盧飛虎云。後以病卒於官，臨終沐浴衣冠，遺囑後事，坐而逝」。與《鄭稿》所云中礮死互異。今以奏卹定案為準）。

陳培桂志書所提《鄭稿》，指的是鄭用錫的《淡水廳志稿》，志稿卷一〈軍記〉記盧植：北路右營守備，帶兵打仗，奮勇殺賊，被賊砲傷殞命，奉恩旨誥贈北路副將，現祀入昭

忠祠。²⁵可確知盧植的確做過北路右營守備，北路右營駐劄廳
治，營在竹塹城東門內，以地緣之近，同事之誼，盧植自當樂
捐，共襄樂成。

「二尹」即「貳尹」之簡寫，清代對縣丞的稱呼，因縣
丞為縣令的佐貳官，貳，副也，故有此稱。新莊縣丞是在乾隆
五十五年改陞，《淡水廳志》記陳聖增：浙江會稽人，監生，
五十六年署。²⁶陳氏身為佐貳官，長官勸捐，自然不敢不從。

「巡檢」亦為佐貳之官，在有關諸州縣設派出機構，亦
稱「分司」。雍正元年增設彰化縣，並增設淡水廳，附彰化
治。九年，始以北路大甲溪北專歸廳管，同年添設竹塹巡檢，
以協助同知。《廳志》記章汝奎：直隸大興人，監生，乾隆
五十五年任。嘉慶六年回任。²⁷竹塹巡檢署在縣城南門內，乾
隆二十一年，與廳署同建。章氏既為佐貳屬下，又同在塹城，
於理於情，自是踴躍樂助。

最重要的當然是主其事的淡水同知袁秉義，陳朝龍《采訪
冊》有其小傳：²⁸

> 袁秉義：字介夫，直隸宣化人，乾隆丙戌進士。五十三
> 年，任淡水同知。在淡三年，訊斷勤能，以摘奸除暴為己
> 任，禁賭尤嚴。五十六年，再任。當時畏其神明，久益思
> 之，祀德政祠。

其實袁氏尚有一大功績，當時「番亂」未靖，乃實施淡水
屯番之制，撥近山未墾之地，以資贍養，一時地方以靖。²⁹袁
氏功績非本文主旨，茲不續論。以一如此勤能精敏的長官登高
一呼，倡修官廟，陳、章及盧等人士自然不敢不從，「節俸捐

修」，迅速募得資金，此役工事費番銀三千多元，已是大廟規模花費，並勒有碑記記錄始末，惜碑記不存，其形制亦不得而知了。但從「董事邵起彪」一語，綜合上文，可知乾隆末年內天后宮已有「董事」管理，「廟僧」住持了！

三、道光八年（1828），李慎彝重修

李慎彝是新竹名宦，建設重多，陳朝龍書有傳：[30]

李慎彝，字信齋，四川威遠人，嘉慶戊辰進士。道光六年，署淡水同知，建淡水廳城，披星戴月，三年如一日，任勞任怨，事克有濟，今猶賴之。又創建名宦、鄉賢、昭忠、節孝四祠，重修明志書院，士民思其德，祀德政祠。

此役重修，諸志書文筆簡略，惜墨如金，其詳不得而知。

四、同治九年（1870），官紳復重修

此次重修距上次重修，相隔四十二年，以台灣土木結構之古建築而言，三十至五十年之重修週期，是亦應該重修了。此次重修，《廳志》記載寥寥數字交待而過，幸陳朝龍《采訪冊》有若干補敘，才得略知始末規制，陳書記：「以上《廳志》。考同治九年官紳重修，原議添建後殿三間，補祀天后父母，旋以捐項不敷中輟，迄今未添建，天后父母暫寄祀正殿。」[31] 又記割台前光緒年之規模形制：「在縣城西門內，正殿三間，祀天后，左右廊各一間，前殿三間。舊制宮庭外有戲台一座，今廢。」[32]

　　據上引文，可知同治九年之重修，紳商庶民並未熱烈響應捐助，可能因為是官廟性質，老百姓捐助意願不強，因此謀建第三進的後殿並未成功，仍然維持三開間兩進兩廊的四合院形制，廟前原有戲台一座，同光年間已傾圮廢棄。這種規模形制既然未變，仍維持舊貌，吾人可推論應該仍然維持著道光八年時重修規模形制，我們也可從鄭用錫《志稿》之城池圖，陳培桂《廳志》廳治圖得到佐證。而道光八年亦只是「重修」罷了，並未有所增添擴建，因此若不太意外，此種同治、道光規模形制亦是乾隆五十七年袁秉義「捐修」的形制規模，甚至有可能一開始乾隆十三年創建時即是兩進兩廊式建築。

　　光緒二十一年（明治二十八年，1895），日本佔台，時新竹縣有交接清冊，後刊行成《新竹縣制度考》一書，書中於「官有建物及諸廟宇」項，內中亦有內天后宮之紀錄：「一、天后宮（即媽祖廟），西門街。門一棟，堂一棟，前後有空地二處，共一百二十坪。」[33]，在「城內媽祖廟出息條款」中記：[34]

一、收虎仔山楊掌租穀二十石。
一、收廁池稅租穀十二石（廁池在廟後邊）。
一、收台北王益興、吳夢蘭、吳夢梅三人共銀二元。
一、收三角湧陳炳焜八元。
一、收北鼓樓內外地基稅錢四千。

　　以上所收之銀，作為每年廟內油香並和尚費用之資。（看廟和尚妙慧報）

　　此一看廟和尚妙慧，在前則「武廟出息條款」中記是「武

廟和尚妙慧報」，則清末新竹城內之武廟及天后宮看管照顧和
尚均是同一人，且似乎是以武廟為主，天后宮為次，所以稱呼
不同，一是「武廟和尚」，一是「看廟和尚」。至於妙慧之前
為「僧清修」，兩人生平俱不詳。[35] 再，從上引條文亦發現一
條有趣資料，即內天后宮確為兩進兩廊式建築，前後為空地，後
邊空地有座廁池，供農人掏糞作有機肥料，年收租穀十二石。

　　鄭鵬雲《新竹縣志初稿》也有內天后宮相關資料記載，除
記載廟宇面積為「廟宇百六十坪，地基百八十坪」，與前引稍
有出入外，於「歷年租項」記有：[36]

　　一、虎仔山楊掌年納租穀二十石。
　　一、南門外園年納租銀八圓。
　　一、北鼓樓內外年納地基銅錢四千文。
　　一、廁地年納租穀十二石。
　　一、台北吳夢梅、王益興、吳夢蘭年納銀二圓。
　　一、三角湧陳炳焜年納銀二圓。

　　鄭鵬雲《初稿》所記租穀收入與前書相同（合計三十二
石），租金與前書所記則有出入（一十元一十二元），幸差異
不大，而於廟產所有所在均相符合，可知其時內天后宮廟產所
在有：虎仔山、南門外園、北鼓樓內外土地或店舖等。所謂北
鼓樓內外用地，應即是清代的鼓樓內街一帶，址在今中央路與
東門街交點到噴水池，北轉經中山路口到北門街八號前的東門
街與北門街街段，今分屬中興與中山二里。北門街八號現址為
清代鼓樓舊址，該街段係形成在北鼓樓內側的街肆，故名鼓樓
內街。[37]

　　虎仔山廟產所在地，以清代一甲地納穀八石為基準，楊掌所租約有三甲之鉅。南門外園一詞過於空泛，「園」之一字在清代習慣是指旱田或山場，實在很難推估是今何地，但有一點可以確定者：內天后宮因是官廟，因此清代官府會將若干官有地租項撥給廟宇供作香火之資（即香燈銀）。不僅如此，陳培桂《廳志》卷四志三〈賦役志・官莊〉項中記「和尚洲……，又徵天后宮城隍廟耗穀一十四石八斗一升七合三勺」，[38] 鄭鵬雲《初稿》卷二〈賦役志〉「經費」一項中明確列出各官廟之編列預算及開銷，其中「天后宮祭品銀一十六兩」[39]，皆足可明確證明內天后宮為官廟性質。

　　內天后宮既為官廟，天后信仰也為清廷列入國家祀典，因此每逢朔望春秋，官府必派人或親自前往禮拜祈報，或因是例行常事，諸志書皆未有記載，幸胡適之父胡鐵花於光緒十七年（1891），應台灣巡撫邵友濂之邀，抵台差遣委用，先後擔任全台營務處總巡、台南鹽務局提調，兼辦安嘉總館，續調後山（今台東），代理台東州直隸知州，著有《台灣日記與稟啟》，其中詳記地方官的日常生活、應酬和公事的紀錄，從日記中可以了解清末官員對國家祀典參拜之虔誠與切實執行，並非虛文應付。如光緒十八年「十月初一日，奉臬道憲，派令（台南）火神廟、文昌宮、延平王廟三處行香。」（P.77）、「（十月）初六日，詣西門外風神廟，公祭前恆春縣令高鴻池明府。」（P.80）、「（十月）十五日，奉派火神廟、文昌宮、延平王廟三處行香。」（P.84）、「（十月）二十二日，偕臬道憲至水仙宮迎萬軍門由楓港凱旋。」（P.87）、「十一月初一日，奉委文昌宮、火神廟、延平郡王廟行香。」（P.89）、

「（十一月）十五日，梟道憲派令詣文昌宮、火神廟、延平郡王廟行香。」（P.98）、「十二月初一日，奉委文昌宮、火神廟、延平郡王廟行香。」（P.104）、「（十二月）十五日，奉委文昌宮、火神廟、延平郡王廟行香。」（P.111）、光緒十九年正月「元日乙酉，丑初詣萬壽官隨班叩賀。奉委龍王廟、延平郡王廟行香。隨班文廟、武廟行禮。」（P.118）、「（正月）十五日，奉委文昌宮、火帝廟、延平郡王廟行香。」（P.121）、「二月初一日，奉委文昌宮、火神廟、延平郡王廟行香。」（P.125）、「（二月）初六日，奉委祭洪公祠。」（P.126）、「（二月）十五日，奉派文昌宮、火神廟、延平郡王廟行香。」（P.129）、「三月初一日，奉委文昌宮、火神廟、延平郡王廟行香。」（P.131）、「（三月）十五日，奉委文昌宮、火神廟、延平郡王廟行香。」（P.135）、「四月初一日，奉委文昌宮、火神廟、延平郡王廟行香。」（P.142）、「（四月）十五日，奉委行香，如朔禮。」（P.144）等等都是明證。

　　至光緒十九年五月奉委代理台東直隸州知州後，「六月初一日，卯刻接印，辰，出詣各廟行香並拜客。」（P.150）、「（六月）初四日，送後海吳總戎靈柩移停（台東）天妃宮之西園。」（P.153）、「（六月）初六日，黎明而起，詣天后宮，設四海龍王、風、雲、雷、雨神位，虔誠拜禱求甘霖，及時多降。」（P.156）、「（六月）初八日，具太牢酬謝四海龍王，風、雲、雷、雨。申刻雨止。」（P.158）、「（六月）十五日，詣天妃宮、昭忠祠、觀音祠、土地祠行香。」（P.159）、「七月初一日，詣各廟行香。」（P.167）、

「（七月）十五日，行香。」（P.174）、「八月初一日，詣各廟行香。」（P.188）、「九月初一日，詣各廟行香。」（P.193）、「（九月）十五日，詣各廟行香。」（P.194）、「十月初二日，行香。」（P.199）、「（十月）十五日，詣各廟行香。」（P.203）、「（十一月）十四日，冬至。黎明率屬官詣天后宮向闕行叩賀禮。十五日，詣各廟行香。」（P.206）、「十二月初一日，詣各廟行香。」（P.208）、「（十二月）十五日，詣各廟行香。」（P.210）、光緒二十一年正月「元朔日己卯，黎明，率領所屬文武於天妃宮設位向闕叩賀萬壽，詣各廟行香。」（P.211）、「（正月）十五日，詣各廟行香。」（P.212）、「（二月）初八日，祭昭忠祠。」（P.215）、「（二月）十五日，行香。」（P.215）、「（二月）三十日，清明，出祭屬壇。」（P.216）、「五月初一日，詣各廟行香。」（P.219）、「六月初一日，詣各廟行香。」（P.221）、「（六月）十五日，詣各廟行香。」（P.222）、「七月初一日，出詣各廟行香。」（P.224）、「（七月）十五日，出署行香。」（P.229）、「八月初一日……是日詣埔南各廟行香。」（P.230）、「（八月）十五日，詣埔南各廟行香。」（P.235）、「九月初一日，大雨，不能詣埔南行香。」（P.236）、「（九月）十五日，詣埔南各廟行香。」（P.237）、「十月初一日，詣埔南各廟行香，午後祭屬。」（P.238）、「（十月）十五日，詣埔南各廟行香。」（P.239）、「十一月初一日，奉昭忠祠各神牌升座。」（P.241）、「（十一月）十五日，詣埔南各廟行香。」（P.242）、「十二月初一日，詣埔南各廟行香。」

（P.243）、「（十二月）十五日，詣各廟行香。」（P.244）、光緒二十一年正月「元朔日癸酉，率領所屬文武於本營設位向闕叩賀祝萬壽，詣各神廟壇行香。」（P.345）、「（正月）十五日，詣埤南各廟行香。」（P.246）、「二月初一日，詣埤南各廟行香。」（P.250）、「三月初一日，詣埤南各廟行香。」（P.253）、「（三月）十一日，清明，詣埤南教場祭厲。」（P.254）、「（三月）十五日，赴埤南各廟行香。」（P.255）、「四月初一日，赴埤南各廟行香。」（P.257）、「五月朔日辛未，卯初，詣埤南各廟行香。」（P.260）、「（五月）十五日，詣埤南各廟行香。」（P.262）[40]

個人之所以不憚詞煩，一一爬梳詳記，目的正是要突顯強調清末地方官吏之於朔望前往地方官廟行香祈報之詳實情形，如上引除少數幾次因大雨、出巡辦事等原因外，胡傳都能確實執行，行禮如儀，並未偷懶怠惰，台東如此、新竹應是也莫不如此，胡傳如此，他地官員也應是莫不如此，這些記載正可供明瞭清末新竹縣吏之於朔望前往內天后宮祈拜之對照參考與佐證也。

除官方之祀典外，民間亦有組成神明會祭祀者，鄭鵬雲《初稿》記：「二十有三日為天后誕，有積款為媽祖會者，設值年爐主、頭家，輪流掌理，陳牲牲，演雜劇。」[41] 中元普渡，尤為台灣最重要的祭典節俗，內天后宮更為七縣普總壇所在，設有總爐主一人，承辦經理，陳朝龍書載：[42]

> 普度之最盛者，為縣城南門外之大眾廟，十二日大普，凡城廂及五十三莊之人，皆釀錢具物，……文武官弁，防

其滋事,例帶兵役親赴彈壓,謂之押孤。其次為縣城內天
后宮之七縣普,七縣者,泉州之五縣合廣東、永春而為七
也。七屬各有公款,遞年各有爐主、頭家經理之。又有總
爐主一人,乃七屬頭人,輪年承辦,周而復始。至期,天
后宮為總壇,總爐主先期預借屏軸、字畫、古玩、桌几、
雜器及各式燈具,陳設相耀,餘各屬皆另設一壇,各派其
同鄉殷戶,備葷素餚饌、粿粽、果品,畢集壇前,以多為
貴。此外各寺廟衙署皆有普,各郊戶同日會普,謂之眾街
普。別有兒童釀錢為普,始本無心,嬉戲後遂成例者,謂
之囝子普。蓋一月之間,自初一至三十日,普度殆無虛
日,靡費殄物,莫此為甚。

所謂「七縣普」之七縣七大柱為:泉州府之晉江、南安、
惠安、同安、安溪、粵東客家、永春州之永春,直到日治時代
仍存在,活躍不已,只是可怪者廟會盛典由最熱鬧中元普渡轉
變為端午慶典。(詳見下節)

另,清代廟中文物,因該廟於日治末期拆毀,古物不存,
實為莫大遺憾,今廟中有柱礎一對,觀其材質、圖紋,個人懷
疑或即是道光時期遺物,當然也有可能是日治時期遺物,只
有期待古物藝術專家再為勘察詳考。幸陳朝龍書錄有諸官宦匾
額,尚可堪追索覆案:[43]

1. 「澤被海隅」匾:在縣城西門內天后宮。同治八年
   (1869)仲秋穀旦,淡水同知富樂賀敬書獻。
2. 「霖雨蒼生」匾:同治九年(1870)季春吉旦,署淡水
   同知陳培桂敬酬。

3.「慈雲普蔭」匾：同治癸酉年（即十二年，1873）正月
　穀旦，署淡水同知向燾敬酬。

4.「寰海安瀾」匾：光緒九年（1883）歲次癸未仲冬月穀
　旦，五品銜知新竹縣事錢塘周志侃敬立。

5.光緒帝御書「與天同功」匾：在縣城西門內天后宮。上
　有御寶，文曰「光緒御筆之寶」，光緒八年元月，太子
　少保頭品頂戴兵部尚書福建巡撫部院一等輕車都尉，臣
　岑毓英奉旨立。

　　此一光緒御匾，幾乎全台較大之媽祖廟皆有，其由來乃
因「台灣各屬天后廟，素著靈應。本年（指光緒七年）六月暨
閏七月間，台灣沿海地方疊遭颶風狂雨，勢甚危急，經官紳
等詣廟虔禱，風雨頓止，居民田盧不致大有傷損，實深寅感。
著南書房翰林恭書匾額一方，交何璟等祇領，敬謹懸挂，以答
神庥。」[44] 清光緒朝實錄亦在七年十月十五日條記：「以神靈
顯應，頒台灣各屬天后廟扁額，曰『與天同功』。」[45] 時何璟
為閩浙總督，岑毓英為福建巡撫，職責所在，自會上奏朝廷褒
獎，所以才有賜匾舉動。內天后宮「與天同功」匾之可貴，因
彼為官廟才有福建巡撫岑毓英之落款，其他之民廟、私廟，大
多僅有「與天同功」四字，及玉璽之印文，率皆摹刻仿印，非
眞蹟也，今內天后宮此匾不存，實在可惜！

　　總之，陳朝龍書內所記載，多同光年間文物，其前之乾
隆、道光年間修建時留存諸文物早在光緒年間皆已不在，最可
惜者，乾隆五十七年重修時袁秉義所勒刻碑記「今亡」，更令
人扼腕唱嘆！

第三節 日治時期遞嬗及相關活動

　　以上二節為清領時期內天后宮之沿革，時序進入日治時期，內天后宮又有了大變化。

　　乙未割台，日人攻佔新竹，時新竹諸多廟宇在兵荒馬亂，戰火燎原之下，權充他用，如文廟與文昌宮為臨時派遣步兵第二十聯隊第三中隊佔用；關帝廟為第八憲兵隊第十分隊憲兵主力部隊竊用；龍王祠充為新竹醫院；十標媽祖廟為新竹辦務署；地藏庵為新竹守備隊軍官會議所；香山天后宮充作香山警察分署等等，[46] 內天后宮似乎倖逃過一劫，其實不然，最初曾為憲兵隊屯所，幸不久撤出。根據明治三十一年（1898）年初的調查，六月報告之「社寺、廟宇所屬財產表」紀錄，時內天后宮廟宇建地佔160坪、佔地180坪、年收入40金圓，米16石，作為維持費用，建立年度為乾隆五十八年。[47] 此項調查紀錄與前引鄭鵬雲書符合，與《新竹縣制度考》所記則不符，大體而言，出入不大，亦可見日治初期內天后宮依然維持原貌原狀。此一狀況直到大正年間並無太大變化，大正五年（1916）四月發行之杉山靖憲《台灣名勝舊蹟誌》收錄有新竹內天后宮，附照片一幀，雖稍模糊，卻是難能可貴，介紹宮史，仍抄襲志書，無所增益，但有堂宇多用石柱，頗為宏壯，今已荒廢等用語，可了解其時香火之沒落，對於廟中匾聯之介紹，除「與天同功」、「霖雨蒼生」、出現了「澤遍東瀛」匾，此匾不見前引諸匾，惜未錄出其上下落款是何時何人所立？無法進一步稽

考是清時文物還是日治時期文物。[48]

　　另外，在明治三十四年（1901）的「新竹廳竹北一堡新竹街西門土地申告書」中也有關內天后宮的若干紀錄，如位在書院街207番戶假番195，申報人為林福森，據彼稱「右此家屋係林福森承亡曾祖父林慈，於乾隆六十年間，向地基主內天后宮管理人相議，將書院街空地內自備資本，建造家屋壹所。當時經地基主言定：每年納地基銀貳錢，只以納地基銀而已，無書寫契付執之事，至今有百年，力（應為「歷」之筆誤）管無異，今蒙憲土地調查，理合造具理由是實。」，另一冊詳記基地面積為四毫二絲，業主為竹北一堡太爺街內天后宮管理人鄒海澄，鄒海澄其時又同時為城隍廟之管理人，鄒氏向內天后宮租借土地為「書院街第193番戶，三毫九絲」，其他租借者尚有「書院街第200番戶，七毫五絲，莊媽福」、「書院街第201番戶，八毫六絲，蔡開基」、「下后車路街132番戶，三毫三絲，汪安仁」、「下后車路街131番戶，五毫四絲，出氏玉」、「書院街292番戶，七毫七絲，林復派、復習、復才，典主曾水成」、「媽祖宮口街200番戶之一，九絲，林萬全」、「鼓樓內街113、114、115番戶，六厘四毫三絲，王和利」、「鼓樓內街187之一番戶，三厘三毫八絲，黃錦三」，整個祠廟敷地（佔地面積）共一分二厘七毫六絲，而內天后基地為「東西南北至民家及路為界」，但管理者卻又一變為「內天后宮管理者台北縣知事代理新竹辦務署長里見義正」[49]，可能原因是內天后宮為清代官廟，改隸之際自然視同官產，而被日方接收轉成日產，再轉交委託民間人士平日管理照顧。不管怎樣，這份資料讓吾人得知，內天后在塹城內的地基租收入，除前述已知的鼓樓內

272

外土地外，居然在書院街、下後（或作后）車路街、媽祖宮口街尚有大批可收地租的土地，廟之左右皆爲民宅，前爲街路，而其中媽祖宮口街（今西大路408號附近）還是新竹市研究地名沿革諸書籍從來少提的老街名。

　　按，書院街因位在明志書院旁而得名，也在西安街五巷附近巷弄，在清代由衙署出南門，有兩條次要道路，其中一條即由衙署前經西門街（今西安街）轉明志書院東側的書院街，接考棚邊街後，再由南門大街出南門，因此此條街道與內天后仍有地緣左近關係，有可能是官府撥給內天后宮之官地地租，作爲香資收入之一。下後車路街指的是官道入西門至石坊腳後，再經西門街、北門街直出北門外，另有一條路，自石坊腳經今西大路轉仁化街，再左轉長安街出北門。此一道路因在正式官道之後面，故俗稱後車路，其中長安街段，因位居衙門口的上方，故又名頂後車路，而仁化街到西大路的街段，因位在衙門口的下方，故名下後車路。[50]

　　除以上可能是清代官方撥給內天后宮之香燈銀地租，另民間也有可能捐獻給寺廟者，據另一份「新竹市社會公益事業協會財產目錄」紀錄（即神明會寄贈財產明細，調查時間不詳，應是昭和年代），內天后宮有其他數筆土地，如所在地爲：新竹市南門町二丁目，土地座落：新竹市南門町二丁目，地目別爲「建、祠、道」，總面積有0.1188甲，昭和十六年（民國三十年，1941）全部賣與新竹市方面委員事業助成會及民間。另一紀錄爲：土地座落在竹北鄉隘口、關西鎮下橫坑、新竹市表町三丁目，地目別爲「田、建、畑（即旱園）」等，總面積5.0999甲。[51]

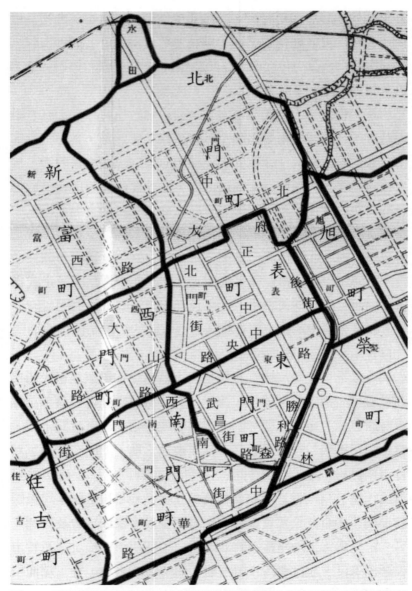

圖6-2　日治時期行政區圖（摘自新竹都市計劃圖）作者不詳（年代不詳）

日治時期的表町地域，在今中央路以北、建興街向西延伸到北門街一線以南、府後街以西、長安街以東。台灣光復後，於民國三十五年（1946）廢町字改成里，將表町析分為大同、博愛、中山、平和、中和、居仁、仁智、同仁八里。[52] 其中清代鼓樓內街就分布在今中興里、中山里，表町三丁目位置約在今北門街往西到城隍廟一帶。

南門町在昭和十年（1935）後的地域是：東門大排（城南橋到鐵路段）、鐵路（大排水到四維路陸橋）、中華路二段708巷接林森路229巷和210巷到西門街、內天后（指今日的廟址，西門街184號）後側到土地銀行後面（中央路3巷35弄與西門街2巷之交點）的連線，南門街（西門街至文昌街段）、文昌街元亨宮（中南街7號）的連線，武昌街（中南街口到武昌街44巷）、武昌街44巷接勝利路92巷，出勝利路接城南橋。日治初期至昭和十年指的是：勝利路（從228巷口到大同橋的路段）、大同路9巷，出復興路口，斜向林森路中興百貨公司一線，林森路（中興百貨公司到武昌街口）、武昌街（林森路到新竹郵局與建國公園交界處）、建國公園南側斜向西門街12巷到西安街，西安街（31巷口到西門街段）、南門街111巷6弄（中2巷）、南門街111巷6弄口經文昌街與西大路交叉點，到勝利路228巷口的連線。[53] 南門町二丁目位置約在今西大路到勝利路一帶，內天后宮所在及廟產在當時地目兼有建築、祠廟、道路等用地，也注定未來在市區改正拓寬道路時，面對拆除的命運。

以上數筆資料率皆瑣碎零亂，須仔細篩選甄別，彙整詮釋，即使是大正初年所作的《新竹廳寺廟調查書》亦是如此，如調查內容記地址為新竹街土名西門，187番地之一，祭祀神明

有天上聖母、千里眼、順風耳、觀音佛祖，年收入有租谷十一石、金十八日元以維持，每年七月八日舉行盂蘭盆會等等[54]，作用不大。

　　增田福太郎《台灣的宗教》在第五章〈媽祖〉中有介紹台灣各地媽祖廟，在新竹州中提及了內天后宮、長和宮、香山天后宮，除於創建原因有所突破外，祭祀神明有媽祖、順風耳、千里眼、註生娘娘、福德正神等等，參考價值亦是不多，更何況增田氏在昭和四年（1929）前往新竹街作寺廟調查時，只是前往參觀調查淨業院、文廟、關帝廟、城隍廟等，並無內天后宮。[55] 此點增田氏在文章中已自承「以下就各州的寺廟和靈驗，所記者約五十，以載於台灣總督府所藏的《寺廟台賬》者為基本，及由筆者實地調查者（約十五廟），與杉山靖憲氏編《台灣名勝舊蹟誌》、經世新報社版《台灣全誌》等補充記載之。」[56] 這些書目、資料本人在本篇論文中均已參考到，實在用處不大。

　　真正有所助益者，厥為日治時期諸家報紙於漢文版對寺廟活動之報導，其中以《台灣日日新報》厥功最大，日治時期有關內天后的報導，內容豐富，可大略分成五類，一是往湄州進香謁祖，二是民間戲曲表演，三為民俗節日慶典，四為與他廟交陪互動，五為人事變動概況。

一、進香謁祖活動

　　新竹內天后宮分別於大正六年（1917）七月一日之前、大正十年四月二日兩次前往湄州進香，《台灣日日新報》在大

正六年七月一日、十年四月六日分別報導出來，對於進香之效益，該報在六年十一月二十六日第四版記道：

> 新竹西門內天后宮，向例祀典官廟，除朔望地方官行香外，入廟參拜者，寥寥者無幾。此回自往湄謁祖歸來，香火之盛，與外天后宮相埒，令人有昔衰今盛，神亦猶人之感。本日起至二十五日三日間，是廟爐下及近街人民，敬為□桃園女優以為樂神一助。開演以前，廣庭之間已無立錐餘地，紅男綠女，往來如織，與去年看醮一般云。

此則報導之可貴，不僅確證內天后宮在清代確是官廟，地方官每逢朔望依例前往參拜。更因其官廟身分，人民於礙於官威，有所畏懼，前往參拜者少，香火自不如長和宮旺盛。他如大正五年曾作過醮，及廟組織有「爐主」等等資料，猶是其次。

二、民俗節日慶典

《台南新報》大正十一年（1922）六月十五日第五版報導：

> 新竹內天后宮，例年端午節，恭迎媽祖既登前報。本年是日因風雨來朝，延至初七日未刻煙火三發，出遊街衢。大鼓隊有三十餘個，整列徐行，同樂軒、同文軒、新樂軒、和樂軒、振樂軒、慶樂軒、禮樂軒、青年子弟團，以及各種音樂隊、小唱等均受贈彩旗。其中活動藝閣，受一等賞者二檯，賣水團裝映雪讀書，及青草團裝取返魂草。次受

二等賞者，錦珍香、合和興隆、各商店裝彩蓮，及銀細工團之郭巨埋兒、鐵工團之鐵牛打鞭、苧布團裝金姑牧羊。受三等賞者，為八美圖。龍柵及其他詩意藝閣，各受賞金牌彩旗。其他外稍遜色之詩意，並踏高隊，以及採茶、落地掃車鼓，各受賞銀牌一個。迨至日夕始各欣然而散。當晚沿街紅男綠女，扶老攜幼，絡繹不絕，誠亦一時之大盛況也。

《台南新報》昭和元年（1926）六月十五日第六版報導：

新竹街西門內天后宮係祀天上聖母，例年以古曆端午日恭迎神輿繞境。本年值東之新竹街五、六、七三保及客雅一、二、三保，凡六保之信士，自數日前則努力籌備鼓樂詩意。即分生魚商團、吳服商團、米穀商團、雜貨商團、生果商團，外十餘團，陣頭五十餘陣，行列齊整，蜿蜒如長蛇。自過午以後，由各村到竹觀眾，擁擠于途，頗呈盛況。

《台灣日日新報》昭和四年（1929）六月十一日報導：

新竹街西內天后宮，每年於古曆端午日，由竹邑在住之晉、南、惠、同、安及廣東、桃源七縣，諸善信人等，備出鼓樂、詩意閣，恭迎媽祖繞境。本年更由諸值東備出繡旗及金牌數面。對于特色陣頭授賞鼓舞。目下決定加入者，有新樂、同樂、和樂、振文、同文、巧聖團及振樂七軒子弟團，以外六陣歌戲團、金獅團、洋樂團、生魚商團、米穀商團、菁商團、金銀紙商團、獸肉商團等。

同報昭和七年（1932）六月八日第四版亦有報導：

新竹西門內天后宮媽祖，本年依年例，訂本八日，即古曆
端午日，舁出神輿繞境，屆日晉、南、惠、同、安及粵
東、桃源七縣份人士。及西門城內外、東西兩市場團、米
商、雜貨商、彩帛商、金銀細工店、金銀紙商、藥種商、
飲食商、生魚商、獸肉商、菁商、新樂軒、同樂軒、和樂
軒、同文軒、集樂軒、振文軒、洋漢樂如知徵等，將各備
出大鼓陣、詩意閣等燦行。入夜則裝結電火門，併放煙火
演劇以為餘興，其盛況可卜云。

值得注意者，端午慶典活動盛況，一直持續，直到民國
二十六年（1937）七七事變後才未見報導，《台南新報》於昭
和十三年（1934）六月十九日第四版載：

新竹市民恭迎內天后宮聖母，於十六日午後一時起，由恭
迎委員虔誠準備，一時間，放煙火以為號。於是各關係爐
主，及一般團體之音樂鼓陣、市內各梨園音樂團，暨神輿
等，定刻出殿，於是列次如長蛇陣。蓋因當日值古曆端午
佳節，遠近村落而來之參觀者以萬計，乃照路關順序繞
行。市上家家戶戶懸燈掛彩，陳設香案禮拜者，極呈一時
之雜沓。至午後四時，還宮進殿，一般參加鼓樂各團體，
至內天后宮前敬禮而散。

此數則報導提供了重要信息，可綜括析論如下：

(一)前敘清代「縣城天后宮之七縣普，七縣者，泉州之五

縣，合廣東、永春而為七也。……又有總爐主一人，乃七屬頭人輪年承辦，周而復始。」，至此得一確證，即：泉州府晉江，南安、惠安、同安、安溪，永春州之桃源（即永春）、粵東客家人。此七個神明會，成立年代、會員數如下：[57]

1. 晉江天上聖母會，咸豐四年（1854）七月一日，四十一人。
2. 聖母祀，同治五年（1866）七月一日，十人。
3. 廣東聖母會，同治五年一月十五日，四十四人。
4. 惠安天上聖母會，咸豐七年（1857）三月二十日，二十七人。
5. 安邑（安溪）天上聖母會，咸豐三年（1853）三月二十三日，五十五人。
6. 永春天上聖母會，同治五年七月一日，十三人。
7. 同安天上聖母會，咸豐五年二月十五日，十二人。
8. 南安天上聖母會，咸豐元年（1851）七月八日，二十七人。

此一日治時期調查紀錄多了一「聖母祀」，不知是何籍人士組成的神明會，資料不足，暫闕待考。此七個神明會調查紀錄旁列小字謂為同鄉會組織，可知兼具神緣、地緣色彩，說不定同時又具有業緣關係。七個神明會約略分析又可得知：大半成立於清代咸同年間，其中又以南安籍最早，次安溪、晉江、同安、惠安，粵東及永春最晚成立。會員人數以安溪人最多，次粵東、晉江、南安、惠安、永春，同安人最少。此七個神明

會皆成立於同治九年內天后宮重修之前，於情於理，同治九年之重修工程應樂於捐助襄成，但後殿之增建「旋以捐項不敷中輟」，若非財力負擔太大，無法負荷外，恐與內部不和諧或有關連。

(二)另據一張老照片，標題為「大正七年內天后宮銀同爐主鄭吉利中元祭典紀念」，是可知從清代直到日治時期的大正七年（1918）銀同（即同安）神明會（兼同鄉會）仍然存在，是年爐主為北門鄭家的鄭吉利公號，主事者為鄭寶，其時中元普渡應仍是盛大熱鬧，才會留下此幀紀念照片。據此推論，內天后宮的其他諸神明會，也應該還存在且有活動運作，此時內天后宮之廟務活動仍由閩籍人士主掌。

(三)較可怪者，原為中元普渡的大慶典，至日治時期轉而為端午慶典，其中原因安在？幸報紙之報導，透漏些許之端倪。《台灣新報》在明治三十年（光緒二十三年，1897）八月七日第一版的一則報導，標題為「公普漸淡」，內文如下：

新竹舊曆七月八日，即有七屬公普之設，晉江、南安、惠安、同安、安溪、漳州、廣東是也。各屬輪流承辦，以內媽祖宮為大壇，名之曰總爐主，其餘各屬亦皆有壇，然不及大壇之盛。蓋大壇每屬七年輪值一回，無不爭奇競勝，往往一月前即四處搜羅古玩，及有名書畫、新鮮燈燭，將次屆期雇匠鋪，設雕鏤花木禽魚，窮工極巧，博一時大觀也。至初七夜各屬正東副東均應鼓樂全

部，以放水燈於西門外之隙仔溪。初八日，家家戶戶皆必虔備牲儀酒醴，舁到內媽祖宮口，排列壇前，直至三更，僧道開誦經懺，然後焚化紙錢，方各撤饌挑回。是晚大小壇俱有演唱梨園不下十餘檯，沿途管絃盈耳，城鄉士女，觀者如堵，雖夜靜更闌，人跡往來尚絡繹不絕，洵異常熱鬧也。現在內媽祖宮為憲兵屯所，本年總爐主聞係安溪輪值，其大壇草草了事，遠不逮前也。

此則報導內天后宮在日治初期曾為憲兵隊屯所，與前之調查紀錄不符，經查該次調查始於明治三十一年三月，於同年七月函覆，此則報導是在明治三十年八月七日，在時間點上並無不符，可能情形是在明治三十一年三月調查時，該憲兵隊已撤走，故調查時無佔用之情形。再則，此年公普之不如往年，是因內天后宮被憲兵隊佔用，是乃情形特殊，不能據此認定新竹市之中元普渡慶典已漸澆薄淡化。《台灣日日新報》在明治三十九年（1906）九月二十七日第五版報導：

台灣舊慣例，每逢陰曆七月舉行祭典，俗云普度，或謂慶讚中元，或謂盂蘭會，名稱不一，要與內地孤魂祭，其實一理也。……然就新竹本年普度論之，內媽祖宮普度，合新竹八縣原籍人民，同為醮壇慶讚，七日燃放水燈，八日盂蘭勝會。雖有珍奇炫耀，大雨淋漓，未免近冷。又大眾廟普度，合新竹五拾參庄原籍人民，同為醮壇慶讚。七月貳拾九日燃放水燈，八月初壹日盂蘭會，是日天朗氣清，惠風和暢，各有戲劇小唱女樂（藝旦唱）拾餘檯，爭奇鬥勝，東西市場中，終宵白晝，皆以炫目為工，若豬羊□飯

之多，□夫烹調之美，酒池肉林，固不一而足，真是熙皞
太平之景象云。

同報大正四年（1915）八月十九日第六版亦記：

月之十八日，新竹街內媽祖宮，例年陰曆中元，有七縣族
民合普之舉。本年值東總爐為安溪縣魏賢溪，經定十七
夜燃放水燈，十八日結壇演劇，大祭孤魂，其盛況固可想
也。

可見在日治時期新竹市之中元普渡慶讚盛典並未沒落，
然則端午節之盛大慶典從何而起，因何而盛，猶是未解？另，
八個神明會在前則報導亦可得知確定，至大正年間仍在運作活
動，然則此第八個「聖母祀」神明會是否即為「漳州」籍所組
成，猶待其他資料進一步佐證也。

(四)端午慶典參加之陣頭高達三、四十個，場面煞是熱鬧
　　壯觀，從工商團體、機關團體到個人行號皆有，行列
　　內容包括轎班會、神輿、音樂團、洋樂團、大鼓陣、
　　花亭、香亭、詩意閣、踩高蹺、金獅團、子弟團、華
　　僑團、神將團、梨園團、歌仔戲團……等等，若再加
　　上挑香擔、抬鑾駕執事，其場面陣容真有漪與盛哉之
　　嘆，不知是否能稱新竹第一？

三、與他廟交陪活動

《台灣日日新報》明治四十二年（1909）十二月九日第四
版報導：

北港媽祖，本月四日來竹，邑之善男女，齊備鼓樂，前赴南門外停車場迎接。……去六日竹邑街庄人民，合同歡迎北港媽祖，及竹蓮寺觀音菩薩。午前八勾鐘，鑼鼓樂隊，已齊集於新竹街后布埔。迫鐘鳴九點，煙火三發，始舁神輿出遊。……入夜則滿街餘興，如城隍廟、外天后宮、內天后宮、竹蓮寺、水田福德祠、東門福竹祠、地藏菴等處，各演劇一、二臺。……到處歌管之聲，嘈雜盈耳。遠方來觀者，不下五千餘人，然惟廣東部落為最多。據古老所云，竹邑迎神，未有若此回之盛。（下略）

《台南新報》於昭和元年（1926）十二月十六日記：

新竹城隍廟慶成三朝福醮，以去十四日舉行普施始，自柱音一百七十二名，並村庄各團，裝結醮壇者百餘行，其中最特色者三十餘處，分為五等，而公選之中選者如下：一等正主會鄭肇基、正主普新竹市場眾信士、正主醮古雲梯、副主會新樂軒、內天后宮諸醮壇。（下略）

四、人事組織變動

《台灣日日新報》於明治四十四年（1911）六月二十四日報導「重行選舉：新竹城隍廟、內天后宮」一則，內文如下：

住持之席，前擬詩人王福接充，後因王福膝前兒女成行，未便捨身奉佛，且就某富家書記之席，年俸三四百金，未便因此失彼。以致兩廟住持，虛懸兩月，保護乏人，所有物件遺失不少。該管理人鄭如蘭、高廷琛、陳信齋、葉文

暉憂之。爰之開臨時會議，以住持一席，欲得品端行篤，
萬分為難，不如採一誠實可靠，以之承乏兩廟宇財產囑
託，或者於事較得相宜。查有南城外楊和衷，俗稱楊半
仙，此君世態人情，頗深閱歷，兼之略知史事，因囑為兩
處住持，聞將以逐年收利益金，整理一切，不致如曩時盡
歸烏有也。

報紙報導中所提到管理人鄭如蘭，志書有傳：[58]

鄭如蘭，名德桂，字香谷，號芝田，新竹人，鄉賢鄭崇和
之孫。父用錦淡水廳附生，進士鄭用錫之弟，早歿，如蘭
受養育於繼母張氏。事母至孝，母有疾，如蘭必先嘗其藥
方予母服用。經禮部奏題孝友，如蘭謙恭未敢建坊。及母
卒，喪葬盡禮；同治五年（1866），奉旨建節孝坊，以旌
表之。如蘭家境雖屬巨富，但其個人則生性儉樸，常見其
立於大門前，與菜販論價。然凡地方義舉，卻從未後人一
步。再者，讀書尤勤，受知於提學道丁曰健；入泮後，旋
拔得優等，補增廣生，但屢赴秋闈而未能如願，光緒十五
年（1889），以辦團練功，授候選主事，賞戴花翎，後加
道銜。台灣改隸後，日本人以其為新竹首富而重視之。嗣
子安柱，乃族人德腆之四子承繼；次子神寶，日據時期，
頗為日人所器重。安柱之子肇基及大明、孫鴻源，皆為知
名之士。如蘭卒於民前一年即明治四十四年（1911），享
壽七十七歲。著有偏遠堂吟草一卷。元配陳氏，恩貢生陳
緝熙之長女，十八歲嫁於如蘭；襄助家務，克盡婦道，鄉
黨中無閒言。陳氏素具慈悲心，對疾苦困窮者，賑卹備

至。晚歲信佛，釋號普慈，收養女弟子數名，買舟內渡大
陸；遍訪各地名剎：鼓山湧泉寺，普陀山紫竹林，鎮江之
金山寺、焦山寺，西湖之天竺寺、昭慶寺等。歸來後，專
心參尋妙諦，以修真自樂。建大齋堂於北門外樹林頭，稱
淨業院，以為諸女信徒讀經修行之所。孫女慧修，安柱所
出，守貞不字，隨陳氏奉齋禮佛，祖母（陳普慈）歿，遽
以哀毀卒，年僅二十六歲，稱貞女，各地文人，相與作為
詩歌，以詠歎其事。

陳信齋，志書也有傳：[59]

陳信齋（1868-1935），幼名允，字克猷。同治七年
（1868）生於竹塹北門大街。父耀經營染舖，店號恆吉，
為北門地區著名行郊。信齋自幼好學，無意承繼父志，不
喜習商。先後受教於名儒李祖琛、希曾父子，學業進展迅
速。光緒十四年取進新竹縣儒學，當時年僅二十歲，被稱
為「少年秀才」，是年，清廷割據台灣，六月下旬，日軍
雖已攻占竹塹城，抗日新楚軍不時企圖反攻，因軍餉籌
措與城市富室衝突，彼此猜忌；日軍常有誤虐良民的事
件發生。又有部分民眾企圖假藉日人之手以報舊怨，城內
人心惶惶。日軍入城後，認為信齋秉性溫厚謹直，推舉為
保良局員，與馬玉華等，維持兵亂後的社會秩序。在伸
冤、闢誣、救良、揚善等事項貢獻出力最大。明治三十一
年（1898），受推薦為保良局副局長，新竹衛生組合長。
次年授佩紳章，1901年任新竹廳參事，新竹廳事無大小，
信齋必參與其間，日人亦多方重用，1905年受命兼任新竹

街長，後改為新竹區長，先後連任五年，竹塹居民皆稱為「陳總理」。1923年被推舉為新竹州協議會議員。昭和時期寵信漸衰，協議員及其他種種名譽職漸被取消，其中尤以1931年被取消「新竹州下阿片仲賣人」的特權，對其打擊最深，在政治及經濟上影響力，從此失墜。雖如此，信齋對一般地方公益事務，仍主動參與，其中以資助新竹昭和義塾最為盡力，幫助貧民子弟向學，造就人才甚多。

葉文暉，鷹取田一郎《台灣列紳傳》有小傳：[60]

葉文暉，新竹廳參事也。其先葉高賢，泉州同安縣人。康熙中航海來於本島，始寓於海口尾，火耨草闢，椒載南畝。其子葉團始營商估，揚帆通販於各海口，貿易屢獲利，遂購邸於今處。其孫瑞陽好學，儒風自成一家，即嘉慶列貢生也。文暉其曾孫，勤儉克守家，流風儒雅，謙讓蓄德，聲望最佳，明治三十二年十二月授佩紳章，年今五十五。

另王福、高廷琛、楊和衷三人志書無傳，暫闕待考。

可知日治時期城隍廟、天后宮之管理人均是同一批人。重要者，已知諸人皆其時新竹廳參事，而葉文暉住址為「新竹廳竹北一堡新竹街，土名北門外三百十一番地」，陳信齋住址為「新竹廳竹北一堡新竹街，土名北門七十七番地」[61]，而鄭如蘭為北門鄭家之族人，更是眾所周知，是可推知太為北門之郊商名流，足可說明清末日治初期，內天后宮、城隍廟，皆掌控在北門商紳之手，獨無西門林家，林家之衰微可知，而北門鄭

家之勢驟然日升，林鄭兩家權勢升降成一顯然強烈對比。另，
要注意者，其時廟之「住持」與「管理人」是分屬不同人，且
「住持」並非一定是出家人，也有俗世在家眾。

五、民間戲曲表演

《台灣日日新報》明治四十四年（1911）八月七日第四版
報導：

> 竹人高紅龜，近與同志數人，開設樂利茶園在西門天后
> 宮，特聘小正音大榮鳳班，日夜開演。……大博觀客好
> 評，入夜往觀者，座為之滿焉。

《台南新報》大正十一年（1922）六月五日第五版載：

> 新竹同樂軒青年子弟團，月之二日，媽祖繞境之當日，是
> 晚假內天后宮前，開檯演唱……觀者如堵，無不高聲喝
> 采。聞客雅振樂軒，亦於近日，要繼續開演云。

同報大正十四年（1925）四月五日第五版記：

> 前因下南赴北港參詣之第一組同樂軒子弟班，凡其所開演
> 之處，皆受南部各界人士歡迎，酬願今已完畢，一行榮譽
> 歸竹矣。訂于古曆梅月（按，四月）朔日，在西門內天后
> 宮開演。聞該班有鬚生老鼠、苦姐許才兩人，甚然著名。
> 若論甚妙技，不異唐代梨園子弟矣。

同報大正十四年（1925）六月二十九日第五版續報導：

于十七十八兩日，在新竹州曠野之處，因集樂、振文、及和樂、振樂四子弟團，登臺各獻妙技。……茲訂古曆七日適值巧聖先師聖誕，而集樂社子弟團決定在新竹西門天后宮廟前，登臺開演妙技。屆時有菊部之癖者，當有一番眼福也。

同報同年十一月一日第九版亦載：

去二十八日，適逢神社祭日，……終日為參詣者往來絡繹。至夜間，同樂軒子弟戲，移在內天后宮開演。東門一帶，燈火齊輝，頗呈盛況焉。

《台灣日日新報》昭和二年（1927）四月二十二日第四版報導：

新竹振樂軒子弟班，去日赴北港朝天宮晉香，順途在中南部登臺開演，……去十七日歸竹，十九夜在西門內天后宮開演，更受竹街有志者公賞以繡旗二十餘旒。

《台灣民報》同年七月十日第十四版載：

（上略）而新竹的歌仔戲之流行，現時殆有如雨後春筍之慨，最近始作俑者，可以說是新振興店主劉禮樂君。……以外還有新竹人自組織了一班的歌仔戲，於六月十五、十六兩天，在內媽祖宮前公開試演，……觀眾的人數，也有說三四千，也有說五六千，老實說是無從算起的。（下略）

這類民間戲曲表演，直到七七事變前仍相當頻繁，《台灣日日新報》昭和八年（1933）七月五日第八版報導了一則有趣的社會新聞：

> 新竹市西門土水匠林成，年六十三，去三十夜在內天后宮，觀覽協興社演納涼劇，突癲癇倒地，陷于人事不省，一時觀眾大嘩，由臨場警官制止，得家眷奔到，急為施救始見蘇生云。

綜合上引報紙各類活動報導，顯然很容易發現有關民間戲曲表演的數量最多，內容涵蓋最廣，報導也夠深入，包括了宗教、寺廟、民俗、民藝、音樂、戲劇、遊藝等等活動內容，其原因為戲曲仍為當時台灣居民主要休閒娛樂之一，民間戲曲與民眾生活緊密結合，依附在民間宗教慶典的外台演劇及音樂團、子弟班活動（即民間俗稱的平安戲、子弟戲、歌仔戲等，或是出陣、排場，或是登台演戲），也因為大量屬於當時社會重要活動的廟宇慶典盛況，而常見諸報端的報導，戲曲、廟宇都因而得到連帶的紀錄，保留下可貴的史料文獻。[62]

透過這些報導，吾人更有如下觀感：

(一)新竹市所有子弟團幾乎都曾在內天后宮表演過，慶典時也會出動所有子弟團慶讚，而天后宮前一度設有樂利茶園的戲園，而且諸子弟班前往外地進香表演後，回來也一定會在內天后宮表演。新設劇團、樂團也要在內天后表演，一方面獻戲娛神，一方面號召群眾，廣為宣傳。

(二)另外可知在大正昭和年間充斥著密集、大量的演出，可嘆在昭和十三年（民國二十六年，1937）四月後，台灣總督府為加緊推行皇民化運動，下令廢報刊漢文版，有關活動報導從此日漸消失。尤其隨著七七事變的爆發，在「振興民風」、「反應非常時尚」的國民精神總動員的氛圍下，台灣傳統民間戲曲的演出，不斷受到打壓與取締，開始進入民間藝人口述、回憶中常提及的「禁鼓樂」時期，相關活動報導遂告絕跡。

　　慘酷的打擊還不只於此。新竹市在日治時期「市區改正計畫」前後有三次，第一次五年計畫始於明治三十八年（1905），由新竹廳長里見義正稟申台灣總督府，此計畫經台灣總督諮詢市區計畫委員會認可後，於同年五月九日由新竹廳長里見義正以新竹廳令第八號公告，同年五月十一日開始實施。計畫主要包括三大項：(1)街路計畫；(2)衛生排水計畫；(3)公共設施敷地計畫。其中街路計畫內容除城內少部分街路沿襲原有舊街道外，大部分截彎取直成為直線格狀，原城牆預定拆除後，城址成為近似環狀的道路，其餘城內外街路規劃成長方形街廓的格狀道路系統，走向與南北成四十五度斜角。另有部分街路與原有水路平行，於東門、北門處設圓環道亦成特色。而且南門與西門已在同年度許可拆除。[63]

　　這次市區改正的實況及進度，《台灣日日新報》幸留下珍貴的紀錄，在明治三十八年（1905）九月十二日的「新竹市區改正近況」報導中首先指出「新竹城內因市區改正，期限已迫，近日各處家屋，凡有在改正區內者，皆雇工拆毀。為此改

正之原因，遂生出種種之結果，茲特詳細說明於左」，「於拆完之部分」報導中，提道：

1.東門地區：「東門自迎曦門內，直透馬玉華之家屋、黃炎之保正事務所，各拆去大半。而張謙六茂才所有磚屋一座，在東門堡，頗稱宏敞堅壯，亦全部拆毀，片瓦無存。」

2.南門地區：「南門則自關帝廟后街，新原泰生堂，直透至新竹醫院邊，穿過吳成之大瓦屋。左畔如關帝廟同列之店屋，各損去其半；右畔從何曆埕左鄰起，與謝介石同列之家屋，亦各損去其半；但此左右拆完之家屋，皆已修繕完全，整列可觀，先現出新市街之面目焉。偶在郵便局，迎眸而視，則南屏秋色，環翠送青，歷歷在目，不似去年秋景，僅見牆頭數點山耳。」

在「現拆之部分」報導：

1.西門地區：「西門如江茂松之家屋，直透蘇商岩木材製造所，衙門口如古川辯護事務室，直透陳泉源，外十餘家。太爺街如周清泉、周茶茂同列之家屋，直透錦華齋。此錦華齋左至城隍廟壁，右至北鼓樓。一列店屋，各損其半。又北鼓樓邊，自永昌藥店起，同列之雜貨商店，亦損去其半。」

2.北門地區：「北門則自北鼓樓外，魏經邦同列之磁器商，至鍾青之街長事務所，或損去丈餘，或損去數尺。而李雪

樵保正事務所，亦在其列。獨無損焉，蓋因其屋本有稍
凹故也。魏經邦對面，如利源商行，同列有名之振榮、恒
吉、集源、陵茂，直至興隆藥局口，雖有拆毀，然不過去
其涼庭，尚不至損及屋身。北門外左畔，如葉文暉之住
宅；右畔如近北郭園一列之商店，轉至鄭子和，直透鄭老
江之新宅，或全毀或半毀，或損傷數尺。若對面之春官
第、進士第、鄭氏家廟、水田福德祠，則無甚損焉。然所
損者皆屬古屋。惟老江一宅，乃去冬所新建者，殊極華
麗，內牆上概以石灰，堆成花鳥人物，珍奇駭目，所費不
些（按，訾之誤植）乃入此室處，不及數月，而一旦更將
其局面毀拆無餘，殊為可惜。老江擬將全屋移入丈餘，出
壹千貳百五拾圓銀，委人包辦云。」

在「工事進步」一則報導中有進一步的描述：

新竹街市區改正，其工事現已逐漸進步。如東門城直透新
廳舍，郵便局前直透南門外貸座敷之一部分，已全完成，
交通甚便，近日正從事於西門北門等處。自西門直透城隍
廟邊，其下水溝築造，殆將告竣，但道上未敷砂石耳。若
太爺街，轉過元米市街，正在開掘兩傍之水溝。若北門外
媽祖宮口，直透後車路，亦先就兩傍下水溝開掘，道上安
置臨時輕便車，以運搬餘土，棄置於鄭氏家廟外，及林氏
祖厝邊、聖廟邊等處。每日工人以百計，驅車者有人，運
石者有人，連夜作業，火光如晝，殊覺大形忙碌，沿道之
人，幾於擁擠不開云。

　　如此大事拆除固需工人，拆除後之餘屋也要補修繕建，也需工人，因此在「工人欠乏」一則報導中載道：「近日各處土木大興，所有城內外之木工土工，大有應接不暇之勢。或一人而包辦數處，東作西延。一經雇主迫促，則召集庄民稍知一二者。而鹵莽以從事焉。間亦有從紅毛港、中港等處雇來，故工資遂因之騰貴。如平時大工五角銀，今則升至六、七角銀；小工平時貳角半銀，今則需參角餘云。」

　　而處處拆除，工事進行中之市容，滿目瘡痍，自難入目，在「道途險惡」一則報導中記云：「拆屋既多，處處皆破瓦殘磚，塞滿道路，而敗牆壞壁，摧倒後堆積盈途，更有如岡如陵之勢。偶然觸目，直與大火後之場所無異。加以近日雨師帨駕，濘泥滑滑，稍一失足難免辱及泥塗，夜行者咸有戒心，故多攜杖點燈，徐徐步履。目下市民，甚望築路之工事，從速著手，以便往來云。」

　　此數則報導可稱精采寫實，如歷歷在目，於此次市區改正有一清楚明晰之報導。然則此乃新竹市街現代化之幸，卻是古蹟古建物之浩劫，在西門地區之報導中可以發現太爺街、衙門口街一帶店屋拆毀過半，北鼓樓內外亦如是，其中有不少是內天后之廟產，自是損失不貲，內天后宮並未被拆除，似乎幸運逃過一劫，其實不然。反之，遺憾地是內天后宮位置所在早被規劃為都市計畫道路預定地，也因此日治時期該廟一直未聞有修繕改建之舉，因為這將是徒勞無功，廟終將面臨拆除的命運，更何況以日方之立場與日人信仰自不會為「媽祖神」、「媽祖廟」撥出公帑修繕，民間也不會為屬於日產，且將拆除之廟大力捐輸修建，也因此大正五年（1916），杉山靖憲已有

香火寥落，廟貌荒廢之嘆。幸內天后宮地位仍存，民間信仰熱忱仍在，每年的廟會賽事、節日慶典，盛況依然，信眾依舊！除此，也可能因對寺廟建物不便大事興修，轉而從廟中法器、法物新置或修繕著手，今廟中猶存有二大神案，一為大正丁巳初年（民國六年，1917），民國六年黃清富重修之神案。另一為大正九年（1920）歲次庚申年孟冬吉立的神案，其後「神桉庚申建，至丙申，參拾柒年同人再修」、「民國丙申季冬穀旦，民國癸丑年，陳文德重修」，後一神案，從大正庚申九年（1920）初設，至民國三十七年（1948）、丙申四十五年（1956）、癸丑六十二年（1973），前後重修三次，寧願重修而不願丟棄，換一新的神案，此二神案之珍貴可知，也突顯廟中執事的愛惜舊文物，但不免同時也反映日治末期光復初期廟方的財政困頓。

　　然而這一微末好景只是短暫存在，昭和十三年（1938）十一月十一日，新竹州召開州下國民精神總動員參與會，會中通過寺廟以全廢為原則。新竹州各郡旋即展開作業，中壢郡首遭毒手，將中壢郡的二十九座寺廟合祀為四座，其餘寺廟改為日本佛教的布教所、部落集會所及國語傳習所，寺廟廟產充作設立教化財團，翌年中壢興建神社，並舉行鎮座祭。[64]

　　新竹街（今新竹市）亦難逃劫難。早在昭和十三年八月，新竹市役所諭令新竹市內各神明會管理人，廢止各該會組織，並將各所屬土地財產全部捐獻於當時「皇紀二千六百年記念事業新竹市教化財團設立委員會」，於是該委員即籌備設立「至誠會」事宜。至昭和十五年（1940）十一月籌備完竣，正式設立「財團法人新竹至誠會」，辦理教育及慈善事業。適後為

適應社會之需要，於昭和十六、十七年間，將所有財產提出部
分捐與新興國民學校、新竹慈惠院為地基；部分賣與海軍省有
機合成會社等，所剩土地至光復後，於民國三十五年（1946）
十一月由新竹市政府接管，將至誠會（內含城隍廟）、新竹
厚生財團、慈惠院等三團體合併成「新竹市社會公益事業協
會」，同時也接管厚生財團及慈惠院所屬財產，繼續辦理教育
及慈善事業。迄民國四十一年七月三十一日重新改組為「財團
法人新竹學租財團」，依舊辦理教育事業。[65] 如前所提及內天
后宮市內所有廟地，含括建地、祠地、道路用地，總計0.1188
甲，於昭和十六年（1941）全部賣與新竹市方面委員事業助成
會及民間。[66]

第四節　光復以來的變遷

一、人事變更與廟地問題

歷經日治時代的開闢西安街、寺廟整理運動，廟址已被
破壞殆盡，內天后宮也大約在日治末期拆除（詳細年代，目前
口述及文獻資料均無，尚待追查。另一說為美機轟炸焚毀，
也是尚待求證），廟產也早被賣掉或被徵收，內天后宮已無法
在原地重建，幸媽祖諸神像早已安排好，散置香山天后宮、東
寧宮、長和宮、竹蓮寺，及若干神明會爐主宅中等處，伏下復
興的生機，但因此也在光復初期發生爭奉神像及誰是正統之困
擾。

　　先是日治末期，新竹地區諸天后宮，發生爭奉天后像一大事件。由於日治初期仍以清末之廳治為辦公處所，為整治周邊環境及施行都市計畫，先行闢建西安街，此街路之闢建正好碰到內媽祖廟正殿之一隅，原屬官廟之內天后宮無雄厚之民間信徒作為支柱，被接收後之內天后宮任憑日本政府之處置，初期寺廟祭祀活動，不因部分被拆除而有任何影響，終遭致廟神流落失所。但在昭和十三年（1938），日府推行皇民化運動，企圖以國家神道取代台灣傳統民間信仰，於各鄉鎮建造大小各級神社外，並強力整理台灣民間寺廟，推行所謂「寺廟整理」運動，各地寺廟神像紛紛轉移至民間或遷移，所屬神明會也遭解散。內媽祖廟內的鎮殿媽祖，軟身湄州媽祖，千里眼、順風耳，都移駕北門長和宮保存、合祀。[67]

　　新竹市區先後在地藏庵前、舊港及香山，將收集的神像包括下寮媽祖宮的媽祖神像及民間的王爺神像，都被集中在海邊焚燒，稱之為送諸神昇天。香山天后宮內古銅鐘也被徵收，一時香山天后宮陷入了「有廟無神」的窘況。所以在光復初由香山地區仕紳，如翁水九、蔡清水、林清山、王三富、陳清波等人，連袂出面向「有神無廟」的內媽祖管理委員會的陳福全、高漢水等人商議，將原寄奉在長和宮的湄州軟身粉面媽祖，移駕安奉在香山媽祖宮，經擲筊獲得媽祖同意，於民國三十五年農曆三月二十三日媽祖誕辰，將其移請來恭奉，並另雕塑鎮殿媽祖神像及千里眼、順風耳合祀。光復後內媽祖宮因接收位在西門街的日本西本願寺，改修為天后宮廟，擬迎回媽祖神像安奉，一行人及陣頭浩浩蕩蕩前往香山迎駕，雙方一度爭執，後擲筊請示神意，卻不料內媽祖宮方面得不到聖筊允許，反倒

是香山天后宮方面得到三聖筊允許。遵循神意，從此保留一尊於明治四十四年（宣統三年，1911）由湄州天后宮迎奉而來的軟身大尊聖母神像永駐香山天后宮，長佑地方，也成了一段傳奇。[68]

另一方面西門聯里也出現兩個媽祖會，與今內天后宮互爭正統。一是由長安街、仁化街的居民在民國六十一年組成，採志願加入，一人一月交二百元，參加者有二十四人，由其中擲筊選出一正爐、一副爐、四頭家，每年主持收費、演戲等，迄今三十餘年。有些會員已搬離這二條街，但仍有擲筊權，仍交錢參加，不過年輕一代意願不高，熱忱不再。本會雖有組織，但無廟，無固定會址，只有一尊媽祖神像，隨每年新爐主流轉安奉爐主宅中。[69]

另一是中央里、石坊里兩里之無廟神明會。此兩里位置即昔年清代內天后宮之地址，光復後先是被佔據為攤販位子，日後更建成住家，形成西大路的一條巷弄。由於無地建廟，又無神像可拜，有見於遷移改建後之今日內天后宮又多為客家信徒及執事，二里的閩南籍耆老遂倡組媽祖會，於民國四十九年成立，並塑媽祖神像，從成立以來迄今，每年於農曆三月二十三日及九月十五日，有兩次遶境活動，每年有二組爐主、頭家，每組成員各十四人，正爐、副爐由石坊、中央兩里各擇一人，頭家則兩里各取六人，任期半年，分別在三月二十三日、九月十五日擲筊選出下任爐主頭家。神像有兩尊，大尊黑臉，小尊白臉，大尊奉置在正爐主家，小尊安奉在副爐主宅。此一神明會具有強烈的地域色彩：(一)是幾乎石坊、中央兩里居民都參加，(二)是遶境路線均在兩里巷道重複旋遶，(三)是不去今內天

后謁祖或拜廟，(四)是兩里里民皆有辦桌請客。[70] 不過根據上述的歷史沿革，神像之正統問題自然不辯自明，何者眞？何者假？誰可信？誰不可信？大家心知肚明。

　　另一問題是在「有廟無神」時期的內天后宮，究竟位在何處或何廟？依據廟方向來說法是在竹壽寺（俗稱西本願寺）。按竹壽寺屬日本眞宗本願寺派，位在原新竹街新竹字南門237番地，奉祀主神爲阿彌陀如來佛，另有聖德太子、七位高僧、見眞大師、親鸞上人，廟地有二四二坪二合八勺，建物佔地二十五坪八合五勺，於明治四十三年（1910）六月二十日創立，信徒約有六百人。[71] 但其位置約在南門一帶，即今址新竹市武昌街55之1號，與今內天后宮位置不符，可能情形是，光復初期先暫棲媽祖神像於竹壽寺，再遷建今址。至於爲何先選擇竹壽寺，據廟方執事口述，謂當年林華新委員曾說過，日治時期內天后宮拆除時，若干建材（尤其是杉木）曾移建竹壽寺，或許因此因緣，才會在光復初期先搶佔竹壽寺作爲安置神像所在，其後因廟宇狹隘才再度遷建（此事乃據廟方口述，眞僞如何，有待進一步查證，但至少知道當年是以此作爲一個藉口進佔竹壽寺）。

　　至於遷建後的今址，經比對地籍圖，可確定爲日治時期新竹慈惠院位置。慈惠院之創設是在大正十一年（1922），由總督府補助一萬日元創辦，於翌年成立財團法人，從事社會公益事業，主要是救助窮民，醫療救護等等。[72] 既爲日產，戰後自然歸政府接收，也因如此才能說明何以廟地地目爲「國有土地」，這並非早期廟方執事「忘記」去登記所致。但是何以要進佔此塊土地呢？這又與昔年廟產位置有關。

　　按清代內天后宮廟地，在日治時期登記為新竹市南門町2丁目，地目為「建、祠、道」面積為0.1188甲，於昭和十六年（民國三十年，1941）被迫全部賣與新竹市方面委員事業助成會及民間，再查新竹市厚生財團因財產目錄中有位於南門町2丁目，地目為「祠、道」各一筆，面積0.1185甲。另，再查慈惠院財產目錄中有位於南門町4丁目，地目「建、道」各一筆，面積0.2337甲是慈惠院的基地。0.1188甲與0.1185甲相差不遠，地目、位置又相同，我們有理由相信厚生財團此一塊土地即是清代內天后宮之廟產，前述賣與新竹市方面委員事業助成會，指的即是後來的「財團法人新竹至誠會」，辦理教育及慈善事業，後在昭和十六、十七年兩年將所有財產提出1.1662甲捐與新興國民學校，及慈惠院等為地基，以後又將若干筆土地賣與海軍省有機合成會社等。至光復後，民國三十五年十一月由新竹市政府接管，將新竹至誠會（內含城隍廟）、新竹厚生財團、慈惠院等之單位合併，改名為「新竹市社會公益事業協會」，並將厚生財團、慈惠院所屬財產接管，繼續辦理教育及慈善事業，民國四十一年七月三十一日重新改組為「財團法人新竹學租財團」。[73] 也就是如上述所言，在光復初期，厚生財團、慈惠院、至誠會已統編為一單位，土地財產自然混在一起，又加上原廟地已歸厚生財團所有，因此地方人士才會進佔此一「國有土地」，理所當然自認為是收回清代廟地。

　　民國五十一年，管理人林華新會同地方仕紳陳火順發起重建，經眾信徒慷慨樂捐，歷經十年於民國六十一年完竣，隨即於翌年舉行慶成福醮盛典，成為新竹地區地方盛事。[74]

　　期間，在陳火順過世後（民國五十七年），廟務一度陷

入低潮，內天后宮所屬神明會之新東聖母會，一度想接管管委會，並未成功。至民國七十四年內天后宮再組管委會，在上級機關督導下成立第一屆管理委員會，廟務遂獲蓬勃發展。時主委爲范雲庚，副主委爲李德湧，常務委員有古蘭桂等人，總幹事爲唐江海，其餘委員兼任各組工作。民國八十二年九月因主委范雲庚年邁多病請辭，報准主管機關轉由副主委李德湧代行宮務，至民國八十三年四月召開信徒大會改選委員，推選李德湧爲主任委員，古蘭桂、游光男爲副主委，楊家祥爲常務監委，新聘李德紅爲總幹事，從茲健全制度，建立會計稽核制度，並辦理各項冬令慈善救濟工作。[75]

　　另，由於該廟土地爲國有地，乃於民國八十五年四月呈文主管機關申辦請求贈與土地，但依法須先成立財團法人登記後，方可聲請廟地贈與，遂在民國八十六年六月十五日召開信徒大會，訂立章程，選舉第一屆財團法人董事、監察人，李德湧被選爲第一屆法人董事長、古蘭桂爲常務監察人，李德紅爲總幹事，隨即依法向主管機關完成登記，並憑以合法申請廟地贈與，終於在民國八十八年底完成。

二、廟務大事及宗教活動紀要

　　經過光復初期人事改組與變動，五十年來，廟務運作大體順利，也少鬧人事或派系糾葛，其貢獻與成就，可略分下列數端而言：[76]

　　(一)土地方面：除上述在民國八十八年獲得廟地外，另在民國八十七年六月間運用各界善信捐助款項，購買廟

右後側計81平方公尺土地，作為董、監事會辦公處所，為該廟財產再添一筆。

(二)廟貌整修方面：五十年來多次大興土木，整修廟貌內外，雖踵事增華，卻仍能維持古色古香廟貌，但可惜未能依據文資法作一完整及事前審查，致多處過度整修，尤其在民國八十六年起為迎接奉祀媽祖250週年大慶，全力翻修增建，如廟宇屋頂、金亭、廟門、拜亭、左右廂房、太歲殿、牌樓及改築辦公室、會議室等等皆是犖犖大端。

(三)財務收支公開符合稽查，為使法人一切收支、財產、資產之完整合法，早已敦聘會計師建立完整之會計制度，辦妥完稅手續，使一切收支財稅均能透明、公開、合法。

(四)輔導社團，提供活動場地及福利：多年來由該廟董監事出面參予籌備，先後成立新東聖母會、新竹市竹塹長青會、新竹市體育會國武術競賽委員會、新竹市傳統整復員職業工會，並提供辦公場所，作為社團永久性辦公處。如提供二樓會議室，作為新竹市客家民謠研究班教唱演練及傳統整復員工會勞教訓練場地，樓下會議室作為竹塹長青會活動場所，也提供電腦、傳真機、影印機等設備，供共同使用，並指派一名人員作專業性之服務。

(五)參與公益救濟，不落人後：除每年辦理冬令救濟，施捨救濟米糧及貧寒救助外，並定期訪慰新竹地區各慈善團體，如私立仁愛兒童之家、天主教德蘭中心、天

主教仁愛啓智中心等，或致贈金錢或捐輸實物。

在宗教活動方面，年例祭典如**表6-1**：[77]

表 6-1　年例祭典

財團法人新竹內天后宮奉祀主神暨配祀神聖誕千秋與重要祭典活動表		
時間	活動主題	活動內容
農曆除夕子時起至大年初三	全體董監事及志工，全天二十四小時輪班，加強為香客服務	提供金香菓燭，與接受安太歲消災解厄，點光明燈祈福等服務外，並提供甜薑湯麻糬招待香客。
農曆正月十五元宵節	元宵節前，接受善信認掛平安燈祈福	元宵夜在廟前施放煙火慶祝。
農曆正月底擇吉祥假日	舉辦圓燈法會，同時為配祀神土地公聖誕千秋祝壽	舉行祈福法會，並敬演祝壽梨園。
農曆三月下旬聖母誕辰前擇一假日	恭請天上聖母遶境出巡，護佑黎民，消災添福合境平安	邀請境內友廟組陣贊助護駕遶境一天。
農曆三月二十日	本宮配祀神註生娘娘聖誕千秋	敬備祝壽供品獻壽。
農曆三月二十三日	天上聖母舉辦祝壽盛典	舉辦祝壽三獻禮法會，及敬演梨園慶祝。
農曆七月八日	配合新竹市新東聖母會舉辦中元普渡祭典	辦祭典法會敬演酬神戲外，同時舉辦大豬、大鵝、大火雞三組普渡牲口秤重賽。
農曆七月十八日	配祀神無極瑤池大聖西王母金母大天尊聖誕千秋	敬備祝壽供品獻壽。
農曆七月十九日	配祀神太歲星君聖誕千秋	敬備祝壽供品獻壽。
農曆九九重陽節前擇吉出發	恭請天上聖母及瑤池王母娘娘環島四天或兩天進香活動	由各區善信自動組團護駕主神遶境祈安，暨配祀神瑤池王母娘娘回鑾花連勝安宮朝聖。

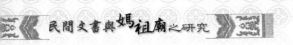

（續）表6-1　年例祭典

財團法人新竹內天后宮奉祀主神暨配祀神聖誕千秋與重要祭典活動表		
時間	活動主題	活動內容
農曆九九重陽節	舉辦紀念天上聖母得道昇天祭典法會，暨敬老表揚	接受信眾敬果代辦聯合舉行紀念聖母得道昇天法會外，同時表揚本宮八十足歲以上長壽信徒。
農曆春節前	舉辦寒冬送暖公益慈善濟助活動	春節前，配合各界善信之愛心米施放，低收入戶，及殘障孤老貧民，並發揚聖母大愛精神由本宮執行公益慈善濟助工作。
農曆全年初一、十五	提供麻糬甜點，招待香客	由本宮志工在廟口隨時服務，並接受各界大德自由樂捐。

　　其中重大者為每年農曆三月二十三日紀念媽祖誕辰祭典、五月五日端午節媽祖出巡遶境祈安、七月八日普渡施眾、九月九日媽祖得道昇天紀念祭典；另分上、下年度舉辦信眾環島迎送媽祖進香活動。關於媽祖出巡遶境祈安更是盛典，將新竹市分成三區：東區、北區、香山區逐年輪流遶境，如民國九十六年是香山區，其路線如下（圖6-3）：[78]

　　四維路→右中華路六段→右內湖路84巷龍正宮→返內湖路→經誠仁橋→右快速道路→右西濱公路→右香山天后宮→返西濱公路→右大庄路→左進明烈宮→返大莊路→左瑞光街再右彎→左遊樂街→叉路左轉浸水南街→南靈宮→右浸水街→左浸水街406巷→直行樹下街→南寧宮→靈安宮（二將抬興走轎）→左浸水街→右牛埔南路→左牛埔東路（領便當用餐）→右牛埔路

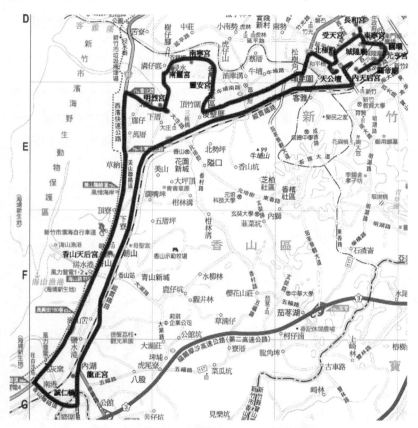

圖 6-3 民國九十六年媽祖出巡遶境路線圖

→左經國路→右中和路→右中山路→左進天公壇→右中山路393
巷→左西門街→左四維路（小車左轉中山路進北極殿，大車直
行至北大路452巷西門國小圍牆邊等候）→右民富街（至西大路
口時，主神由全體護駕，下車徒步遊行）→主神進入受天宮→
右北門街→土地公→長和宮→城隍廟→接東門街→東寧宮→東

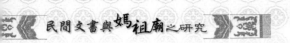

門圓環→右勝利路→右林森路→主神進入元亨宮→右南門街→
主神進入關帝廟→左西門街→返本宮。

民國九十五年是北區，其路線如下（圖6-4）：

四維路（車頭要朝西門街）→西門街→直下天公壇→右中
山路→主神進入北極殿（自452巷出，各陣頭在北大路會齊）→
左東大路→主神遶進法蓮廟→左鐵道路→右境福街→境福宮→

圖6-4　民國九十五年出巡遶境路線圖

左東大路→主神進七伍宮→全陣進入佑聖宮自232巷返東大路→富美宮→南寮漁港→右海濱路→左天府路→右進代天府→西濱公路→左進順天宮→右延平路→經指澤宮→左成功路→經威靈宮→右和平路→左竹光路（午餐休息）→右中正路→右北門街→長和宮→北門街→城隍廟→東門街→東寧宮→右經東門圓環→右勝利路→右林森路→經元亨宮→右南門街→主神進關帝廟→左西門街→回本宮（在往四維路解散）。

　　民國九十四年是東區，其路線如下（圖6-5）：

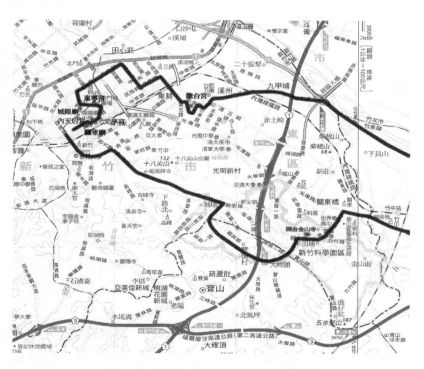

圖 6-5　民國九十四年出巡遶境路線圖

上四維路橋→食品路→右寶山路→右科園三路→金山寺→
關東橋→竹中→中興路→二重埔五穀宮→右中興路→進入竹東
→東寧路→左中山路→左長春路→離開竹東→右往竹林大橋→
左上快速道路→往科學園區→下千甲里（午餐休息）→千甲路
→水源街→公道五路口→右忠孝路→左新光路→右東勝路→右
東明街→龍台宮→左忠孝路→右東光路→左民族路→右民生路
→左北大路（先鋒車停在北大教堂邊，全體車陣開始徒步）→
右中正路→左北門街→長和宮→城隍廟→東門街→東寧宮→東
門城→右勝利路→林森路經元亨宮→右南門街→關帝廟→左西
門街→返回本宮。

第五節　結語

　　新竹市內天后宮於清乾隆十三年（1748）創建，歷經乾隆
四十二年（1777）、五十七年（1792）、道光八年（1828）、
同治九年（1870）興修，可惜文獻有缺，對其規模形制，無從
得知，僅從上文考證推論，可略知在清代，自始至終，大體維
持著三開間兩進兩廊的四合院形制，而廟前原有戲臺一座，廟
之左右皆為民房。最可惜者，乾隆五十七年（1792），由袁秉
義倡導捐修的一方石碑未曾保留下來，碑文內容志書也未曾採
錄，成為研究清代內天后宮史的最大遺憾！

　　內天后宮為官廟性質，所以每年春秋二季舉行祭典，而費
用也由地基租、官民義捐、官方編列預算修護支用，且向來由
官方管理。也因是官廟性質，乙未割台，日府也就不客氣地予

以接管，而日人接管之後，其後來之處置工作也就少去諸多障礙，因此在日治初期的市區改正計畫中被編入道路用地（今西安街），面臨必須拆除遷移的命運，所以日治時期，此廟少見修繕興建之舉。所幸內天后宮爲新竹城內居民的重要宗教信仰場所，其地位不亞於城隍廟，因此並未立即拆除，祭祀活動仍然持續進行著。但是其最終仍未逃脫被拆除命運，日治末期其廟產被一一接管或變賣，成爲一座孤零零的孤廟，而且竟然不知在何時被拆除消失，甚且有媽祖神像四處流浪、合祀寄祀之事發生。

　　光復後，雖有遷移重建之舉，卻不幸埋下閩客情結之陰影（本文不便詳敘），一座官廟，一路走來，竟是如此坎坷、顛沛，但祂的信仰、祂的地位仍然不變。末了，茲將內天后宮歷年興修大事列表如（**表6-2**），以供參酌。

表6-2　內天后宮歷年興修大事年表

年代	修建內容	相關人物	備註
乾隆13年（1748）	創建	同知陳玉友建	
乾隆42年（1777）	修建	同知王右弼修	
乾隆57年（1792）	修建	同知袁秉義捐修	番錦三千有奇。襄厥成者、守戎盧植，二尹陳聖增，分司章汝奎，董事邵起彪。
道光8年（1828）	重修	同知李慎彝重修	
同治9年（1870）	重修	官紳	正殿三間，祀天后，左右廊各一間，前殿三間。
明治38年（1905）			頒布市區改正

（續）表6-2　內天后宮歷年興修大事年表

年代	修建內容	相關人物	備註
大正6年、10年（1917、1921）			兩次前往湄州進香。
昭和16年（1941）			土地建物賣與新竹方面委員事業助成會及民間。
昭和20年（1945）5月			傳說毀於美機大肆轟炸新竹之戰火下。
民國35年（1946）		林金山、陳金芳、鄭錦加等	移奉媽祖神像至某和尚廟內供奉。
民國51-62年（1962-1973）	重建（事實爲新建）	地方士紳林華新、陳火順等	癸丑年落成舉行慶成福醮。
民國74年（1985）	重建金亭	主任委員爲范雲庚，總幹事爲唐江海	成立第一屆管理委員會，耗資新臺幣1,000萬餘元。增購26-17地號125平方公尺。
民國77年（1988）	重新彩飾廟宇	王妙舜匠師	
民國83年4月（1994）		李德湧爲主任委員，新聘李德紅爲總幹事	改選第二屆管理及監察委員。
民國86年9月3日（1997）		李德湧第一屆法人董事長、李德紅爲總幹事	成立「財團法人新竹內天后宮」。
民國87年（1998）	重修廟頂雕飾及廟前金亭，並以鋼筋水泥加強重建左側辦公大樓及殿前拜亭、牌樓	承包者李景隆	全部工程費共耗新臺幣1,200餘萬元。
民國88年（1999）			募資360萬元，增購廟址右後方建地25-04地號81平方公尺。
民國89年（2000）	三川殿門神重繪	承包人陳天祥作者孫春福	

（續）表6-2　內天后宮歷年興修大事年表

年代	修建內容	相關人物	備註
民國92年5月15日 （2003）			全省首宗計有 778平方公尺之廟地贈與案完成。
民國93年3月3日 （2004）			由新竹市政府登錄公告爲「歷史建築」。

註釋

1 陳培桂《淡水廳志》（台銀文叢第172種，民國五十二年八月），卷六志五〈典禮志‧祠祀〉，頁150。

2 鄭用錫《淡水廳志稿》（台灣省文獻委員會，民國八十七年三月），卷一〈祠廟〉，頁53。

3 鄭喜夫《台灣地理及歷史》（台灣省文獻委員會，民國六十九年八月），卷九官師志第一冊文職表，頁78。按鄭書記陳玉友號遼園，遼為蓬之誤，逕改之。

4 陳培桂前引書，頁257-258。

5 林文龍點校，陳朝龍《合校足本新竹縣采訪冊》（台灣省文獻委員會，民國八十八年一月），卷四〈祠廟〉，頁203。

6 鄭喜夫前引書，頁77。

7 盧錦堂等《台灣歷史人物小傳—明清時期》（國家圖書館，民國九十年十二月增訂再版），「陸廣霖」條，頁242-243。按許雪姬《台灣歷史辭典》〈附錄〉（台北，遠流出版公司，2006年9月，四版一刷）記陸廣霖於乾隆九年四月到任彰化知縣，後革職去，復於乾隆十一年六月回任（頁A132），乾隆十三年以彰化知縣護理台灣府淡水撫民同知。陳玉友則在乾隆十三年十月二日由建寧府同知調任淡水同知，乾隆十六年三月陞署台灣知府（頁A104）。此說承襲鄭喜夫前引書（頁77、78），基本上與本文任職淡水同知年月並無矛盾，本文之所以採用盧錦堂近著，一則此著作為較新之辭典，二則其所依據為〈故廣西恭城縣知縣署百色同知陸君廣霖墓志銘〉及〈恭城知縣陸君祠版文〉之一手史料，可靠性較高，三則僅是針對陸君生平作一背景簡單介紹，至於陸君之行誼、史實則非本文主旨所在，茲不贅。

8 余文儀《續修台灣府志》（台銀文叢第121種，民國五十一年四月），卷七〈典禮‧祠祀〉，頁334。

9 詳見范明煥〈新竹內天后宮知多少〉，收於《新竹地區的人與地》（新竹縣文化局，民國九十五年七月），頁199-200。

[10] 詳見葉錦爐〈媽祖信仰叢談〉，《竹塹文獻雜誌》第二十一期（新竹市文化局，民國九十年十月），頁97。

[11] 陳國川《台灣地名辭書》卷十八〈新竹市〉（台灣省文獻委員會，民國八十五年九月），頁121。

[12] 陳國川前引書，頁175-176。

[13] 同前註。

[14] 黃有興譯，增田福太郎原著《台灣宗教信仰》（東大圖書公司，民國九十四年五月），頁326-327。

[15] 同前註。

[16] 李亦園《新竹市民宗教行爲研究》（台灣省民政廳，民國七十六年），頁39。按此書並未正式出版，現藏新竹市文化局圖書室，乃張德南先生所提供之影本。有關長和宮歷史及組織，另參拙文〈新竹市長和宮──行郊會館的興衰史〉，收於《寺廟與台灣開發史》（揚智文化公司，民國九十五年三月），頁268-345。今也收入本書第一章，可參看。

[17] 詳見拙文，頁284-285。

[18] 詳見吳學明《金廣福墾隘與新竹東南山區的開發》（國立台師大歷史所專刊，民國七十五年二月），頁263。

[19] 詳見陳朝龍前引書，卷二「街市」，頁99-103。

[20] 陳朝龍前引書，頁203。

[21] 同前註。

[22] 鄭喜夫前引書，第二冊〈武職表〉，頁238、242。

[23] 鄭喜夫前引書，第一冊〈文職表〉，頁80。

[24] 陳培桂前引書，頁265-266。

[25] 鄭用錫前引書，頁66。

[26] 陳培桂前引書，頁213。

[27] 陳培桂前引書，頁221。亦見鄭喜夫前引書，第一冊，頁112-113。

[28] 陳朝龍前引書，頁461。

[29] 詳見註7前引書，「袁秉義條」，頁170。

[30] 陳朝龍前引書，頁463。

[31] 同註20。

[32] 同前註。

[33] 不著撰人《新竹縣制度考》（台銀文叢第101種，民國五十年三月），頁49。

[34] 同前註前引書，頁106。

[35] 詳見王見川〈光復前的一善堂、證善堂與新竹大家族——兼談周維金的《大陸遊記》〉，《竹塹文獻》第38期（新竹市文化局，2007年4月號），頁74-75。文中錄有楊普丹與新竹武廟、內天后宮住持僧侶的酬唱兩首，詩題分別為「塹城武廟僧妙慧讚」、「新竹內天后宮僧清修讚」，可知妙慧之前有名為清修之和尚住持。

[36] 鄭鵬雲《新竹縣志初稿》（台銀文叢第61種，民國四十八年十一月），頁109-110。

[37] 陳國川前引書，頁173。

[38] 陳培桂前引書，頁95。

[39] 鄭鵬雲前引書，頁78。

[40] 詳見胡傳《台灣日記與稟啟》（台銀文叢第71種，民國四十九年三月），各條出處頁碼，已直接註於引文下。

[41] 鄭鵬雲前引書，頁179。

[42] 陳朝龍前引書，卷七〈風俗〉，頁377。

[43] 陳朝龍前引書，卷六〈坊圖〉，頁315、320。

[44] 中國第一歷史檔案館等編《清代媽祖檔案史料匯編》（中國檔案出版社，2003年10月），頁391-392。

[45] 見張本政編《清實錄台灣史資料專輯》（福建人民出版社，1993年12月），〈德宗實錄〉，頁1069。

[46] 溫國良編譯《台灣總督府公文類纂宗教史料彙編—明治二十八年十月至明治三十五年四月》（台灣省文獻會，民國八十八年六月），頁244-245。

[47] 溫國良前引書，頁437。

[48] 杉山靖憲《台灣名勝舊蹟誌》（原大正五年四月十八日，台灣總督府發行，後台灣成文出版社景印，民國七十四年三月台一版），頁468。

[49] 以上土地申告書資料及影本，為梁明昌兄影印提供，謹此說明，並申謝忱！

[50] 陳國川前引書，頁177、120。

51 詳見《新竹文獻會通訊》第十七號（民國四十三年十二月，後成文出版社影印出版，民國七十二年三月台一版），頁312。

52 陳國川前引書，頁171。

53 陳國川前引書，頁124。

54 見《新竹廳寺廟調查書》「內天后宮」表（手稿），本表亦爲梁明昌兄提供影本，再申謝忱！

55 增田福太郎原著，古亭書屋編譯《台灣漢民族的司法神》（眾文圖書公司，民國八十八年十月），附錄三〈台灣寺廟採訪記〉，頁255-259。

56 同註14前引書，頁323。

57 參見：(1)新竹街役場編《新竹街要覽》（原大正十五年發行，成文出版社景印，民國七十四年三月台一版），頁310-311；(2)同註50前引文，頁311-312。

58 張永堂總纂《新竹市志》（新竹市政府，民國八十六年十二月）卷七〈人物志〉（撰稿人張德南老師）第一篇第四章第二節「鄭如蘭」條，頁112-113。

59 同前註前引書，頁253-254。

60 鷹田取一郎《台灣列紳傳》（台灣總督府，大正五年四月發行），頁127。

61 同前註前引書，頁121。惟陳信齋，誤植成陳信齊。

62 詳見徐亞湘《史實與詮釋——日治時期台灣報刊戲曲資料選讀》（國立傳統藝術中心，民國九十五年十二月），〈導讀〉，頁1。

63 詳見黃俊銘《新竹市日治時期建築文化資產調查研究》（新竹市立文化中心，民國八十八年六月），頁24-34。

64 陳玲蓉《日據時期神道統制下的台灣宗教政策》（自立晚報社文化出版部，民國八十一年四月），頁262-267。

65 同註50前引文，頁309。

66 同註50。

67 同註10。

68 參見：(1)王文桂《香山天后宮湄洲天上聖母簡介》（香山天后宮管理委員會印行，民國七十年元月出版），頁30；(2)周錦文口述歷史《新竹市鄉土史料》（耆老口述歷史叢書第15種，台灣省文獻委員會，民國

八十六年六月）頁274；(3)謝錦爐〈媽祖信仰叢談〉，《竹塹文獻》第二十一期，2001年10月號，頁96-98。

[69] 李亦園前引書，頁30-33。

[70] 同前註。

[71] 同前引《新竹街要覽》，頁46

[72] 同前引《新竹街要覽》，頁245

[73] 同註50前引文原頁碼51-57。

[74] 按，據吳黃張谷誠《新竹叢誌》所記，曰「原建置在西門內，曰內天后宮後被日人廢之，合祀於北門外外天后宮，光復後邑紳陳福全等將西門外日本佛寺改修為內天后宮，歸祀之。」（新竹市立文化中心，民國八十五年六月再版，頁365），張氏原書出版於民國四十一年十一月，則是時內天后宮修建，則又產生了時間點之歧異，究竟是民國四十一年或五十一年？再據《新竹文獻會通訊》第17號（民國四十三年十二月三十日出刊）所記，「原在縣城西門內……後被日人拆毀，改建西門外」（頁44），也是產生時間點之歧異，可能情形有二：一是記憶失誤所致，一是四〇年代初曾「修建」，至五〇年「重建」。有關內天后宮在光復初期之修建或重建年代，與確實地點等問題，一直糾葛不清，人言言殊，各執一端，在此只能諸說並存，待他日有更多史料挖掘，才能解決。

[75] 參見范明煥前引文，及廟方提供之《財團法人新竹內天后宮95、96年度信徒大會手冊》。

[76] 詳見廟方提供之《慶祝奉祀天上聖母250週年特刊》，民國八十八年十一月印行。

[77] 詳見廟方提供之民國97年之農民曆手冊。

[78] 新竹市東區、北區、香山區遶境路線表，均為廟方所提供。

第七章

香山天后宮

第一節 廟的創建年代探討

新竹市香山天后宮位於竹市香山區朝山里，該廟創建年代
頗爲久遠，但一直未有定論，這是研究該廟歷史沿革首先必須
解決問題之一。歸納廟之創建年代說法，約有三種，茲分析稽
考如下：

一、明鄭年代：根據天后宮所刊行的農民曆、簡介傳單及
諸多報章雜誌的報導，大約謂：本宮建於明永曆十五
年（1661），距現在已有三百多年，當時經常來往於
大陸間的商旅，在清康熙二十二年（1683）由福建省
莆田縣湄洲島天后宮奉來一尊媽祖神像，於本地建宮
奉拜，並隨行購運一大銅鐘，安置本宮。[1]

二、乾隆三十五年（1770）：林衡道諸多著述、口述均謂
建於此年；[2] 廟方簡介，則稱此年爲重新修建；王文桂
《香山天后宮湄洲天上聖母簡介》一書，則無此條記
載。

三、道光五年（1825）：日人於明治三十一年（1898）六
月之調查紀錄，道光五年爲建立年度。另，時廟宇建
地有33坪，擁地79坪。[3]

創建於明鄭之說，並無史料依據，只憑民間傳說，只要環
視對比新竹市諸多古老廟宇之創建年代，便會啓人疑竇，再對
比同是奉祀媽祖之「外媽」、「內媽」之北門長和宮、西門天

后宮之創建年代（皆是乾隆年間），尤令人持疑。

乾隆三十五年之說，雖合乎情理，有其可能性；且光復後初期（民國四十八年五月十一日）所做寺廟調查表，亦記錄「創建於民前一四二年九月二十日」，民前（1912年）之一四二年，恰為一七七〇年，即乾隆三十五年，乍睹似乎有憑有據；但經查考修於道光年間的鄭用錫《淡水廳志稿》之祠廟、寺觀記載，於廳城內天后宮有二座：「一在西門內，乾隆十三年，廟主許建造。……一在北門外，乾隆七年，廳主莊年捐貲建造。……」廳治北天后宮有十座：「一在新莊街，乾隆十八年建。………一在艋舺街，一在關渡，原建山頂，康熙五十八年建。……一在滬尾街，嘉慶元年建。一在八里坌街，乾隆二十五年建。一在金包裡街，嘉慶十四年黃天進等捐建。……一在芝蘭街，嘉慶元年，業戶何錦堂獻地捐建。一在錫口街，……一在大雞籠城。一在大雞籠港。」廳治南天后宮有五座：「一在中港街，嘉慶二十一年，甘騰駒等捐題重修。一在後壠街，乾隆三十三年，林進興捐建。……一在貓裡街，嘉慶十六年，林璇璣等捐修。一在苑里街，乾隆三十七年，陳詔盛等鳩建。……一在大甲街，乾隆三十五年，林對丹等鳩建。……」[4]志書所記不僅均無香山天后宮存在之紀錄，又可得知北台眾多古老天后宮創建年代率在乾嘉年代。

再查考修於光緒年間的陳朝龍《新竹縣采訪冊》，在〈竹塹堡祠廟上〉記錄有西門之內天后宮外，在〈竹塹堡祠廟下〉則錄有天后宮四座，文長，茲整理如下：[5]

一、在縣署內左畔，祀天后，建置年月無考，道光以前已

有之。

二、在縣城北門外，名長和宮，又名外天后宮，左爲水仙宮，後爲觀音殿，又後爲四香別墅三間，右爲僧舍大小計七間，乾隆七年，同知莊年、守備陳士挺建。

三、在縣東二十九里鹿寮坑莊，名五和宮，道光年間莊民捐建。

四、在縣西十里香山下寮街，名長佑宮。正殿三間，左、右廊各一間，左爲廂房六間，廚房六間。咸豐六年，張自得等倡捐建。

陳志亦無香山天后宮之記載。

日治初期據陳朝龍前引書殘稿重加編輯之鄭鵬雲《新竹縣志初稿》卷三〈典禮志・祠祀〉則明確的寫出：「天后宮，在香山莊，道光五年建。廟宇三十三坪，地基七十九坪。」、「長佑宮，在香山頂寮，距縣治西十里。」[6]

綜合歸納上引諸志書記載，可以得到以下二條結論：

一、北台衆多古老媽祖廟之創建年代在乾、嘉年間居多。

二、據諸志書記載，乾、嘉年代並無香山天后宮存在之紀錄。尤其新竹在地士紳所編修之志書，更無此記載，直到光緒末年日治初鄭鵬雲所修之志書才有記載，並明確指出創建於道光五年。

較可怪者，香山之「長佑宮」至今不見蹤影，或有人誤以爲此（香山）「天后宮」即彼「長佑宮」，一廟分載爲二，殆爲志書誤記，非也。《淡新檔案》收有一「塹郊香山港長佑

宮首事，即總理張自得爲懇恩諭飭捐題銀兩，以資告竣事」文
件，[7]可供覆案考索，此文件內容大意略謂：咸豐十年（1860）
四月初六日總理張自得具稟淡水廳同知張傳敬，懇恩示諭塹、
艋各郊商富業戶，按戶鳩資修竣長佑宮，以昭勝舉。時艋郊殷
實頭人名單爲「泉郊金晉順、北郊金萬利，頭人總理蔡鵬柱、
南北郊爐主、職員黃萬鐘、林正森、林國忠、吳光田、謝廷
銓。」稟文詳細內容如下：

> 具稟塹郊香山港長佑宮首事張自得，即總理張自得，為懇
> 恩諭飭捐題銀兩，以資告竣事。緣香山自開港以來，迄今
> 多年，為船隻來往，郊商、鄉民雲集買賣之所。得于咸豐
> 六年六月間，自備工本建造該處天后宮一座，號長佑宮：
> 踏定地基兩廊併前後殿計共六間，得于是年，先行自備工
> 本，建造後殿一間，尚有兩廊前後殿，未經造完，難於告
> 竣慶成。茲得老邁無力，查塹、艋郊商、業戶，殷富者
> 多，欲再建復是廟，非費千金，實難有濟。得思維聖母神
> 功深遠，萬民賴庇，興建之事，眾所樂需，非蒙示諭塹、
> 艋各郊商、富業戶，按戶鳩資修竣，以昭勝舉，而成神
> 宇，則物阜民康，切賴憲德，功豈（蓋？）後世。理合瀝
> 情，粘單稟乞　大老爺，誠心敬神，恩准示諭得等暨塹、艋
> 殷富郊商、業戶，按戶鳩收，設簿登記，以成神宇，澤垂
> 萬世，沾恩，切叩。

據此稟文可知長佑宮原來計畫中的規模形制爲兩殿兩廊
式，似乎在咸豐六年已先行自備工本建造後殿一間，但事實上
「尚有兩廊前後殿，未經造完」，可知連後殿尚未完全竣工，

極可能因資金不足而停工，才被迫向淡水廳同知求援，盼望透過官府出面諭捐，但張傳敬反而批示「自向郊舖殷戶捐題，擇吉興修」，此後並無下文，看來募捐並不順利。觀看今日長佑宮之不存，應該是寺廟並未完全建成，日久湮滅廢圮，不復存在任何遺蹟。

再次，環視香山眾多老廟，其創建年代均在道光年後，而集中在同光年間。[8] 因此，就直接證據與間接反證而言，香山天后宮廟宇的創建年代幾乎可斷定在道光五年（1825），但本結論指的是廟宇建物創建年代而言，並非指供奉神像信仰年代而言，因以香山港，開港通航年代之久遠而思，其先暫奉媽祖神像於民宅、草寮之可能性不是沒有的。

然而這裡不免產生一個問題？即以香山港通航開拓之早遠，何以建廟年代如此晚近，其故何在？其因爲何？

按，香山區地處新竹市西南部，北界客雅溪和雷公圳下游圳道。東北爲牛埔山、印斗山與茄苳湖山；東南以古車路山、南隘山和新竹縣寶山鄉爲鄰，南以尖筆山、鹽水港溪中游與苗栗縣竹南鎮毗鄰。本區地勢東南高西北低，區內平原土壤，主要由客雅溪、三姓公溪、鹽水港溪共同沖積而成，土質爲砂質壤土，多呈強酸性，成土之地勢低下，以致地下水面高，呈泥濘狀態適合種稻。傳聞早在康熙末年，王世傑等拓墾集團，已在客雅溪下游兩岸，創建十一聚落。乾隆年代，拓墾地區更達鹽水港海墘一帶，甚至沿溪深入丘陵中谷地。換言之，雍乾年間，本區中、南部海岸平原，已盡爲漢人所拓殖。嘉慶後，漢人與竹塹社民合作，設隘拓墾，開發保留地；道光十四年（1934），淡水同知李嗣業更諭姜秀鑾、周邦正等粵閩人士

集資組「金廣福」大隘，繼續往東南山區深入開闢；至道光末年，本區丘陵地帶已轉爲漢人之生活空間，聚落散布，已不再有「凶番」出入侵擾。至於本區西緣多爲受漂砂作用形成之海埔地，因鹽分含量高，不適農業，早期多作爲養殖漁業，目前則被闢建爲西濱公路用地。乙未割台，政權易幟，明治三十四年（1901，光緒27年）新竹設廳，在此設「香山區」，區下有十五庄，此爲香山區名出現之始。[9]

　　香山區相對於新竹市其他地區，可謂地廣人稀，其原因與該區自然環境有關。香山區的丘陵與平原約各佔一半，平原地區雖開拓甚早，但後來發展反趨停滯，原因有三：(1)本地區平原爲客雅溪、三姓公溪沖積而成，屬曲流地形，曲流發達、使本區在洪水季節易遭水患，不利農業發展；(2)海岸地帶風強沙掩，土壤鹽分量高，不適農業；(3)客雅溪北岸距海遠，土地佳，但在日治時代被征收闢建爲軍用機場，限制發展；(4)民國六十四年（1975）公佈「香山都市計畫」，將本區二溪流地域，編列爲工業用地，故後來吸引不少玻璃製造、化工製造、橡膠製品、化學材料及基本金屬工業來此設廠發展，致本區工廠林立，不適居住。至於丘陵地帶，開發較晚，發展時期短淺，又受崎嶇複雜地形限制，未能形成大型聚落，呈現散村景觀。台灣光復後，又受「山坡地保育法」與「土地使用管制條例」的限制，無法大事擴張，直到民國七十年代後，因新竹科學工業園區的開發成功，產生一批科技新貴，此區因有山林地風光反受青睞，廣建高級住宅及別墅，近年正吸引一批批殷戶巨富進住。[10]

　　綜合上述，本區實不利農業之發展，故少有大地主之墾

戶、業戶等出現或形成，在地居民率多小農、佃農之流，財富不饒，社會經濟條件不佳，對於廟宇的興建，顯然不利，此為本區廟宇興建晚起的社會結構原因之一。

另一原因與港口位置有關，本區素以港口通航貿易聞名，有清一代，先後出現過油車港、香山港、汫水港及鹽水港，油車港迅起迅落，姑置不論外，其餘港口範圍大致北起頂、下寮，南至鹽水港溪，諸港始末興衰，文獻貧乏，書間有缺，傳聞不一，難以完整縷述。茲略述如下：

鹽水港址在今鹽水里中部，縱貫鐵路西側，因鹽水港溪而得名。港之起始，首見於雍正年間之台灣輿圖，其情不詳。附近土地於乾隆三十七年（1772）有陳璋琦等人入墾，道光十八年（1838）淡水同知婁雲在此設一官渡，方便前往竹南堡中港往來。咸豐七、八年間，港口興盛一時，為香山停靠口岸之一，後因泥沙淤塞，港口機能始廢。另，在鹽水里南部，鹽水港溪口東岸有一「草厝仔」地名，據聞原址即是上述清代官渡民人候船之所，候船之時搭有草寮以遮風避雨，故得名。此地東緣建有一廟名長興宮，址在長興街498號，主祀邱、吳、溫三府王爺，係道光年間創建，先後分別在光緒元年（1875）、大正三年（1914）、民國五十四年（1965）重修建過。[11] 鹽水港長興宮之創建年代及修建年代，適又可作為香山天后宮之興修創建年代對比之參考及旁證之用。

汫水港為閩南語音，即為淡水港之意，故有作汫水、有作淡水兩名，不知閩南語者，易生紛紜困擾。港之得名因汫水港溪，該溪源於海山里之鹿仔坑，西流經李仔坑、李厝、汫水港而出海。溪流河床比降度大，海水漲潮不易自河口湧入，

河水常保清淡，故因而得名。洴水港之起，首見道光年間台灣
興圖，此地設有官渡，為往來鹽水港之所。咸豐七、八年間
（1857-1858）香山港興起，此地亦為停泊口岸之一，後因港
道壅淤而廢。此溪上源之鹿仔坑，原名路仔坑，地當香山港經
茄苳湖出入新竹東南山區之要衝，故得名，再因諧音而變成
「鹿」仔坑。此地在清代原設有堆棧（即類似今之倉庫、貨
棧），東南山區之土產，先運至此處堆放集結，再以牛車運往
港口裝船出海。[12]

　　香山港之名稱，首見於道光年間鄭用錫之《淡水廳志
稿》，但實際上之香山港則泛指客雅溪口至鹽水港等港澳泊地
之總稱，故有時指洴水港，有時指今頂下寮凹狀泥灘海岸，
如下寮南側之網罟寮，為昔年泊地所在，故又名船頭，即一例
證。此地有一廟名靈興宮，主祀刑、王、朱、沈四府王爺，及
江、吳等七夫人媽，係光緒十四年（1888）因沿海地區瘟疫流
行，莊民為求祈福避疫而集資創設，同理此廟之創建年代亦可
提供天后宮創建年代之對照參考。

　　香山港澳之沿革與港口條件，鄭用錫《淡水廳志稿》記：
「香山澳，在廳治西十里，離深水外洋五里，小船遭風或暫寄
泊該處，係南北大路，設有香山塘，安兵十名。」[13]

　　道光二十年（1840）姚瑩〈台灣十七口設防狀〉云：

淡水廳轄地勢綿長，次要小口四：曰大安、曰中港、曰香
山、曰竹塹；最要大口二：曰滬尾、曰大雞籠。……香山
港，中港北二十里為香山港，在廳治南十里。岸去海口甚
遠，居民寥寥。……內地商船遭風，每寄泊於此。海灘甚

大，不能靠岸。舊設汛兵十名，……兵力既單，又去把總汛地四十五里。……以南嵌外委帶兵三十名移駐香山港，督同本汛兵十名，總理吳從灘領鄉勇一百名防守。[14]

同治年間陳培桂《淡水廳志》續記：

香山澳，在隙仔溪南，距城西十里，離深水外洋五里。口門闊二十餘丈，深一丈二尺。潮漲至鹽水港而止，退即旱溪。三、五百石之船，乘潮可入，為南北大路。設香山塘，廳設口書一、澳甲一。[15]

光緒年間陳朝龍《新竹縣采訪冊》卷一〈山川〉又記：

香山，在縣西十里。……山下有香山塘莊、民居五十餘戶。又有頂寮街、民居六十餘戶；下寮街，民居八十餘戶；皆為南北往來官路之街。[16]

可見直到清末此地區民居仍有近兩百戶之多，以一戶五人計，約有千人住居，仍是熱鬧街肆，其重要原因蓋為南北往來官路之交通要地。

至日治初期鄭鵬雲《新竹縣志初稿》卷一〈封域志·沙汕港汊〉，僅記「香山港沙汕」五字，可見一片泥灘淤積，不復成港。〈建置志·街市〉略記「香山街，在縣西南十里」。同時期之《新竹縣制度考》記〈新竹縣治下街莊路站〉的海邊官站，其中「新竹到香山街十里，街莊民居約有數百家。」[17]

綜上所引諸書，可知香山港主要泊地正是今頂、下寮一帶海岸，此港口條件雖較竹塹港（又名船頭港、舊港）為佳，但

卻一直是其替代港、輔助港，只有在舊港淤積不便出入時，才將部分航運機能轉到香山港來，因此香山港之貿易、街肆繁榮深受舊港之影響與牽制。但總的說來，道光以後為香山港的興盛期，不僅設有軍隊駐守管理（香山塘），復設有口書、澳甲管理船隻進出登記，更是郊商、鄉民雲集買賣之所。但是道光年間初興之時，「居民寥寥」，其前民居之少更可以想見，直到同光年間才達到鼎盛，也達到一飽和期，居民近二百戶，以一戶五人估計，約有近千人所居，可謂舟車輻輳，人煙茂密。此所以天后宮晚建原因之二。

可見香山天后宮創建於道光五年之說，不僅符合香山港初興之歷史背景；更重要地，反過來說，香山天后宮創建於道光五年，見證了香山港初興年代，此為天后宮深具歷史意義之一。

香山天后宮創建晚起的第三個原因，是深受新竹郊商金長和與會館長和宮之興修影響所及。

香山港既是商港之一，自是帆檣林立，郊商雲集之處，陳朝龍前引書記：「商船輳集，以竹塹堡之舊港為最盛，香山港次，竹南堡之中港、竹北堡之紅毛港、蚵殼港則惟垵邊船時泊三、兩，海船少至也。……香山港所泊之船，多自惠安縣北路之莆厝、沙格等鄉而來，其餘亦有一二福州、廈門、晉江、興化、澎湖等處之船，以時至止，然不常有也。」[18] 而道光年後，新竹丘陵地區日漸開拓，金廣福拓墾地區朝向如苧林、關西等內山大隘地區，山林特產具經濟價值者如樟腦、木材、苧麻、茶葉，遂成為竹塹新興出口商品，香山港正因臨近東南山林，物產日增，地理又近，其港口重要性更為增加。

陳書續記其輸出商貿情形：「出口之貨，以米、糖、苧為大宗，木料次之，靛、通草、薯榔、藤又次之。近時土產，如樟腦、茶葉較前為盛，然皆運往淡水轉販，不由本港出口。其由本港出口各貨，銷售各埠者，米者福州……，糖則溫州……苧則福州……木料則廣東，凡港路可通，爭相貿易，所售之值，或易他貨而還。入口之貨，以棉花、白布、紫花布、苧布、麵粉、麵線、杉木、紙料為大宗；呢、嗶吱、豆油、煤油、菸絲、瓷器及各色食物次之；綢緞、紗羅、牛油、黃臘、白臘及各色雜貨又次之。藥材雖兼資南北，然多自艋舺、大稻埕轉販而來，其自運者少矣。」[19]

媽祖為海神之一，職司安瀾，不僅為郊商海客所崇奉，尤為閩南大眾所尊奉，因此「各船中艙，皆供奉天后神位，每進口裝貨將滿，必用牲酒、香楮祭之，祭畢闔船聚飲，餚饌頗豐，謂之做滿儀。」陳書並記「郊戶所祀之天后香火，則自興化府屬之湄洲分來，每三年則專雇一船，奉安天后神像駛往湄洲進香一次，祭以少牢，回時各郊戶具鼓樂、旗幟往海口迎接回宮，輪日演劇。」[20] 可見媽祖信仰在竹塹郊商舟夫之虔祀情狀與夫信仰之早起，因此不能以建廟時間而斷定信仰早遲，同理亦不能以信仰之早晚而推斷建廟時間，蓋此為兩回事也，建廟成否端視在地居民之財富能力與外部因緣時機。

香山港既然是道光年間興起，眾多郊戶在此設立行棧、店舖，並且應該會帶動其他相關服務業之出現與人口之遷入，因此在咸豐年間便已出現頂寮、下寮兩街肆。其中頂寮多為行棧，下寮則多店舖，直到清末光緒年間亦不過百多戶，約五六百人居民而已，而且在地居民農戶不多，應該多屬低階層

從事勞動搬運之苦力，與漁撈養殖之漁民爲主，而眞正有財有勢之郊商股戶反而集中竹塹城之北門一帶。而且眞正談生意作大買賣地點並不在頂下寮的行棧店舖，因此地只是囤貨取貨及進出口的轉運港口所在，道光之前，頂下寮既然尙未形成熱鬧街肆，居民寥寥，又多屬中下階層苦力漁戶，財富有限，自不易形成建廟之有利條件，更何況塹郊會所長和宮本身即主祀天后，北門口離此又近，更無迫切建廟之需要。然而道光年初竹塹建城，廳城形制至此完備，帶動整體竹塹奮進形勢，北門一帶郊商遂組成「金長和」公會組織，因此長和宮在道光年間有一次的擴建大修，日治初塹郊中抽分社規約，內容有「竊維我塹於道光間，建造聖母廟宇及聖母靈像，恭奉有年，即名曰長和宮。」[21] 兩相比照，香山天后宮之創建於道光五年，更符時代背景，蓋理有必然，勢有必至。

另外，我們從上引建造長佑宮不成之案例，也可作一旁證。長佑宮之建造不成，固可解釋爲其前已建有長和宮、香山天后宮，郊商、股戶不願重複建同質性高的媽祖廟，但因「非費千金實難有濟」，郊商吝嗇不願慷慨樂捐建廟之事實俱在，由此可見他們的心態，對於重複建廟之意興疏懶了，對長佑宮是如此，對香山天后宮也何嘗不是如此。

要之，本節透過志書記載之有無詳略，周遭老廟的創建年代，與香山港之初興年代，加上香山的地域社會結構、郊戶與長和宮成立及擴建年代等多方面參照對比研究，抉覆發微，初步結論得出：香山天后宮廟宇創建於道光五年（1825），可能性是頗大的，而且遠比其他諸說可信。

第二節　廟名的由來及相關問題

　　香山天后宮廟宇建物經考據得知：大體創建於道光五年，本節則進一步對其廟名做一番研究。按一般言，清代台灣的媽祖廟，只有官方建立或祭祀者，才稱為「天后宮」，民間者多稱為「×天宮」、「慈×宮」、「×興宮」、「×佑宮」，俗稱則一概泛稱「媽祖宮」，因何香山媽祖廟自稱「天后宮」？必須做一探討，兼以明瞭廟神之體制與地位。

　　香山媽祖廟之自稱「天后宮」，林衡道曾提出解釋：「原來，有一年新竹市的天后宮改建，將媽祖神像送到此廟暫奉了一段時日，官府的天后曾經駕臨，此廟自然身分大增，自此以『天后』為名了。」[22]

　　關於香山天后宮媽祖神像之由來，傳說紛紜且歧出，如地方耆老周錦文敘述：「康熙二十二年，有商人由福建湄洲天后宮迎來聖母神像。光緒二年又有秀才林秀春及地方人士商議重建；至於宮內的聖母神像，原是吳來福等五人自湄州天后宮迎來的大尊天后像，先暫置於新竹石坊街的內天后宮，民國三十四年再由翁水九等人迎至香山天后宮內。」[23]

　　柯漢津言道：「內媽祖天后宮奉祀鎮殿媽祖神像，及可以乘輿出巡之神像，約於民國五或六年間（按大正五、六年，1916-1917年）由本市人吳爐、吳福來等數人渡海迎請湄州媽祖於媽祖宮奉祀。據稱湄州媽祖是醫神，於某年間被香山區信徒迎去，奉祀於香山媽祖宮供奉，連神輿亦被逗留不還。此尊

媽祖神像，構造特殊，肩臂肘腕因裝有彈簧故能屈伸，因雙臂呈腐蛀，乃聘請新竹市東門前街高漢文先生修復，原來白皙臉容，經改粧粉彩成紅粉色膚，栩栩如生，較前艷麗異常。經詢其男孫（指高漢文先生之男孫），何時重修？答以大約在民國五十年間。……西門天后宮，後被日人廢之，合祀於北門外之天后宮，光復後由鄉紳陳福全等將西門外日本佛寺改修爲內天后宮歸祀之。」[24]

王文桂亦提及：「天后宮裡的聖母神像是鄭成功來台時帶來的五尊之一。日本據台時期被燒毀。民國三十四年農曆三月二十三日香山翁水九、蔡清水、林清山、王三富、陳清波等先生及眾信士，往新竹北門街長和宮恭迎湄洲天上聖母神像，安置香山天后宮。這尊神像是民國前一年（按明治44年，宣統3年，1911）新竹吳福來先生等五名由湄洲天后宮奉來的大尊聖母神像（軟身），暫駐駕新竹石坊街的內天后宮中，而內天后宮廟宇，日據時代被拆除，暫寄駐駕北門街長和宮。因第二次世界大戰，經多年戰亂，地方人士推請翁水九、蔡清水、林清山與新竹市陳福全、高漢水等先生商議，獲同意擇日移，安置香山。」[25]

而王文桂於其編撰之《香山天后宮湄洲天上聖母簡介》一書中，更言之鑿鑿，於以合理化補充，謂爲「經聖母指示」才移駕香山天后宮，避開美機空襲，果然「聖駕香山天后宮三天，並無空襲。」[26]

綜觀上引諸人說法，細節雖有出入，但基本上新竹市西門官廟內天后宮之媽祖神像曾移置香山天后宮供奉，爲眾人之共同說法並無歧見，但是即使因此安奉神像事而廟名遂稱天后宮

的看法，則是錯誤的。此事之發生是在日治末期，二次大戰期間，但據鄭鵬雲《新竹縣志初稿》之紀錄，及日治初期日人之調查，早在清末日治初期，此廟即已稱為「天后宮」，遠比移祀神像之事早了近五十年，顯然時間點不對。易言之，我們相信香山天后宮一開始便稱為「天后宮」，而非後來因為移祀內天后宮媽祖神像才改名。

然而問題又回到原點，香山天后宮何以逾越體制，稱私廟為「天后宮」呢？此問題只要稍稍檢視全台灣稱為「天后宮」的私廟仍有不少，便可明白大半，其原因不外乎是：(1)早期或有官方之參與或興建，因而有官廟之淵源因素；(2)或很單純的只是私自取名，無懂禮制或不明體制。類似的例子，在新竹市便有。眾所周知，新竹市城隍廟在清代只是屬於縣、廳級的，封號應該是「顯祐伯」，而居然廟方自稱為中央級的「都城隍」，封號則為府級的「威靈公」，而偏偏本廟位於廳治所在且是官廟，眾目睽睽之下，斗膽逾越體制，不明其故？不得其解？於是便有廟方、在地人士及學者試圖尋求一合理解釋，過去最常見之說法有三種：一是類似「嘉慶君遊台灣」之台灣民間故事，略謂有某太子外出搭船私遊，後發生海難，船隻漂流到香山漁港，太子便暫棲宿在港口的媽祖廟。結果新竹城隍爺在夢中指示知縣前往接駕救駕，最後保護太子安返京城，此知縣不僅有功升官，而新竹城隍廟也晉封為「威靈公」，廟為「都城隍」。[27] 此故事一看便知乃齊東野語，不可相信，但在杜撰編說之背後用意極為明顯，企圖給予新竹都城隍廟此一逾越體制的廟名作一合理化的解釋——不管故事是真是假，是否符合史實、禮制。對於此段故事，個人想進一步指出故事發生

的港口地點，既不是新竹紅毛港，也不是舊港，而是香山港，這背後反映了當年香山港的繁華遠超過舊港、紅毛港，才會被設定太子船隻飄到香山港，此其一。其二，既然漂流到香山港，何以不棲宿在其他廟宇，而是媽祖廟（即今香山天后宮），這又反映了天后宮昔年在香山地區諸廟的地位，用民間說法，即香山天后宮才是香山地區的「大廟」、「總廟門」。再則天后宮位在下寮，頂下寮爲清代香山港所在地，街肆繁華，店鋪遍設、帆檣林立、郊商雲集，增加故事的可信性與合理性。總之，此民間故事背後的史實，不僅反映了香山港昔年的社會經濟地位，更是尋索解答「天后宮」此一廟名的契機（即太子住過）。

第二種說法是：光緒元年（1874），日軍侵犯廈門及台灣，因此將城隍廟升格爲都城隍廟，俾能使竹塹城免去災禍，故呈請清廷頒布升格旨意。林汝梅奏請朝廷加封新竹縣城隍爲府城隍，作爲保障北台灣的保護神。[28] 此說之不通，一看便知。一則，林汝梅爲地方士紳，雖有官銜，層級不高，不能直接上奏朝廷。二則，按清制，必因神明顯靈保佑地方，由地方層層上奏，由省級督、撫上奏朝廷加獎，或敕封或賜匾或晉封，爲有尚未發生神蹟，反由朝廷晉封提高神級以保障地方，此皆不諳明清法制，才有此種錯誤說法。

第三種說法爲：「因台灣割讓日本當年台灣民主國原設於台北府，但日軍入台時，原巡撫唐景崧已棄城逃亡，抗日軍節節敗退退守到新竹，以爲新竹城便是掌控全台灣首善，故『都城隍』便如此自封了。有人說什麼是清代嘉慶君遊台灣時冊封，這根本無此事，而這些是林港岸醫師親口特向我提及的，

我才會知道其中的緣由。」[29] 此說乍看似乎合於當年情境，但近人張德南在《淡新檔案》中找到資料，知道從光緒十五年（1889）起，城隍廟公局便以「晉封威靈公，新竹縣都城隍」名義行文，印用「新竹縣城隍印」，且以「威靈公」名義判行。到光緒十七年後，以「新竹縣都城隍」名義行文，印仍用「新竹縣城隍印」，判行則由威靈公改爲都城隍。[30] 因此在時間點上第三種說法也不對。張德南針對此事在爬梳收集諸史料後，也提出解釋，惜不夠完整周密。此事實涉及昔年林占梅平戴潮春亂事，及府治暫設竹塹之因緣（如福建省省府所在之福州，其城隍亦稱都城隍，即是同義，眾人錯解「都」字之義，其實不是「京都」，乃是「總都」一省，「都」有管理督導之義），此處不便細述詳考，個人將改日另行撰文探討解釋，在此僅簡單點出一個眾人忽略的要點，即不管新竹城隍如何私封私號，但對外行文的正式印鑑仍是「新竹縣城隍印」，顯然沒有逾越「公領域」的正式國家體制，至於「私領域」的民間信仰，只要不過分，也無人檢舉抗議，官府多一事不如少一事的，也不予過問了。

關於香山天后宮的廟名，近年新竹在地鄉耆葉錦爐也提出了一個說法：

「香山天后宮原稱爲下寮媽祖宮，它是康熙二十二年（1683），由香山居民集資興建在番仔山的港口。當時因官道（清朝時期縱貫路）經過的下寮街仔，故委請往來於唐山的商人，迎請湄洲媽祖的神像來奉祀，並購一大銅鐘放置廟內。光緒二年（1871），募捐重建；到日據時期（1922），再重修擴建爲現貌。」、「其後，內媽祖宮方面，因接受了日本寺廟裝

修爲天后宮，所以內媽祖管理委員會帶著陣頭，浩浩蕩蕩到香山，要請湄洲粉面媽祖回鑾，卻因得不到媽祖的允筊，反而留在香山（因獲三允筊）奉祀變成了定案。不過，從此將『下寮媽祖宮』的廟名正式改稱爲『香山天后宮』。」[31]

「下寮媽祖宮」的稱呼的確是符合台灣民間的俗稱習慣，但這不是廟的正式名稱，而且正式改爲天后宮的廟名時間點也不對。

總的說來，香山天后宮何以取名「天后宮」，近人諸種說法解釋皆無法成立，但相關史料也書缺有間，只有等待他日有更多資料出現，才可以做進一步的探討解釋。不過，從太子落難漂流此一民間故事中，反映了香山港昔年熱鬧繁華，遠勝他港的背後史實與社會環境，而太子棲宿在天后宮內，也反映了天后宮在香山地區諸廟的突出地位。

第三節　歷史沿革與廟中文物

一、清領時期

香山天后宮之媽祖神像或香火之供奉，或可追溯至明鄭末、康熙初，但建廟安置，可考者約始於道光五年。其時新竹地區之媽祖信仰，陳朝龍《新竹縣采訪冊》記：[32]

　　二十有三日，爲天后誕，鳩資演劇。有積款爲媽祖會者，設值年爐主、頭家輪掌之。本縣各處天后香火，各自嘉義

縣北港分來，是月各莊士民百十為群，各制小旗（旗上有小鈴），燈籠一，上寫「北港進香」字樣，競往北港焚香敬禮，謂之「隨香」，道途往來，無分晝夜，鈴聲不絕者，皆隨香客也。郊戶所祀之天后香火，則自興化府屬之湄洲分來。每三年則專雇一船，奉安天后神像駛往湄洲進香一次，祭以少牢。回時各郊戶具鼓樂旗幟，往海口迎接回宮，輪日演劇。

鄭鵬雲《新竹縣志初稿》亦重複簡要記之：「二十有三日為天后誕，有積款為媽祖會者，設值年爐主、頭家，輪流掌理；陳犧牲、演雜劇。」[33] 不過，塹郊郊戶每三年回祖廟進香，出入之港口似在舊港，而不是香山港，《百年見聞肚皮集》記載：[34]

時外媽祖宮廟宇多少舊象，諸水郊擬再重新修整，煥然一新，媽祖神像再塑鋪金，議訂要往湄洲媽祖進香，出發有日，即使和尚金奉媽祖神像，隨駕至湄洲乞火掛香。及期，和尚金同諸善信及水郊頭人，相將由舊港啓帆，向湄洲進發。不幾日，到湄洲，入祖廟進香乞火，依例行事畢。和尚金乃對諸頭人道及欲往興化探訪故舊相厚僧侶，並要往南海普陀山講求佛道，訂明年春三月歸廟，諸檀越請奉媽祖回竹塹，貧僧不在廟內，諸香火請檀越祈代為照料為幸。水郊等眾許諾，和尚金自去，水郊等眾集奉媽祖歸竹矣。

此為塹城內水郊戶謁祖進香、出入舊港概況。至於香山港

天后宮之媽祖神像回湄洲謁祖進香，以地緣之近，似乎不必再繞道前往舊港出發，應即在香山港。再，據上引諸資料內容，可以得知香山天后宮簡介稱「清康熙二十二年，往來於大陸和台灣之間的商旅，由湄洲天后宮奉來一聖母神像，置於本宮，同時亦運載一大銅鐘隨行。」之說法，除時間有待商榷外，餘大體可信，不致完全虛語杜撰，惜此一銅鐘古物日治末期被徵收，下落不明。

天后宮於道光五年創建，嗣後歷經咸豐、同治年代，未聞有所修葺，直到光緒二年（1876），距創建之年近五十二年，或則因歲久傾頹殘壞，遂有鹿仔坑武秀才林秀春及蔡福二人倡修，與地方善信商量，鳩資重建。林秀春為清末武科秀才，原籍泉州惠安縣帆尾鄉人，初居鹿仔坑，再移海山罟（今海山里，日治時期住香山庄海山罟五十四番地），生子有林傳、林永通，侄子林江俊。[35] 林秀春其人《新竹市志》卷七〈人物志〉中有傳：[36]

> 林秀春，字清原，道光四年（1824）出生於香山庄海山罟鹿仔坑。其祖圓光於嘉慶年間，由惠安帆尾鄉樺厝（今外厝）渡台，定居於香山下寮，經營船頭行，富甲一方，置產約百甲。晚年慘遇祝融之禍，蓄積俱盡，產業皆失。其伯父文笑及其父文榮，慘澹經營，重建家業，再置產於鹿仔坑一帶。秀春少時除研讀詩書外，對於武術研究最有會心。咸豐三年（1853）取進武秀才為香山地區最早取得科舉功名者。由於家境富裕，又承襲好義家風，熱誠慷慨，對地方公益如造橋、鋪路等，不遺餘力，深受地方人士推

重。香山早期行郊林立，舟車輻輳，境內活動以崇拜媽祖
最具規模，每有慶典，地方均以秀春馬首是瞻，光緒二年
重修香山天后宮，光緒十三年修建靈興宮等，均在其倡導
下完成，同時被推舉為管理人，其受地方信賴推重，可見
一般。一九一〇年去世。

香山天后宮重建竣工，時塹郊金長和敬獻一匾誌慶，上書
「靈昭海國」，上下落款為「光緒丙子孟冬穀旦／郊戶金長和
敬立」，今猶存，現懸掛正殿中，為天后宮最珍貴之古文物，
此匾並可作為進一步探討塹郊興衰之旁證。個人昔年曾撰文探
討塹郊，文中指出：《新竹縣采訪冊》中所收碑碣以同光年間
最多，光緒年間有關塹郊者反而最少，甚至有簡稱「郊舖、郊
戶」者，至後來根本以郊商之私人姓名或行號題銜，不見公號
之稱呼，不似咸同年間最興旺時，襄贊地方公益，落款率題
為「塹郊金長和」、「塹城金長和」等，可想見塹郊在光緒
年間之衰微。[37] 今此匾落款為「郊戶金長和」，也是一旁證。
不僅此，其附近頂寮有一土地公廟，入門懸有一古匾「香山福
地」，上下落款為「光緒丁亥年（十三年，1887）夏月置／
塹郊金長和眾弟子敬立」，「夏」月顯為「夏」月之誤或變體
字。此匾額諒不是偽製，此匾在民國五十年代修補過，但是據
原匾重漆修補，非另做一匾仿製原匾。若是原物，筆誤明顯如
此，似乎凸顯當年塹郊之輕忽衰頹景象。據此兩匾，皆足以證
明同光年間頂、下寮確為竹塹郊行雲集之處，行棧店舖林立，
見證了此地塹郊、港口之興衰，其史料價值彌足珍貴，廟方應
妥善保存之。

　　塹郊之在光緒年間衰微，亦可從民間另一傳說印證得知。
天后宮左近有一王爺廟靈興宮，廟前爲一窟口，爲昔年之「假
溝」（正溝指的是鹽水港口，據此則傳說，亦可想像光緒年
間，香山港淤積得很嚴重）。光緒四年（1878）六月漂來一艘
王爺船，在地居民原應迎進奉祀，「奈當時適値二年天后宮重
建之後，衆善信貧窮，一時無法籌措迎神建宮費用。」[38] 而衆
王爺、夫人媽神明等的來到，經乩童請示是「受香山天后宮湄
洲天上聖母之敦聘，到台灣協助安撫群黎，庇佑衆生」，當地
居民原欲推船出海，循南由正溝而入，不料在海上巡遊一番，
再度漂回，於是衆人決議，將之迎上岸，諸神像暫寄香山天后
宮，並演戲三天表示恭迎，嗣後直到光緒十二年才由林秀春出
面倡導，募款修建，於十一月動工，翌年十一月竣工，由天后
宮恭迎四府王爺及七夫人媽諸神像在新廟安座，十四年十一月
做醮，舉行落成慶典。[39]

　　個人之所以探錄此則傳說，原因有四：(1)與香山天后宮有
關；(2)正因有此淵源，所以清末日治時期今靈興宮的管理人，
率由天后宮管理人兼任，重要事項提報香山天后宮管理委員會
公決後辦理；(3)反映清末光緒年間香山港淤積嚴重；(4)最重要
的是從天后宮重建後，衆善信貧窮，無力興建新廟的說法，一
則反映此地居民之貧苦，正呼應印證個人在前節考證天后宮晚
建原因之一外，二則也反映天后宮之重建，香山地區居民傾囊
以赴之熱忱，三則也證明了前述長佑宮無能興建完成之居民結
構原因，更說明了塹郊的確未曾大力捐助興建香山天后宮與長
佑宮，其原因分析起來不外乎兩點：其一，塹郊已衰頹，無法
大力捐助；或則其二，塹郊不重視香山天后宮廟與長佑宮，重

視者爲北門會館長和宮,而此兩個原因若是屬實,更印證個人前節析論天后宮晚建原因之一。不管事實上是哪一種原因(或則兼而有之),皆證實個人之研討論述觀點站得住腳。

　　光緒二年的重建,迄今只留下一方珍貴的古匾外,並未留下紀事碑碣,對於重建的因由、形制、經過、花費,皆不詳,無法做進一步的解讀討論。不過其時的規模,據日治初鄭鵬雲《新竹縣志初稿》記「廟宇三十三坪,地基七十九坪」及日人的調查「建地三十三坪、地基七十九坪」(見前文),與今貌差異不大,應該不外乎三開間兩進的規模形制。嗣後,直到乙未割台,並未留下任何修葺的紀錄,可能因重建不久或地方財力困頓,沒有必要做進一步修繕。

　　乙未割台,日治初期,新竹諸多寺廟被日人竊佔,或作爲駐軍營舍,或醫療場所,或警務辦公之用,如文廟與文昌宮爲臨時派遣步兵第二十隊第三中隊佔用;關帝廟爲第八憲兵隊第十分隊憲兵主力部隊竊用;龍王祠充爲新竹醫院;十標媽祖廟充爲新竹辨務所;地藏庵爲新竹守備隊軍官會議所;香山天后宮未獲幸運,淪爲香山警察分署之用。[40] 其中,其他諸廟因是官廟或屬公廟,被佔用尙屬情理意料之中,但香山天后宮則是私廟,如此被強橫徵用或徵收,皆凸顯改朝換代,政權更替之下的無奈命運。

二、日治時期

　　日治時期的香山天后宮並無特別的傳聞軼事或神蹟顯靈流傳下來,即使是大正初年的《寺廟調查書》,也僅是簡單的記

載天后宮，位於香山庄三七五番號。奉祀天上聖母，爲居民所信仰。光緒二年集資建廟，其他同日前所報。[41] 直到大正壬戌十一年（1922）才有一次大重修。先是由王媽成、王騫、蔡清水、朱明秀、鄭肇基、翁林、蔡埠、朱德、王心匏、王炮、王吾、林長流、陳恭九、蔡烟等人出面倡議捐款重修，另由香山一善堂主持人鄭氏偕同林蔡草、王陳宛、柯連金等女士到新竹募捐石柱，並承新竹士紳鄭肇基、鄭拱辰、黃合發號等先生、行號，與鄭林嬉、鄭陳香等女士敬獻大石柱。是次工役於冬月興工，翌年冬月完工，歷時一年。今貌猶存，並留下眾多石柱對，如：(1)「挽既倒之狂瀾，功不在禹下；作中流之砥柱，后可與天齊」，上下落款「壬戌仲冬月／竹塹鄭拱辰敬獻」；(2)「海闊天高，開無窮眼界；風恬浪靜，顯不盡靈機」，落款「癸亥冬鄭盧一書／新竹北門外二五四番地鄭氏香字永慧敬獻」；(3)「海不揚波共仰聲靈赫濯；母也天只自堪俎豆馨香」，落款「壬戌仲冬月／鄭肇基敬獻」；(4)「香火結善緣靈揚溟海，山川鍾間氣聖啓湄洲」，落款「壬戌仲冬月／鄭拱辰敬獻」；(5)「隨處盡成湄島地，其神別具濟州材」，落款「壬戌仲冬月／鄭拱辰敬獻／李逸樵謹書」；(6)「挹彼注茲，片念可昭明信；流行坎止，等閒不作波瀾」，落款「癸亥年仲冬月立李逸樵書／新竹北門外信女鄭林氏嬉敬獻」。另外在正殿前點金柱也有一對柱聯，惜爲神龕封板所遮，無法抄錄，依稀只剩下落款可辨讀：「壬戌年仲冬月／新竹街黃合發號敬獻吳祿書」、「壬戌年仲冬月／新竹街鄭肇基恭獻」。以上諸捐獻善信，志書有傳，茲引錄於後：

(一)李逸樵（**1883-1945**）

　　名祖堂，字逸樵，以字行，又字翊業，別號雪香居士，台灣新竹人，乃清代旌表孝子李錫金之孫。光緒九年（1833）生。性恬靜，愛書法，自幼把筆臨池，出入晉唐名帖，復參考宋米芾、明張瑞圖、董其昌諸大家作品、勤習三十餘年，卓然書家巨擘。尤好收藏，每遇名家字畫，不惜巨資以求。與張純甫並稱，為日治時期新竹兩大書法家與鑑藏家。昭和元年（1926）精選所藏名人墨蹟，輯成《大東書畫集》行世。作品曾入選昭和三年日本全國書道展覽會，及戊辰（1928）書道會第一回展覽會；台島各地書法展，也一再得獎。有《李逸樵真行書格言帖》傳世。書法外，復長於音律，擅揮七弦，能奏漢唐古樂。平居雅好吟詠，與諸同好倡組奇峰吟社，其後併入竹社，更經常參加全島諸人聯吟大會。具慈悲心，熱心公益，曾將揮毫所得，悉數寄賑大正十二年（1923）東京震災。民國三十四年（1945）去世，享年六十有三。[42] 再，李氏題此柱聯時四十歲。

(二)鄭秋涵（**1880-1930**）

　　又名齎光，字盧一，號錦帆，台灣竹塹人，為鄭用鑑曾孫。少承庭訓，受業於周少廉門下，博覽群籍，尤好酒、工詩，善擘畫大字。乙未割台，日軍入侵，祖業冷泉別墅為兵火殃及，遂避難西渡泉州。其間歷覽江南風光，多所創作，藉詩詞別抒懷抱。明治四十二年（宣統元年，1909）台灣粗安，乃

賦歸來，設賬於竹塹成趣園守默窩。性喜吟詠，常邀宴雅士名人，族人以庠、以徵、邦紀，舉人鄭家珍均爲冷泉品茗常客。與王松隔鄰而居，相互傾慕，得其介紹認識藏書家劉承幹、詩家邱菽園爲文字忘年交。大正十四年（1925）出版詩集《成趣園詩鈔》，邱氏親自爲其校定，而在其身後劉氏亦撰〈新竹鄭虛一先生傳〉，誌其生平。先是大正十三年曾隨其子建中行醫清水，並設書塾教課，惟不久返故居，直迄昭和五年（1930）仙逝。鄭氏身遭割台之痛，故國之思甚切，眼見民國初年軍閥混戰，外亂窺伺，傷痛之餘，慨發於詩歌，結集成冊者，除《成趣園詩鈔》，尚有昭和二年刊行之《山色夕陽吟草》，另有《行齋剩稿》，惜未見傳本。盧江陳子言於《松濱野乘》曾選錄其文，譽爲台疆碩果。[43]

(三)鄭拱辰（1860-1923）

譜名安柱，字擎甫，又名樹南，晚號水田逸叟。咸豐十年（1850）出生，竹塹北門人，爲鄭如蘭長子。自少讀書求實學，不屑爲章句，久試未售，依例捐道員銜。乙未之役，挺身而出欲與日人周旋，又爲新楚軍疑忌，處境艱危，仍不忘建言。迨日軍進佔新竹，搜捕抗日大軍，欲加暴刑，拱辰不懼危險，參加保良局，力保得以化解。

日治初期，於地方事務頗爲積極，明治三十三年（1900），新竹辦務署長里見義正在關帝廟舉行尙武會，先生參加爲會員，推動從軍及撫卹工作，並定期捐款支持，與諸士紳擇定後布埔爲市場預定地，協調新竹樟腦支局收購樟腦局土

地。三十四年發起組織台灣第一個農會——新竹農會，推動農業改良。翌年隆恩圳整建完成，擔任總會會長，負起協調維護大任。明治後期更積極投入新事業之經營，三十六年先在大稻埕六館街經營茶行；四十年在南隘、內湖私有林地廣植荔枝。續投資創辦新竹製腦株式會社，擔任監事，也分別擔任新竹製糖株式會社社長、台灣殖產株式會社監事，又投資台灣建築株式會社、新竹電燈會社。後因製糖會社發生弊端，先生衆望所歸，被推舉爲「專務取締役」大力整頓。大正年間投資新竹製酒會社、台灣化學工業株式會社。大正七年（1918）創設台灣拓殖株式會社，擔任取締役；續創苗栗礦業公司，任公司長；他如展南拓殖株式會社、東興物產株式會社、東洋木材株式會社也有入股，集諸會社重役於一身，儼然新竹地區最大資本家。

先生於地方公益尤爲關注，清領時期之大甲溪工事、新竹文武廟修繕、道路鋪設、橋樑架設，多所參與，出錢出力。割台之後，不忘故國，明治四十二年（宣統元年，1909）廣東水災，大力賑濟，得候補道銜加二品封典。日治時期參與更多，於「五年討番計劃」，樂捐義助提供撫恤；設林投帽講習所，聘技師傳授女工技藝。於教育方面，曾任新竹區公學校建校委員會委員長，並助台中中學創校。在慈善公益方面，新竹避病院之建築，澎、嘉、台東、日本九州之災害亦慷慨賑助。於祖國福建瘟疫、廣東水災、東北飢饉，更捐鉅款襄助。由是見重當世，先後擔任州協議會會員、總督府評議員、敘勳六等；及病危，賜恤從六位。

先生家學淵源，頗涉詩文，明治三十年加入新竹吟社，又

先後參加北郭園詩會、新竹赤十字會、崇文雅會，或捌管或吟
詠，佳文美詞多次刊載於《台灣新報》、《台灣日日新報》，
曾輯錄於鄭鵬雲《東遊吟草》，亦贊助鄭氏《詩友風義錄》刊
行。先生平日喜讀書，嘗稱「得閑且讀古人書」，大正年間
曾聘名儒鄭家珍來北郭園教讀，並委鄭鵬雲編修《浯江鄭氏家
乘》。大正十二年（1923）因病去世，享年六十四，遺稿有
《水田逸叟詩文稿》，未刊行。**44**

(四)鄭肇基（**1885-1937**）

字伯端，光緒十一年（1885）生，竹塹人北門新竹鄉賢鄭
崇和三世孫，父鄭拱辰。幼承祖澤，早年受教於吳逢清，聰穎
好學。乙未割台之後，捐貲為監生。宣統元年（1909）急賑廣
東水災，授「欽加同知銜」，並「議敘奉直大夫」，仍以中國
士紳為榮。自明治三十二年（1899）起，在北郭園夜學會「嚶
嚶學會」始習日語及近代新知。日治初期其父拱辰挾祖業所
積，跨足近代工商事業，明治四十三年，新竹製糖會社因弊端
經營不善，公舉拱辰兼攝專務取締役（今董事一職），進行整
頓。肇基從旁襄助，六月與其他取締役黃鼎三、李文橋等人，
於新竹驛前珍香樓，宴請紳商，說明接辦情形，初試啼聲，普
獲商界好評。嗣後參與苗栗礦業公司、東洋木材株式會社、大
成火災海上保險株式會社、新竹帽席業購販組合，一展長才，
斬獲良多。大正十二年，肇基以其資金組成擎記興業會社，且
在華南銀行、台灣商工銀行、新竹信用組合擁有股份，深具影
響力。先後在新竹電燈會社、東洋拓殖產業會社、華南銀行、

新竹煉瓦會社、瑞德商業會社、李金燦蔘藥會社、大成火災海上保險會社、台灣通草會社、台灣米庫利用販賣組合等十數公司行業擔任要職，舉措有方，眾人咸譽，為工商界重量人士。

肇基於地方事務也不落人後，大正十三年（1924）配授勳章，任新竹街首任助役，嗣後十餘年，連任八屆州協議會會員、州勢振興調查委員。昭和五年（1930）任「舊港築港期成同盟會」代表，晉見日督石塚，請願爭取舊港重新運作經營。

肇基尤樂心公益，長期擔任新竹第一公學校及女子公學校保護者會長，大力捐助教育事務，台中、新竹兩地學校，受惠尤多。他如扶弱濟困，時有所舉，或賑汕頭巨災，或助台東風災，每年歲暮必捐米三萬台斤，施濟貧困，並成立「新竹街救濟會」，善行義舉屢獲褒揚，總督府總務長官賀來氏曾在《台灣日日新報》公開撰文頌揚，而捐輸東京震災更得褒狀木杯。

先生藝文亦有雅賞，對詩社活動頗有參與，詩人施士洁譽之為「雖不能詩，其人傳矣，況更能詩乎哉！」。大正三年將其祖鄭香谷（如蘭）詩稿編輯成《偏遠堂吟草》刊行。大正十三年倡導修建新竹城隍廟，重金禮聘名匠營繕，至今猶為台灣寺廟建築經典。雅好京戲，促成乾坤大京班在新竹演出，並長期贊助在城隍廟彌勒殿之票友活動。此外，亦熱衷新潮電影欣賞，遇有壽宴慶典，則雇人拍攝錄影，有助新竹電影之發展。

昭和十二年（1937）病逝，享年五十有二。[45]

(五)吳祿（**1879-1937**）

　　字壽堂，又字夢蕉，號賈客，別號覺叟。光緒五年（1879），出生於竹塹石坊腳。九歲入私塾，先後授業於高漢墀、楊學周。十二歲應童子試，列上圈四十二名，十四歲時逢家變，兄弟相繼過逝，奉父命廢學經商，以助家計，惟閒時仍努力進修。年三十猶孜孜矻矻，喜好書法，深得顏、柳之妙，寺廟、行商慕名求者日多，以得其墨寶爲殊榮。其作品在「全島書畫賽會」、「善化書畫展覽」屢屢入選獲賞，昭和二年（1927）加入竹社，六年加入書畫益精會，爲竹塹文士雅集常客，咸認爲竹邑中擅詩、書、畫三絕者。昭和十二年（1937）卒，得壽五十九。[46]

　　大正十一年的重修，除留下眾多石柱聯對外，尚有一捐題碑猶存，在今廟天井右壁，材質砂岩，四石合刻，原碑無題。捐獻金額較多者，前十五名依次爲：蔡清水、朱明秀、王媽成、鄭肇基、翁林、蔡埤、朱德、王心匏、王仕炮、王仕吾、陳忿九、周九定、林長流、蔡烟、鄭貢搥。其中與建築有關者，尚有「鄭子瑛寄附中門；鄭子璉寄附中門，鄭建堂寄附大門；鄭建鈴寄附大門；鄭建紋寄附大門」等。屬於商舖、行號者有：「黃合發、金義利、莊銀記、周茶茂、福春米店、三美商會、成記、錦源商行、錦珍香、新復珍、新福春、金賽玉、恆源」等等。

　　不僅如此，而且工程陸續進行，直到大正十三年（1824）才完竣，並舉行建醮以慶賀，大正十三年十二月十五日《台南

新報》第五版〈新竹通信·逢場作戲〉有報導：「香山庄天后宮，近為重修落成，卜本十三日建醮，由當事者主催，勸請新竹音樂團。第一組同樂軒素人藝劇部，到是處壇前開演。是夜天氣和暖，藝員各料理精神，歌舞吭唱，競獻妙計。台下紅男綠女，白叟黃童，莫不喝彩。公局及醮主，各贈以金牌、旗旒以紀優勝。」

綜觀此次修建留存至今的資料，可以解讀析論如下：

1.捐款較多者即此次出面倡首者諸人，其餘善信率多小額捐款，不外乎十日元至五日元之間，金額總數合計約有2,714日元（不含建物、建材），總人數有252人。

2.捐獻者女性人數眾多，約佔三分之一強，在台灣諸多寺廟捐獻者性別中顯得突出，形成一大特色，殆與其時在天后宮後之「一善堂」組織，眾多女信徒有莫大關聯。

3.此次修建與鄭家有絕大關係，表面上僅有鄭肇基捐出八十日元，若包括建材、建物，則實際金額不止此數，而其中中門、大門皆是鄭家族人寄附捐建，誇張的說，今香山天后宮前殿全是鄭家一手包辦，出錢、出力建成亦不為過。

4.諸多柱聯出自書法名家，字跡猶存，典雅雄深，藝文與廟宇結合亦成天后宮一大特色。

如上所述，此次修建與鄭家在廟後的「一善堂」有相當關聯，鄭鵬雲《新竹縣志初稿》記「一善堂」：「在香山莊。光緒十一年建，廟宇八十九坪，地基百九十二坪。」[47]，按一善堂屬齋教龍華派一是堂系，位於香山莊海濱，或云是在光緒

十三年（1887）六月十五日，由鄭如蘭（1835-1911）夫人陳氏潤（法名根傳）爲求子所建，原奉祀三寶佛、阿彌佗佛、觀音佛祖、三官大帝、地藏、目蓮、韋陀、伽藍等護法。另一種說法是原爲新竹士紳鄭如蘭、林汝梅、周其華等人倡建，以後林家日趨沒落，轉由鄭家主控。其後鄭家嫌由北門口往來香山海邊的一善堂不方便，在日治初期（明治35年，1920），仿造一善堂形制，另建淨業院（今境福街141巷10號）。也因如此，一善堂得以住進多位外來齋姑，成了日治時期新竹重要的新佛教女性培訓基地。[48] 也因有此一段地緣之便利，倒促成了大正年間天后宮修建時鄭家與眾多女信大力捐助的一大善因緣，善哉！善哉！

　　修建完竣，翌年農曆十一月，再由王媽成、蔡清水、翁林、林長流、蔡烟等人與各村委員眾信士，舉辦慶成圓醮祭典，爲當時地方一大盛事。

　　此期間媽祖顯靈事蹟所在各多有，平日祈福消災、如意平安固不待言，而昭和十年（1935）四月二十一日上午，新竹、台中兩州發生大地震，死傷達三、四千人，唯有香山鄉民蒙神庇祐，幸獲平安。而二次大戰末期，幾次大空襲，新竹市區慘遭轟炸，賴聖母保佑，香山地區亦得安然渡過。

　　而日治末期，新竹地區諸天后宮，發生爭奉天后神像一大事件。先是昭和十二年（1937）市區改正，開闢西大路，將位在西門之內媽祖宮一併拆除，將原廟內的鎮殿媽祖，軟身湄州媽祖，千里眼、順風耳，都移駕北門長和宮安奉合祀。但在昭和十三年（1938），日府推行皇民化運動，企圖以國家神道取代台灣傳統民間信仰，於各鄉鎮建造大小各級神社外，並強力

整理台灣民間寺廟，推行所謂「寺廟整理」運動，下寮媽祖宮的媽祖神像及民間的王爺神像，都被集中在海邊焚毀，稱之為送諸神昇天，連古銅鐘也被徵收，一時香山天后宮陷入了「有廟無神」的窘境。所以在光復初由香山地區仕紳，如翁水九、蔡清水、林清山、王三富、陳清波等人，連袂出面向「有神無廟」的內媽祖管理委員會的高福全、高漢水等人商議，將原寄奉在長和宮的湄州軟身粉面媽祖，移駕安奉在香山媽祖宮，經擲筊獲得媽祖同意，於民國三十五年農曆三月二十三日媽祖誕辰，將其移駕請來恭奉，並另雕塑鎮殿媽祖神像及千里眼、順風耳合祀。而移駕奉後三天之內，新竹地區並無空襲，雖云巧合，亦是神蹟。日後內媽祖宮因接收位在西門街的日本西本願寺（一說是竹壽寺），改修為天后宮廟，擬迎回媽祖神像安奉，一行人及陣頭浩浩蕩蕩前往香山，雙方一度爭執，後擲筊請示神意，卻不料內媽祖宮方面得不到聖筊允許，反倒是香山天后宮方面得到三聖筊允許。遵循神意，從此保留一尊於明治四十四年（宣統三年，1911）由湄州天后宮迎奉而來的軟身大尊聖母神像永駐香山天后宮，長佑地方，也成了一段傳奇故事。[49]

而另一尊鎮殿媽祖神像也有一段傳奇，據云光復不久，香山地區有一雕刻師傅高漢文，當時病重，某晚媽祖顯靈詔示，若能照祂原樣雕刻一尊，立刻可以康復。於是高漢文遵照神旨，雕刻一尊和夢中媽祖長相一樣神像，加以供俸，果真不久恢復健康。[50]

三、光復以來

經過日治時期長期壓抑民間信仰，光復初期百廢俱興，宗教活動大行，或重新修建廟宇，或回祖廟謁祖，在這一波浪潮中，香山天后宮也在民國三十七年（1948）農曆四月一日，由信徒王清奇、周全、林九等人組成進香團，回福建省興化府莆田縣湄州天上聖母廟謁祖，同年四月十三日回鑾香山。四月二十三日起二天，由朱啓雲、蔡清水等人與各村委員、眾善信等，恭迎聖駕出巡遶境，賜福地方，並連日演戲慶賀。以後該宮曾在民國四十四年舉行祈雨答謝神恩福醮，四十七年為配合竹蓮寺落成典禮，東寧宮慶成福醮，香山天后宮也舉行福醮，於農曆十一月十四日進行三獻古禮及演戲慶賀。嗣後在民國四十七、四十八、四十九累年由北港朝天宮、新港奉天宮、彰化南瑤宮聖駕移會該宮，並偕同該宮媽祖雙雙聖駕出巡遶境，以祈平安。逐形成慣例，每年聖駕出巡遶境，通常為二天行程，日期為農曆十月，其路線（路關表）如下：

第一日：香山天后宮→母聖宮→頂寮福德宮→（東鋒電業）→美山海口福寧宮→香山塘大橋山宮→保安宮→（東方萬曆）→大庄明烈宮→三姓橋北（三姓公宮）→香山坑北溪→香山坑南溪福德祠→茄苳福德祠→大湖倪大人宮（延壽宮）→八股→鹿仔坑福德祠→靈興宮→回本宮（神像安座演戲）。

第二日：香山天后宮→善齋堂→火車站前福靈宮→洄水宮→水連宮→海山保海宮→鹽水港長興宮→灰窯永興府李大人宮→內湖龍正宮→昔仔坑土地公宮→南隘境福宮→南隘國小→中

隘福德祠→公義里康寧宮→大坪福德祠→口墻圍天文宮→鹿仔坑福德祠→南港南華宮→回駕本宮。

　　另外，根據民國四十八年五月十一日的〈寺廟調查表〉[51]，可得知此時廟貌已有若干改變，地址方面為：新竹縣香山鄉朝山村8鄰8號，廟名正稱：天后宮，俗稱媽祖宮，境域面積：220平方公尺，基地面積：288.60平方公尺，建築式樣：土埆式，附屬建築：金亭，在平面圖上，左側已有一排護室五間房，沿革方面紀錄有三：(1)創建於民前一四二年九月十二日；(2)倡建者：不明，因無記載可資查閱；(3)民國三十五年重行修建，由本村蔡清水提倡修建。據此可知面前金亭、左側護室皆是民國三十五年所修建，建築材料為土角，可謂相當簡陋。廟之祭祀團體、代表者、廟祝或道士對外關係、附設事業皆記載「無」。祭典為：每年訂於農曆三月二十三日舉行拜拜一次，演戲不一定，視捕魚情形而定之。維持財源：自由樂捐。可知此時居民財力仍是困窘，因此是否演戲慶祝聖誕，一方面受限捕魚之豐歉而決定，同理建築材料之簡陋亦透露相同信息。信徒方面，總數：1,600人，分布範圍：本村各鄰，性別：女性較多，年齡：老年人較多，教育程度：少識字較多，職業：農漁業較多。此為光復初期之現象，在在反映出此一港口區居民結構、財力與總人口數，歷經清代、日治百年而無甚變化。

　　在人事組織方面：本宮管理人先後有武秀才林秀春（光緒二年二月至明治四十三年一月三日，1876-1910），王媽成（明治四十三年一月四日至昭和九年四月十日，1910-1934），蔡清水（昭和九年一月二十五日至民國五十六年一月二十四日1934-1967），王木榮（民國五十六年一月二十五日至六十二年

五月八日，1967-1973）。後因王木榮先生堅辭管理人職務，經
於民國六十二年五月五日，選出楊德賢先生爲管理人，並於五
月九日辦理交接，再次爲陳萬先生。再於民國七十九年改組成
財團法人管理委員會，管理委員爲三年一任，於該年陽曆十一
月召開信徒大會選舉並迅即交接，以利於舊曆春節祭典活動之
運作。除管理委員外，另設監察委員，下設宮務工作人員，分
別有總幹事、總務組、會計組、祭典組、公關組、營繕組、神
轎組、三將組、大鼓組等等，歷任主委有陳萬、陳坤、陳生吉
（連二任）、陳錦秀等人，現今則爲鄭成光先生（任期爲民國
九十五年至九十七年）。

　　在修繕方面，先後有：民國六十四年九月動工，改建左側
護室，翌年二月完工。先是媽祖曾向蔡沛生委員託夢，囑其開
闢一條新道路，以利交通，於是民國六十四年一月五日召開會
議商討，由陳萬、陳來春、陳炎、楊火土、陳金旺、陳金水、
陳清波、陳塗等八名地主，熱心捐地，助成義舉，並發動義務
勞動，於一月十二日完成路基，即今該廟左側通往縱貫公路之
新道路。此事雖託言神明指示，亦突顯眾信徒、地主與村民之
淳樸，與夫熱心公益。以後在民國六十八年農曆四月興工，
在保持原貌原則下，予以重修，工程項目有換角仔、瓦片、
剪黏、地面改成磨石子，並重新油漆，於翌年農曆三月中旬完
竣，面目雖新，古樸依舊。此次修繕紀錄除在山川殿廟側，以
大理石銘誌昭信外，時新竹政界名人，多有獻匾祝賀，如縣長
林保仁之「護國庇民」、台灣省議員藍榮祥之「后德配天」、
省議員陳天賜之「寶相莊嚴」、縣議會議長邱泉華、議員柯文
斌同獻之「聖慈母德」、縣議員吳漢奇之「福佑群生」，及

香山鄉鄉長蔡燈益、代表會主席吳明輝同獻之「慈航普渡」等等，不僅是此次修繕之見證，更是後世之重要史料。民國八十一年農曆六月，再度予以重新彩繪，承包人為新竹林彭傳，彩繪部分不詳。[52]

在年度祭典方面，奉祀有正殿之主神天上聖母（誕辰農曆三月二十三日，得道飛昇日九月初九）殿前中壇元帥（即哪吒三太子，四月初八），右偏殿註生娘娘（三月二十日）、左偏殿福德正神（二月初二）、左外殿（即護室）九天玄女（八月十八日）等諸位神明，另置有天公、媽祖、註生、福德、虎爺、九天玄女、中壇元帥、太歲等等香爐，供善信膜拜插香。除諸神聖誕千秋祭典外，其年度行事尚有：

(一)正月期間接受安太歲、點光明燈服務。

(二)正月初九天公生，安奉太歲神君，敬獻三獻道場。

(三)正月十五日上元節，安點九層元辰光明燈，敬獻三獻道場。

(四)三月十日始，起禮斗法會，接受報名，至三月二十日起斗。

(五)三月二十日至二十六日舉行禮斗法會，敬獻三獻道場。

(六)三月二十二日新竹市媽祖功德會年會祝壽。

(七)三月二十三日天上聖母聖誕千秋，擴大祝壽敬典。

(八)三月二十六日禮斗法會完斗。

(九)八月十八日九天玄女仙師聖誕千秋。

(十)九月九日媽祖得道飛昇，敬獻三獻道場。

(十一)十二月十六日敬謝太歲神君，敬獻三獻道場。

　　總之，該宮最重要祭典原係春秋二祭，乃農曆三月二十三日天上聖母聖誕日，及農曆九月九日聖母得道昇天紀念日。後為響應政府政策，改善民間祭典節約辦法之規定，自民國六十年起，集中一起，改為三月二十三日擴大祭典，並將節約經費有效運用於公益慈善、文化事業。近年為適應世俗需要，增加許多服務項目及若干慶典，此乃舉台皆然，不必為賢者諱，亦不足為賢者苟！

第四節　結語

　　香山天后宮位在香山港口區，自明末清初以來，閩粵移民陸陸續續渡海來台，配香火、攜神像，祈求渡海平安，開墾有成，很自然的帶來鄉土信仰。直到乾隆年代，大量漢人來到竹塹，信仰更加蔚勝。香山地區開拓雖早，但地形地質不利於農業發展，住居於此，拓墾於此者率多小農、佃農階層，財力有限，再加上一直扮演竹塹港（船頭港、舊港）的替代港、輔助港角色，只有在舊港淤積不便出入時，才將部分運輸機能轉到香山港來，因而發展有限，其貿易、運輸、街肆之興衰，深受舊港之影響與牽制，這些都不利於建廟奉神。尤其北門口一帶新竹郊商早已建有長和宮虔祀天上聖母，北門口距香山不遠，因此在同質性高、地緣接近的不利因素下，郊商殷戶也沒有建廟奉祀的急切性。

　　直到道光年後，新竹東南丘陵山區日漸開拓，墾戶金廣福朝向芎林、關西等內山大隘地區開發，具經濟價值的山林特產（如樟腦、木材、茶葉等等），成為竹塹新興出口商品，香山港因臨近東南山林，在物產輸出日增，地理又近，其港口重要性大增。因此道光以後成為香山港的興盛期，不僅設有香山塘軍隊駐守，復有口書、澳甲管理船隻進出登記，更是郊商、鄉民蜂擁而聚，雲集買賣之所，迨及同光年間，達到鼎盛，居民近二百家，約有千人居住。咸豐年間出現頂寮、下寮兩街肆，而下寮一帶更是郊行薈萃之處，帆檣林立，行棧處處，頂寮則是店鋪叢聚。在此有利的經濟社會條件下，郊商及在地居民為答謝神明庇佑，終於在道光五年（1825）創建了香山天后宮，不過其時在地居民及新竹人士習慣稱祂為「下寮媽祖宮」。

　　香山天后宮為當地民眾信仰中心，雖然離新竹市區有些距離，但是廟會活動仍與新竹市息息相關，如與其較近之觀音亭，均有互往之紀錄。而民國九十三年新竹市政府指定「香山天后宮」為歷史建築，也等於為香山天后宮之建築，作為最佳背書。該建築仍具傳統建築之樣式及工法，雖沒有華麗之雕刻及外在之剪黏泥塑，但在地方性之建築色彩和地方性之建材及工法的使用，香山天后宮的存在，保存了當年時代潮流及使用之工法技術，係文化發展過程中重要之見證。在今日日漸消失的傳統建築中，無疑的香山天后宮保存了日治時期台灣傳統廟宇建築，在地方上、傳承上仍有其地方性色彩，對香山地區歷史發展過程，此歷史建築正是驗證了時代轉輪的真實紀錄。現今香山天后宮沒有過去繁華時期的熱鬧及興盛之香火，但天后宮仍為現今附近居民最重要之生活活動場所，經常都有附近居

民老人家偕伴攜孫出現，或一早在廟前榕樹下，五湖四海談天說地之情景，此景象正是台灣地方性之信仰及人口聚落變遷最佳寫照。在傳統建築的逐漸凋零沒落，甚或拆除重建之今日，香山天后宮作爲傳統建築見證之實例，顯得更加重要。而爲配合近年來古蹟歷史建築之活化再利用之計畫，香山天后宮隨西濱快速道路之通行及附近海濱觀光之開發，正逐漸展露其地方特有文化之價值，相信在文化資產之規劃及其未來開發之潛力，結合地方性之產業及相關文化活動，勢必帶來另一觀光資源，以香山天后宮爲中心之文化觀光產業，將指日可待。

　　香山天后宮創建至今已有一百八十年歷史，其間重要大事及修建紀錄不多，茲以大事年表方式表列於下（**表7-1**），以便閱讀，兼作結尾。

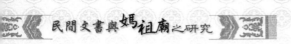

表7-1　香山天后宮大事年表

中、日年代	西元年代	大事紀要
道光5年	1825	創廟諸說中，經排除後，較爲可信者。
道光-光緒	1825-1895	每三年回湄洲祖廟進香，回時演劇祝賀。
光緒2年	1876	武秀才林秀春倡首修建，形制規模不詳。塹郊金長和獻匾「靈昭海國」誌慶。
明治年間（日治初期）	1895-1911	爲日人竊佔，作爲香山警察分署之用。
大正11年至12年間	1922-1923	王媽成、蔡清水、鄭肇基等人出面倡捐款重修，其中鄭家及一善堂女信徒貢獻良多，留下大量柱聯，深具書法價值。翌年完工，11月舉行圓醮慶典。
昭和10年	1935	新竹、台中發生大地震，各地災情慘重。香山地區安然，鄉民咸信媽祖保佑。
昭和13年	1938	日府推行寺廟整理運動，下寮媽祖宮神像及他廟王爺神像俱被集中海邊焚毀，古銅鐘亦被徵收，形成有廟無神的現象。
民國35年（昭和21年）	1946	將原寄奉在長和宮的湄州軟身粉面媽祖，移駕安奉在香山媽祖宮，並另雕塑鎮殿媽祖神像及千里眼、順風耳合祀。
民國37年	1948	昭和12年西門內媽祖廟拆除，神像暫安奉長和宮。經擲筊同意，再移駕轉奉香山天后宮。後內媽祖管理委員會欲索回，經再度擲筊請示，神願長駐香山，遂成定局。同時有鄉民高蘇文，得媽祖託夢指示，雕像安祀，重病得瘥。
民國47年	1958	光復後首度回祖廟進香謁祖，配合竹蓮寺落成典禮，及東寧宮慶成，也一併舉行福醮。
民國47年代末期	1958-1960	因北港朝天宮、新港奉天宮、彰化南瑤宮來訪，雙方出巡遶境，祈求平安，以後形成慣例至今。
民國64年	1975	改建左側護室，今安祀九天玄女，工程日期爲64年9月至65年2月。
民國68年	1979	大整修，工程項目有屋頂、地坪、油漆，時間爲農曆68年4月至69年3月。
民國81年	1992	委由林彭傳承包彩繪工程。

註釋

[1] 創建於明永曆年間說法，坊間眾多刊物均持如此論述，在此可以以王文桂編撰《香山天后宮湄洲天上聖母簡介》（香山天后宮管理委員會印行，民國70年元月出版）一書為代表，見該書〈香山天后宮沿革〉，頁28。

[2] 如林衡道《鯤島探源》第一冊（青年戰士報社，民國74年元月再版），頁165，即是持此說。

[3] 見溫國良編譯《台灣總督府公文類纂宗教史料彙編——明治二十八年十月至明治三十五年四月》（台灣省文獻委員會，民國88年6月），頁444。

[4] 散見鄭用錫《淡水廳志稿》卷一〈祠廟〉（台灣省文獻委員會，民國87年3月），頁53-55。

[5] 詳見陳朝龍著，林文龍點校之《合校足本新竹縣采訪冊》（台灣省文獻委員會，民國88年1月），卷四〈竹塹堡祠廟下〉，頁205。

[6] 鄭鵬雲等《新竹縣志初稿》，（台銀文叢第61種，民國48年11月），頁114。

[7] 詳見《淡新檔案》（國立台灣大學校註出版編輯委員會，國立台灣大學出版，民國84年9月）第一編〈行政・總務類・禮儀〉，檔案編號：11101.1-2頁1。

[8] 可詳見鄭鵬雲前引書，頁114。如花橋公宮同治年間建、大眾廟道光年間建、福德廟同治年間建、夫人媽廟光緒十五年建、一善堂光緒十一年建、靈興宮道光十三年建等等均是例證。

[9] 詳見陳國川等《台灣地名辭書・卷十八新竹市》（台灣省文獻委員會，民國85年9月），頁192-198。

[10] 同上註。

[11] 陳國川前引書，頁204。

[12] 陳國川前引書，頁214。

[13] 鄭用錫前引書，頁13。

[14] 陳培桂《淡水廳志》（台銀文叢第172種，民國52年8月），卷十五〈附錄一文徵上〉，頁403-404。

[15] 陳培桂前引書，卷七志六〈武備志·海防〉，頁183。

[16] 陳朝龍前引書，頁25。

[17] 不著撰人《新竹縣制度考》（台銀文叢第101種，民國50年3月），頁10。

[18] 陳朝龍前引書，卷七風俗〈土著風俗〉「商賈」條，頁363-365。

[19] 同前註。

[20] 同前註。

[21] 見《台灣私法物權編》（台銀文叢第150種，民國50年1月），第八冊第四章〈宗教〉，頁1448。另有關新竹塹郊金長和與會所長和宮之研究，可參考拙著(1)〈新竹行郊初探〉，《台北文獻》直字第63、64期合刊，民國72年6月；(2)〈塹郊金長和與長和宮〉，《新竹市三級古蹟長和宮修復計畫》，中華大學建築與都市計畫學系，民國86年3月。

[22] 林衡道《鯤島探源》第一冊，（青年戰士報社，民國74年元月再版），頁165。

[23] 詳見《新竹市鄉土史料》（耆老口述歷史叢書第15種，台灣省文獻委員會，民國86年6月），頁274。

[24] 同前註前引書，頁232。

[25] 張德南等採訪《新竹市耆老訪談專輯》（新竹市民政局，民國82年6月），頁78-79。

[26] 王文桂前引書，頁30。

[27] 此故事詳細內容可參見王文桂前引書，頁23-34。亦見(1)施翠峰《思古幽情集》第二冊（時報文化出版公司，民國66年5月五版），〈太子與城隍爺〉，頁81-86；(2)林藜《寶島搜古錄》第三集（台灣新生報，民國67年3月）〈新竹城隍威赫赫〉，頁107-115。

[28] 張德南〈新竹都城隍廟的歷史沿革與信仰研究〉，收於《第三級古蹟新竹都城隍廟調查研究暨修護計畫》（李乾朗主持，社稷工程顧問有限公司，民國94年6月），頁21-22。

[29] 同註22前引書，頁232-233。

[30] 同註28。

[31] 詳見葉錦爐〈媽祖信仰叢談〉，《竹塹文獻》第21期，2001年10月號，頁96-98。

[32] 陳朝龍前引書，頁375。

[33] 鄭鵬雲《新竹縣志初稿》（台銀文叢第61種，民國48年11月），頁179。

[34] 愻我氏《百年見聞肚皮集》（新竹市立文化中心，民國85年2月），頁100-101。

[35] 王文桂前引書，頁65。

[36] 張德南《新竹市志》卷七〈人物志〉（新竹市政府，民國 86 年 12 月）第九章，鄉紳「林秀春」條，頁 249-250。

[37] 同註21。

[38] 王文桂前引書，頁64-65。

[39] 同前註。

[40] 溫國良前引書，頁 244-245。

[41] 此寺廟調查書影本，爲梁明昌兄影印提供，謹此說明，並申謝忱！

[42] 張德南前引書，第五章學藝「李逸樵」條，頁 145。

[43] 張德南前引書，「鄭秋涵」條，頁 143。

[44] 張德南《續修新竹市志》下冊（新竹市政府，民國 94 年 11 月初版），卷八〈人物志‧工商〉「鄭拱辰」條，頁2013-2014。

[45] 同上註前引書，「鄭肇基」條，頁2014-2017。

[46] 參見(1)施翠峰《新竹市志》卷八（藝文志）（新竹市政府，民國 94 年 11 月初版），第三篇藝術第五章「書法」，頁 242；(2)同註42 張德南前引書，「吳祿」條，頁 142。

[47] 鄭鵬雲前引書，頁 114。

[48] 參見(1)江燦騰〈新竹市佛教發展史導論〉，《竹塹文獻》第 21 期，2001年10月號，頁24-25；(2)闞正宗〈新竹市淨業院〉，《台灣佛寺導遊》，第三冊（菩提長青出版社，1992年7月三版），頁 89-92。

[49] 參見(1)王文桂前引書，頁30；(2)周錦文口述歷史，《新竹市鄉土資料》，頁274；(3)同註31，葉錦爐前引文。

[50] 林衡道《台灣古蹟全集》，第一冊（台北，戶外生活雜誌社，民國 69 年 5 月），頁395。

51 此寺廟調查表，亦爲梁明昌兄影印提供，再申謝忱！

52 以上除現場測繪採訪外，另見王文桂前引書，頁43。

附錄

羅東震安宮建置沿革小考

賴俊嘉、卓克華

第一節　前言

　　羅東震安宮原名天后宮，創建於清道光十七年（1837），為羅東鎮上最早建立之媽祖廟。位於宜蘭縣羅東鎮仁和里中正路35號，為羅東鎮商業中心地帶，廟前為中正路，左為民族路，後為中正街，該地為羅東商業發展最早的地區，在清代、日治時期被稱為「羅東街」，亦是今日羅東最為繁榮的地區。震安宮廟貌雄偉莊嚴，主祀天上聖母，從祀觀音大士、十八羅漢、比干聖相、幽冥教主、三官大帝、關聖帝君、開漳聖王等，祭祀範圍涵蓋羅東、冬山、五結、三星，為溪南地區最重要的信仰中心。本文將探討震安宮創建年代考、震安宮沿革考等，以期對震安宮之歷史發展能有基礎性的認識。

第二節　震安宮之創建年代考

　　關於早期記載震安宮之文獻，由於史料甚少，至今僅見於陳淑均《噶瑪蘭廳志》卷三〈祀典志〉中，且極為簡略，記載如下：

　　一在羅東街，居民合建[1]。

　　從上文來看，陳氏不僅未紀錄震安宮之創建年代，甚至連創建者為何人，亦全無任何記載，震安宮之相關記載僅九字而

已，因此難以確認震安宮正確之創建年代。大正十三年（民國十三年，1924）之〈寺廟台賬〉，更將創建年代記為「不詳，大凡百年前[2]」。

　　根據目前極為有限的相關史料及文獻整理，有兩種說法，一說為清嘉慶二十二年（1817）；一說為道光十七年（1837）。

　　震安宮於嘉慶二十二年（1817）建立之說，僅見於黃明田等編《羅東鎮志》第十篇宗教篇，其文如下：

　　該宮肇基於1817年（清嘉慶22年），相傳，當時由一「行腳僧」從福建湄洲聖女林默娘祖廟，背負分靈聖像金身渡海來臺，輾轉抵達羅東落腳，由地方仕紳倡議募捐建廟[3]。

　　該志附錄之〈大事記〉亦如此記載：

　　1817（清嘉慶22年），義和里震安宮創建[4]。

　　而震安宮於道光十七年（1837）建立之說，則普遍為多數人所信，大部分的史料、文獻、著作皆記載該年為建廟年代。廟方人員逢慶典、廟志簡介亦是將該年作為建廟年代之基準。

　　震安宮於道光十七年（1837）建立之說，最早出自於大正十四年（1925）一月，當時震安宮修建主事胡慶森，於後殿右壁立之〈震安宮沿革碑〉記：

　　……蓋東勢居民樂捨緣金貳千元以為工資建築壹棟為始。至同治六年七月六日被風颱襲壞，彼時有五結庄黃永在為發起，對於東勢居民募集緣金四仟圓重築棟。直至光緒拾

捌年五月廟宇傾頹時，有十六分張能旺及羅東街陳謙遜兩氏再為主倡，由東勢土地甲數分攤募資壹萬伍仟圓築成貳棟……繼以民國拾壹年之地震廟勢因而傾斜，此時地方志士仁人鑑及斯狀，誠恐崩潰傷人，因而各提重建之計，時有胡慶森及王長春主倡，陳純精、張阿力、洪阿揜、胡慶周、盧琳榮外數拾名贊成，更對蘭東居民募集緣金叁萬捌仟圓建築叁棟，以民國拾貳年拾月至翌年拾貳月竣工，凡歷拾肆個月而全部告竣。蓋自始至今，歷啓其經過年間，約有九拾年之久矣[5]。

以上碑文雖未明確列出震安宮之創建年代，但碑中提到「蓋自始至今，歷啓其經過年間，約有九拾年之久矣。」將立碑的時間（大正十四年，1925）上推約九十年為道光十五年（1835），接近道光十七年（1837），可知震安宮之創建年代約是道光十七年（1837）之說法的由來。

震安宮管理委員會於民國七十一年編《羅東震安宮修建落成鎮殿慶典手冊》，其中〈羅東震安宮修建簡介〉，內文如下：

本宮奉祀福建湄洲聖女林默娘祖廟分靈之主神天上聖母，先賢於前清道光十七年（公元一八三七年）建廟壹棟為始，歷經同治六年（公元一八六七年）、光緒十八年（公元一八九二年）及民國前八年（公元一九〇五年）先後共四次向「東勢」居民募集緣金為新（重）建廟宇經費[6]。

此外，震安宮管理委員會昔主任委員劉圳松，於民國

七十二年（1983）春節，於後殿右「震安宮開山門下一派功德先賢神位」旁之牆壁有〈功德堂緒緣〉，由羅東高工創校校長陳崑撰文[7]，記載如下：

> 羅東震安宮始建於前清道光十七年（一八三七），奉祀主神為天上聖母，迄今歷時一百四十五載，其間經過五次修（重）建，而達日令規模。據考，當初有一行腳僧從福建湄洲聖女林默娘廟背負聖神金身渡海來台，輾轉抵羅，旋即募集緣金興建廟宇以供，此乃本宮開山禪師[8]。

游謙、施芳瓏合著之《宜蘭縣民間信仰》，是依據上文〈功德堂緒緣〉所述，來編寫震安宮之沿革，其文如下：

> 清末，羅東已是蘭陽平原溪南地區的重鎮，並有水路通往溪南大港，及加禮宛港。據廟壁所刻沿革記載，當初有一位行腳僧，從中國福建湄洲媽祖廟背負一尊金身渡海來台。相傳，他是從加禮宛港上岸，輾轉來到羅東定居，不久，即招募緣金建廟。當時東勢（包括羅東堡、清水溝堡、二結堡、打那美堡、茅仔寮堡、利澤簡堡）居民踴躍捐資，達2000元，於道光17年（1837）創建本廟[9]。

震安宮管理委員會於民國九十七年（2008）編《宜蘭縣媽祖弘道協會第六次聯誼會手冊》，其中〈羅東震安宮建廟經緯〉，內文如下：

> 羅東震安宮（下稱：本宮）原名天后宮，於清道光十七年（按，一八三七）奠基，建廟壹棟為始，經先賢重建，

首有五結庄黃永在氏在同治六年（按：一八六七），次為十六份張能旺與羅東街陳謙遜兩氏於光緒十八年（按：一八九二）發起，續由五結庄黃禮炎氏在民國前八年（按：光緒三十年，一九〇四）重建，先後四次向「東勢」居民募集緣金建廟[10]。

綜合以上文獻及史料來看，筆者對於《羅東鎮志》所採用之依據是有疑問的，《羅東鎮志》在對於震安宮記載之註釋中，雖表示震安宮創建年代有兩種說法，然其最終卻採用嘉慶二十二年（1817）作為創建年代，其最主要之依據為同樣引用自陳淑均《噶瑪蘭廳志》之記載，其文如下：

一在廳治大堂之右，東向；一佛堂，一外廳，一庭院，前後俱三楹。中奉神及觀音塑像，左奉火神，右奉藥王牌位。嘉慶二十二年，官民合建。護通判范邦幹額曰：「瀛海慈航」，通判高大鏞額曰：「祥凝福海」[11]。

從以上記載來看，「廳治大堂之右」所言之「廳治」是指噶瑪蘭廳之廳治所在地，而非是指羅東巡檢司，即使是指羅東巡檢司，然而當時羅東巡檢司是位於宜蘭城內[12]，是由於當時羅東地區「因該處墾荒未透，政務亦簡[13]」，並非設在羅東地區。因此，以上記載的，應是當時位於今宜蘭市內，已不存在之一間媽祖廟，而非指震安宮。問題是，以上記載之後，排版完全沒有分段，便直接連貫到「一在羅東街，居民合建。」，《羅東鎮志》會將嘉慶二十二年（1817）列為震安宮創建年代，可能是《羅東鎮志》宗教篇之編者許純蓮、黃明田等人，

在考證《噶瑪蘭廳志》時,頗有可能將兩間廟之記載混淆,誤認為一篇,並抄錄史料錯誤,以及對於當時羅東司巡檢設置地並未考證周詳,因而將嘉慶二十二年(1817)誤列為震安宮之創建年代。

而要推論出震安宮之大致創建年代的方法,從《噶瑪蘭廳志》初稿、定稿之完成年代以及柯培元《噶瑪蘭志略》的內容、成書年代,也可看出一些端倪。《噶瑪蘭廳志》初稿完成時間,據《噶瑪蘭廳志》之〈自序(二)〉所言:「『蘭廳志』一編,粗就於壬辰之秋[14]」,「壬辰」指道光十二年(1832),初稿共十卷分八門。陳淑均於道光十四年(1834)內渡,道光十八年(1838)應鹿港文開書院之聘再次來台,在授課之餘,繼續收集、補充蘭廳資料,於道光二十年(1840)完成定稿,共八卷十二門。

而《噶瑪蘭志略》作者柯培元,於道光十五年(1835)任噶瑪蘭廳通判,在任僅一個月而去,在離去之前抄襲、整編陳淑均《噶瑪蘭廳志》初稿才內渡,即將《噶瑪蘭廳志》初稿內容進行整理與增補,完成《噶瑪蘭志略》十四卷,最多僅是記載道光十二年(1832)至道光十五年(1835)之事。而《噶瑪蘭志略》之〈寺觀志〉,並未記載震安宮之存在,因此或能證明在道光十五年(1835)之前,震安宮仍未創建,亦證明《噶瑪蘭廳志》於道光十二年(1832)寫成之初稿,也應該未有記載震安宮之創建記錄。而《噶瑪蘭廳志》於道光十八年(1838)續修時,記錄震安宮之事雖僅九字,然已可證實在《噶瑪蘭廳志》定稿之前(即道光十八年),震安宮就已建立。換言之,道光十七年(1837)應是震安宮之創建年

代，也意外提供了一條柯培元抄襲陳淑均之證據。至於《噶瑪蘭廳志》對於震安宮之記載僅九字，應是陳淑均在道光十八年（1838）續修《噶瑪蘭廳志》時，震安宮已存在，但未詳細記載何時創建，可能是不能確定震安宮之創建年代，也有可能是因為當時建築震安宮之工程尚未完竣，而不便論斷創建年代，因此僅簡略記載九字。而另一方面，《噶瑪蘭志略》之〈寺觀志〉，雖有記錄當時宜蘭地區已建立之廟宇，但內容大體上都是抄錄自《噶瑪蘭廳志》初稿，且該書於宜蘭地區之媽祖廟之記載中，並未看到當時羅東地區有建立媽祖廟之記載，因此可證實《噶瑪蘭廳志》初稿完成之時，震安宮還未建立，亦可證實震安宮之創建年代，範圍已縮小至道光十六年（1836）至道光十八年（1838）之間，因此，至今為廟方與大部分著作所採用之道光十七年（1837）建廟的說法，是較為合理的。

由於震安宮早期史料極為缺乏，目前廟中所能見到最早期的第一手文史資料，只有大正十三年（民國十三年，1924）第四次修建時所遺留的一些石柱、柱聯、雕刻，以及牆堵上的一些碑文而已，至於震安宮現有典章禮儀、行事記述、文史記載等資料，皆是從民國六十一年（1972）第五次修建才開始點滴彙集[15]，史料收集與記錄的年代相當的晚，因此僅能依照現有史料加以推論與證明，若往後能找到更多與震安宮創建年代有關之第一手史料，就更能詳加釐清震安宮之創建年代了。

第三節　震安宮沿革考

　　如上文考證，震安宮創建於道光十七年（1837），據傳，當時有一位行腳僧[16]，自福建湄洲媽祖廟，背負媽祖聖靈金身渡海來台[17]，從加禮遠港登陸，並輾轉抵達羅東落腳，當地士紳為求船貨平安，於該年倡議由當地東勢地區居民，募捐兩千銀元於渡頭附近（即今址）建廟，安奉天上聖母媽祖，為震安宮建廟之始。廟成之後，每年仲春海水漲潮時刻，由加禮遠港（今宜蘭五結鄉清水大閘門海口），乘舟渡海回歸母廟謁祖[18]。然而，當時倡議建廟之仕紳為何人，由於早年史料極為缺乏，無詳細記載，僅知「居民合建」，可知並非官廟系統，時至今日，今人更不得而知其詳情了。

　　不過，回溯當年之創建背景，道光年間時羅東已是蘭陽溪南地區之重鎮，有水路由阿束社（今開明里一帶）南門港（今羅東國小旁）通往蘭陽溪南之加禮遠港，以運送糖、米等各種貨物，為當時羅東最重要的經濟命脈，亦對於往後羅東成為溪南地區重要的商業、貨物轉運中心，具有非常深遠的影響。羅東街在當時，由於其地利之便，而成為附近各庄居民前往縣城的必經之地，羅東街上的神祇自然成為來自四方的信眾祈求平安的對象。而天上聖母為超越先民祖籍的神格，能夠滿足先民精神上的需要，成為祈求海上運輸、貿易、漁獲以及事業平安的對象。該地域內人群的宗教結合，亦是基於地利之便，而衍生出的地緣祭祀範圍關係。鄰近地區在未建立自己的廟宇，或

沒有奉祀更高神格的主祭神之前，就會先認同羅東境內的主祭神[19]。也就是說，該信仰的祭祀範圍，通常會結合有地利之便的鄰近地區，各項祭祀或慶典活動的涵蓋面積變得相當廣，因而逐漸結合、擴大成為超村落的祭祀範圍，震安宮會成為今日羅東、冬山、五結、三星等溪南地區之「主母廟」，便是因為如此背景。

清同治六年（1867），由五結庄仕紳黃永在[20]發起修建，向東勢居民募集資金四千銀元，將震安宮修建為前中後三殿之格局，中奉聖母，後祀觀音，樓上奉祀水仙尊王[21]。此次修建不僅擴大廟宇規模，亦開始奉祀天上聖母之外的神明。光緒十八年（1892）五月，由十六份（今羅莊里）士紳張能旺與羅東街總理陳謙遜兩人發起修建，向東勢居民以各人擁有土地多寡份數來分攤建廟經費之方式，共籌得一萬五千銀元，將震安宮建為兩落式建築[22]，並於次年完工[23]。

據〈震安宮沿革碑〉以及《羅東鎮志》、《宜蘭縣民間信仰》、《宜蘭縣媽祖弘道協會第六次聯誼會手冊》之〈羅東震安宮建廟經緯〉等相關記載，光緒二十年（1894）三月二十二日，震安宮曾為火災所毀，由五結庄民黃禮炎發起重建，向東勢居民募集資金四千六百元，於明治三十七年（光緒三十年，1904）十一月二日重建，將震安宮重建為僅有一落之建築[24]。

但筆者對於以上說法是有疑問的。首先，筆者查閱有關宜蘭、羅東地區記載，大部分皆無光緒二十年（1894）羅東地區發生火災之記載。有之，則是筆者於《羅東鎮志》之〈大事記〉與白長川於民國八十四年（1995）於臺灣史蹟源流研究會發表之論文〈我的故鄉——羅東文化發展的初探〉中，才發

現有光緒十八年（1892）除夕，羅東街（今中正路）曾有發生火災之紀錄，由於當時羅東街菜市場商販搭建草棚遮雨防曬，且羅東街路狹窄，造成大火延燒街道兩側店舖與民宅[25]，當時羅東街總理陳謙遜之藥鋪與總理辦公室，以及羅東南門木橋，皆被大火燒毀[26]，可見災情相當慘重。陳謙遜處理災後重建問題，將羅東街道拓寬，使街路兩側店舖各退後一丈半，使羅東街放寬至六丈（約十八公尺）。因此，筆者推測震安宮應是於光緒十八年（1892）被火災燒毀，陳謙遜進行災後重建，或是羅東街拓寬之時，亦有籌劃震安宮之重建事宜，該年並非一般說之「改建」，而是「重建」，並於次年建成。換句話說，上次重建原因可能因火災或因拓寬街道，或是兩者皆有之情況。而且，震安宮在當時已是溪南地區之信仰中心，對先民們來說是非常重要的信仰中心，若是光緒二十年（1894）被火災燒毀，照理來說應會馬上籌劃重建事宜，並募集重建資金，而非讓震安宮荒廢十年後，直到明治三十七年（光緒三十年，1904）才發起重建事宜。據台灣總督府於明治二十八年（光緒二十一年，1895）十月至明治三十五年（光緒二十八年，1902）之公文檔案，有當時記載震安宮之建築物坪數為四十四坪、用地之坪數為一千一百四十坪，以及「建立年度」為光緒十九年（1893）[27]，此應是指「重建完成」之年，依此推論當時震安宮應還是存在的，且是一落式建築。若依照光緒二十年（明治二十七年，1894）震安宮被火災燒毀，十年後才重建之說法，在總督府記錄公文檔案這段年代，震安宮之廟地在當時應是一片廢墟或空地，總督府如何能記錄震安宮用地之坪數與建立年代？筆者推測，可能光緒十八年（1892）除夕發生

火災，不得不在光緒十九年（1893）重建，而於光緒二十年（1894）落成。可能因爲災害甚大，居民財力有限，也有可能拓寬街道時，會損及某些居民的既得利益，在擾擾嚷嚷爭執的時代背景之下，原先預定建爲兩落式，卻僅能暫時先建立一落式之廟宇。雖欲繼續興建，但緊接著乙未割臺，地方騷動不已，因此可能修建工程延宕，時斷時續，未有結果，直到明治三十七年（光緒三十年，1904）才又發起重建事宜。

大正十一年（民國十一年，1922）九月二日，震安宮爲地震所毀，由新協泰商號之胡慶森與王長春二人主倡，與羅東街長陳純精、地方仕紳藍新、藍廷珪、嚴欣榮、張阿力、洪阿撻、胡慶周、盧琳榮、陳振光、陳進財、黃承爐、林玉麟、林燦然、蔡士添、潘豐灶等數十名地方有力人士發起重建事宜[28]，向當時溪南地區居民募集資金三萬八千日元。其中主事胡慶森曾因募款不順，事先代墊工款達兩萬六千日元，導致他的事業大受影響，此舉感動地方仕紳，大家因此才紛紛解囊樂捐[29]。於大正十二年（民國十二年，1923）十月動工，至翌年十二月完工，歷時十四個月[30]。

大正十二年（民國十二年，1923）之《臺灣日日新報》中的〈羅東特訊〉，亦用不小的篇幅報導震安宮修建之事（**附圖一**），相關報導如下：

> 羅東天后宮重修一事屢登前報，這番因申請中之捐款，有
> 受過郡當局內示，不日方得批准，但興工之日既迫，而捐
> 款及他諸項尚未協議，故于云十六日由發起人招集郡下信
> 徒二百餘名，在同街奠安宮內，協議前記諸項。自午前十

附圖一　大正十二年（1923）《臺灣日日新報》之震安宮修建報導

資料出處：〈羅東特訊〉，《臺灣日日新報》，1923年9月25日，版4。

時由發起人陳街長起敘開會辭，次今井郡屬說明申請寄附募集許可經過，其次由藍廷珪氏說明重修之急務，並提出前記數項附議，來會者滿場一致贊成。至于捐款一事，亦得踴躍釀出之狀，聞是日選出胡慶森、林燦然，為實行董事，又選舉林玉麟、陳順德、黃丹晟等為工事監督，又該廟之方向再擇坐西向東，至正午散會移別室開宴云。

羅東天后宮重修一事，既去十六日開實行協議會，欲行諸事均已定著，來會者釀出捐款之踴躍難以言狀。協議之日在中食酒席上，互相釀出者不乏其人，資其應募者申達預定額，即胡慶森一千圓為最多，次藍振泰六百圓，朱林氏蘭、黃六成、嚴新榮各五百圓，張阿力二百四十圓，吳查某三百圓，陳連全、王長春各百二十圓，吳榮坤、廖志德、吳乞食、林邱玉生、江兆麟、游耕雲各百圓，謝清福、何水養各八十圓，其五十圓、四十圓、三十圓不遑枚

舉。又林姓一同，竝靖邑縣會員一同，決定寄附石龍柱各一對，林余氏有、林張氏玉女、昭邑縣、龍溪縣、和邑縣會員，一同寄附正點石柱各一對，又陳明德、嚴瑞月、崑和社、金浦縣會員一同寄贈副點石柱各一對，林阿添、嚴新榮，正點柴柱各一對，右兩廊四角石柱七對即黃阿敏、洪阿揷、胡慶周、盧琳榮、黃丹晟、陳鄭順、張開章，既寄附足數云[31]。

從上文來看，震安宮修建之捐獻者可說是相當的多，捐獻者之姓名在今位於震安宮正殿左廊之捐題碑文中有所記載。捐獻之文物，如上文中所提之龍柱、廊柱、正殿點金柱，至今仍還存在（**附圖二、附圖三**）。較令人感興趣者，廟之坐向「再擇坐西向東」，則清代羅東震安宮之座向，有可能是坐東向西。

並且，震安宮於大正十五年（民國十五年，1926）舉辦入醮與落成式，由於參拜者甚多，鐵道部甚至於宜蘭與蘇澳間加開臨時列車，相關報導如下：

羅東震安宮，去十八日前九時，舉行落成式。十六、十七兩日先行入醮與祭典，蘭陽三郡參拜者甚多。鐵道部于宜蘭蘇澳間，加發臨時列車一日三往復，自羅東驛乘降遊客。二日間有二萬百四十名，其他附近部落來集者，約三萬人。結壇、演戲、放水燈，異常熱鬧，水燈及壇頭特等者，贈與優勝旗及金牌。祭典中警官、消防組、壯丁團，協力取締交通，極為雜沓云[32]。

由上文可見，由於震安宮在宜蘭地區信徒人數眾多（約三

附圖二　位於三川殿之林姓一同
　　　　所捐贈之龍柱

附圖三　龍柱上之「林姓一同奉
　　　　獻」刻字

萬人），不僅加開臨時列車，亦要讓警察、消防隊、壯丁團出動，以維持該地秩序，場面空前浩大，實乃羅東地區之一大盛事，可見震安宮在羅東地方信仰上，佔有極重要的地位，亦可確定震安宮在當時，已是羅東地區香火鼎盛的廟宇。

　　該次修建不僅將建築外貌與內部結構修築爲今日之貌，廟名也正式定名爲「震安宮」。主事胡慶森於震安宮修建完成之後，命人於廟內後殿右壁雕上碑文，記載震安宮自創建以來之沿革與修建過程，以供後人瞻仰，然該碑因年代久遠，累經風化，或因光復初期，因其爲日治時代之舊文物，而遭到蓄意破壞而毀損嚴重（**附圖四、附圖五**）。該次修建是震安宮自道光十七年（1837）創建以來，最重要的一次修建。

　　民國六十一年（1972）十二月，有鑑於震安宮距離上次修建已歷近五十年，因年久失修，而有傾頹之危，由信徒邱聖雲、陳朝枝、林阿幼等人，倡議修建並成立震安宮修建小組，公推吳木枝爲主任委員，主持第一期修建事宜，募集資金十六萬兩千元進行小修，費時年餘完成廟內之修補工作[33]（**附圖六**）。

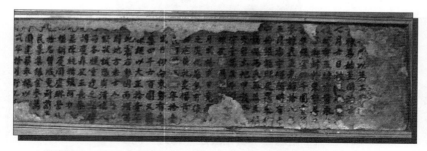

附圖四　大正十四年（1925）立之〈震安宮沿革碑（一）〉

附圖五　大正十四年（1925）立之
〈震安宮沿革碑（二）〉

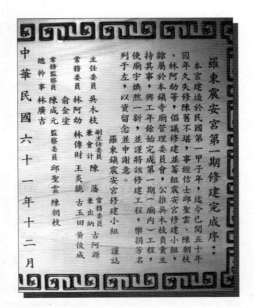

附圖六　民國六十一年（1972）立之〈羅
東震安宮第一期修建完成序碑〉

　　民國六十八年（1979），廟內樑柱開始腐朽漏水，蟲蛀侵蝕，廟壁龜裂，有崩塌之危，乃有重新修葺之議，由當時羅東鎮長陳圳鄉、震安宮管理人吳木枝、雷阿樹等人發起，於同年八月十二日成立「羅東震安宮修建委員會」，公推商界要人劉圳松為主任委員，羅東鎮前鎮長林洪焰為總幹事，主持修建事宜，於該年一月六日子時動工[34]，至民國七十一年（1982）一月底竣工。共計耗資新台幣千餘萬元之鉅[35]（**附圖七**）。

附圖七　民國七十一年（1982）立之〈羅東震安宮沿革碑〉

　　在修建完成之後，舉辦「震安宮修建落成鎮殿慶典」，於該月二十六日子時，舉行安奉主神鎮殿大典，巳時（上午九時至十一時）舉行唐制官式三獻典禮，午時（中午十一時至十三時）遙祭湄洲天上聖母謁祖大典。溪南地區四鄉鎮首長、民意代表與地方仕紳均應邀參加，全臺各地信眾亦蒞臨震安宮參拜，祭典共舉行三天，亦可見震安宮信仰之盛，爲地方公廟之地位。而震安宮亦準備「媽祖平安圓」，供信徒福食平安[36]。該次修建以太平山所產之檜木做爲修葺木料，並將廟宇整體外貌保持胡慶森於大正十二年（民國十二年，1923）修建時之式樣（**附圖八**），採取保存古蹟之態度進行整修，因此廣受各界好評[37]。

附圖八　民國七十三年（1984）震安宮之外貌

資料來源：宜蘭縣史館提供

　　震安宮於民國九十二年（2003）初，有鑑於距上次修建已逾二十年，受蟲蟻侵蝕、地震之故，而又日漸老朽，牆壁龜裂，樑柱腐朽漏水，因此便倡議再次修建。經震安宮第六屆第一次臨時信徒大會通過修建案，經第六屆第八次臨時管理委員會議，推舉正副主委莊來成、江錦坤、何振登三人為負責人，擔綱監督修建之大任，並與志工分職執事，共同分擔修建工程。修建工程於同年九月七日動工，翌年三月三十日舉行正殿主母樑之上樑典禮，由羅東、五結、三星、冬山等四鄉鎮之行政與民意首長，以稟文向主神天上聖母呈報修建工事[38]，迄民國九十四年（2005）九月中旬竣工，共耗資新台幣一千四百萬元左右，該次修建以經過防腐處理之進口紅木與檜木為建材進行修補，並以不鏽鋼、防水層等現代性建材為主幹，力求堅固耐用與長久，是為今日之貌（**附圖九**）。震安宮自道光十七年（1837）創建以來，已歷經七次修（重）建，沿革均置於正殿、後殿之壁上，以供後人瞻仰與見證[39]。

第四節　　結語

　　羅東震安宮在創建沿革史上，有兩處關鍵年代有分歧之記載，一是創建年代，有嘉慶二十二年（1817）與道光十七年（1837），一是第二次修建年代，有光緒十八年（1892）、光緒十九年（1893）、光緒二十年（1894）三說。然而，震安宮現有文史資料，皆是從民國六十一年（1972）第六次修建時，才開始零星蒐集與彙整[40]，史料收集與記錄的年代相當的晚，

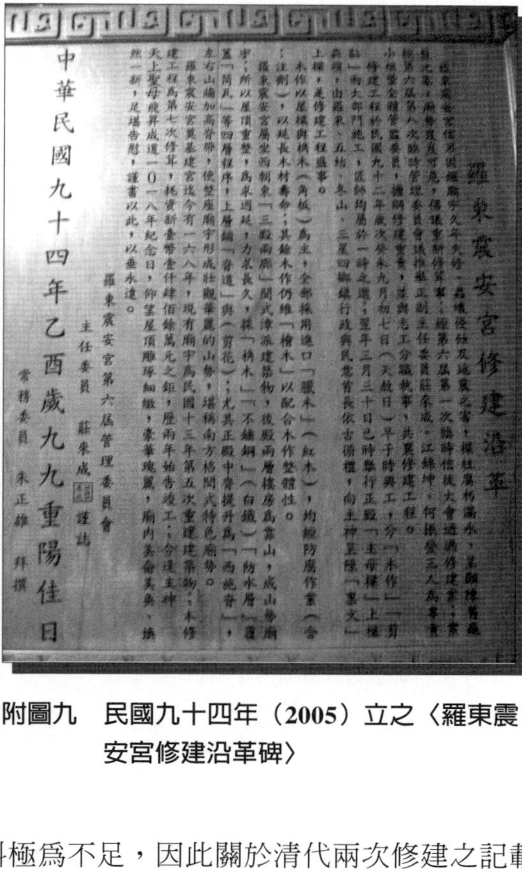

附圖九　民國九十四年（2005）立之〈羅東震
安宮修建沿革碑〉

早年之史料極為不足，因此關於清代兩次修建之記載，本文雖已有若干考證，還是值得後人商榷與考證的。

　　本文採用人類學之田野調查方式，實地調查震安宮內之柱、牆、碑、匾、神像、神桌、棟樑等文物，及建築構件，並輔以歷史文獻等，參考志書（縣志、鎮志）、耆老口述等交互運用之下，相信對震安宮之創建年代及沿革歷史已有清晰之釐清考證，並且意外得到柯培元《噶瑪蘭志略》抄襲陳淑均《噶

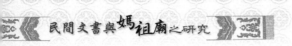

瑪蘭廳志》之一條有力證據，可謂意外之收穫。

　　最後將本廟創建、修建之沿革，列表如**附表一**，以清眉目，略作小結。

附表一　羅東震安宮沿革表

年代	事件	發起人	緣由
道光17年（1837）	震安宮創建	不詳	保佑水上航運平安
同治6年（1867）	震安宮第一次修建	黃永在	不詳
光緒19-20年（1893-1894）	震安宮第二次修建	張能旺、陳謙遜	火災、拓寬街道
明治37年（1904）	震安宮第三次修建	黃禮炎	承前次修建之續修
大正12-13年（1923-1924）	震安宮第四次修建	胡慶森	因地震而廟勢傾頹
民國61年（1972）	震安宮第五次修建	邱聖雲、陳朝枝、林阿幼	年久失修，有傾頹之危
民國68-71年（1980-1982）	震安宮第六次修建	陳圳鄉、吳木枝、雷阿樹	承前次修建之續修
民國92-94年（2003-2005）	震安宮第七次修建	莊來成、江錦坤、何振登	因建築老舊而修建

註釋

1 陳淑均，《噶瑪蘭廳志》，臺北：臺灣銀行經濟研究室，1963年，頁118。

2 中研院台史所藏，未出版。

3 黃明田等編，《羅東鎮志》，第十篇〈宗教篇〉，宜蘭：羅東鎮公所，2002年，頁622。

4 中華綜合發展研究院應用史學研究所編，《羅東鎮志》，附錄〈大事記〉，宜蘭：羅東鎮公所，2002年，頁792。

5 震安宮後殿右壁之〈震安宮沿革碑〉，1925年。

6 羅東震安宮管理委員會，《羅東震安宮修建落成鎮殿慶典手冊》，1982年，無頁碼。

7 羅東震安宮管理委員會，《宜蘭縣媽祖弘道協會第六次聯誼會手冊》，2008年，頁21。

8 抄錄自震安宮後殿右壁〈功德堂緒緣〉，1983年。

9 游謙、施芳瓏，《宜蘭縣民間信仰》，宜蘭：宜蘭縣政府，2003年，頁297。

10 同註7前引書，頁49。

11 同註1前引書，頁118。

12 同上註前引書，頁24。

13 同上註前引書，頁53-54。

14 陳淑均，《噶瑪蘭廳志》，〈自序（二）〉，頁9。

15 同註7前引書，頁45。

16 該行腳僧被稱為「開山禪師」，法號不祥，震安宮後殿功德堂立先賢神位以奉祀之。參見羅東震安宮管理委員會，《宜蘭縣媽祖弘道協會第六次聯誼會手冊》，2008年，頁21。

17 震安宮之「鎮殿媽」為軟身神像，四肢關節皆可活動與拆裝，為粉面媽祖，全高六呎三吋，為全台最高，亦是最秀麗的軟身媽祖神像。參見林福春，《清代噶瑪蘭寺院之研究》，台北：巨龍文化出版社，1993年，

頁154。

18 同上註前引書，頁20。

19 許淑娟，〈蘭陽平原祭祀圈的空間組織〉，臺灣師範大學地理研究所碩士論文，1997年，頁52。

20 黃永在（1802-1870）：五結庄仕紳，同治元年（1862），黃氏等七十四人為發揚傳統道德、振興讀書風氣，捐資組織羅東文宗社。黃氏亦是五結福德祠、聖母會之創設者。同治六年（1867）發起震安宮第一次修建。光緒十六年（1890）於羅東街興建孔廟（該廟於民國五十五年遷至北成里現址）。參見黃純善公祭祀公業管理委員會編，《黃純善公家系譜附家誌》，1986年，頁50-51。

21 震安宮後殿左壁之〈羅東震安宮沿革碑〉，1925年。

22 震安宮後殿右壁之〈震安宮沿革碑〉，1925年。

23 溫國良編，《臺灣總督府公文類纂宗教史料彙編（明治二十八年十月至明治三十五年四月）》，南投：臺灣省文獻委員會，1999年，頁277。

24 同註3前引書，頁623。

25 同上註前引書，頁700。

26 白長川，〈我的故鄉──羅東文化發展的初探〉，《臺灣史蹟源流研究會八十四年會友會論文專輯》，臺北：臺北市文獻委員會，1995年，頁212。

27 同註23前引書，頁277。

28 同註73前引書，頁50。

29 同註3前引書，頁624。

30 同註22。

31 〈羅東特訊〉，《臺灣日日新報》，1923年9月25日，版4。

32 〈羅東震安宮落成〉，《臺灣日日新報》，1926年1月20日，版4。

33 震安宮正殿左壁之〈羅東震安宮第一期修建完成序〉，1972年。

34 同註3前引書，頁625。

35 震安宮正殿右壁之〈震安宮修建沿革〉，1980年。

36 同註7前引書，頁49。

37 同上註前引書，頁50。

38 震安宮正殿左壁之〈羅東震安宮修建沿革〉，2005年。

39 同註7前引書，頁50。

40 同上註前引書，頁45。

後　記

　　提筆寫文章，對我一向不是難事，但這本書的〈後記〉，
卻一再延遲、擱置至今才勉爲動筆，其原因固然是生性疏懶，
又沾染文人氣息，終日泄泄，其他原因還有：

　　一、本書的出版原來打算作爲獻給學長文大教授吳智和
兄的榮退紀念，本以爲攝拾現成的電子檔，可以很快出書，預
計六月底正式出版，作爲獻禮，卻不料一拖再拖，延至八月底
才告一段落，編輯成書，更不料智和兄尚未辦理退休手續，從
此息肩悠遊林泉，竟然在七月十六日大去。智和兄與我相識相
交三十年，近十年我常在授課結束後，從宜蘭返回台北，搭計
程車直奔陽明山華岡文大宿舍，向其請益，兩人品茗促膝，論
學論世論人，有時長談夜深，反而承其叫車，送我下山回家，
其間交誼可眞應了古人所說的「平生風義師友間」，如今他無
預警的突然大故，我內心的震悼、遺憾、傷悲、哀痛，無以言
宣，命耶數耶？至今不能接受這事實，心情大受影響。暑期
中，我坐椅傾倒，傷及腰臀，針灸、推拿、貼藥，復健長達半
個月，而新學期已開始，開學伊始，驚聞小兒劭昌，不幸車
禍，送進林口長庚醫院治療，今雖出院，尚未痊癒，預計年底
拆線、拔鋼釘。諸事多磨，擾人煩心，唉！這眞是一個多事之
夏。在此寄語諸友好，年年健檢，善自珍攝，多加餐飯，馨香
祈福。

　　二、這本書本在兩年前就準備出版，但因論文篇數自覺不

多、分量不足，不敢出版，反倒是先行出版了《竹塹媽祖與寺廟》。兩年來又新寫了幾篇媽祖廟的論文，算算合計八篇，字數超過二十多萬字才決定出版。但因舊作多，新作少，頗感心虛，才遲遲不願提筆寫後記，內心始終有「要不要出版？」的困惑與矛盾。

這本書彙集了我多年有關媽祖廟研究的八篇論文，出版的動機，本就有將我歷年論文分類結集刊行的素願，另一方面也受到友朋的再三鼓舞敦促，而學生的需求也形成另一股動力。我在佛光大學、真理大學研究所，分別開設「寺廟與台灣開發史」及「台灣寺廟的調查與研究」兩門課程。說來慚愧，課程名稱不同，內容實同，只是偏重不一。課程內容其中有一段落專門討論台灣的媽祖信仰，我指定的參考論文多半屬於人類學者的著作（如林美蓉、張珣、黃美英等人著作），歷史學者雖有幾篇論文，但多是厚厚一本廟誌（如蔡相煇《北港朝天宮志》、王志宇《苑裡慈和宮志》等），學生們深感不便也不易閱讀，希望將我的媽祖廟論文結集出版，以便閱讀討論，就在這些內緣外因推動下，遂有了這本書的出版。

書名《民間文書與媽祖廟之研究》，說實在的，是有些湊湊興，趕趕時髦的意味，君不見近年「民間文書」與「媽祖信仰」課題方興未艾，形成一股流行風潮，區區在下，也湊上一腳並不為過，這點在志宇兄的序中已經點出。不過，這其中也有些紀念恩師的意味，回想三十年前我撰寫行郊碩論，時成大黃典權師，曾特別來函，要我注意「地方志書、民間材料，尤其碑文」，此後我之各種研究與眾多論文常善用碑文、民間材料，全拜恩師當年提示，志之，以示師恩，不敢或忘。

　　我對台灣古蹟史的研究長達三十年，著述汗牛，別有一番
會心，怡然自得。這些心得與經驗，我簡單地歸納爲兩句話，
台灣史的研究核心在「民間社會」，俗而有力，古蹟史的特色
在「立足田野，引經據典，析論意涵，突出實用」，其中論述
我不可能在〈後記〉中細說，有關寺廟部分可參考我三篇論
文：(1)〈台灣寺廟古蹟史發微〉（收入《從寺廟發現歷史》一
書中）；(2)〈台灣寺廟古蹟的認識與參觀〉；(3)〈台灣寺廟對
地方的貢獻〉（收入《竹塹媽祖與寺廟》書中），此處不贅。

　　不過，在此我還是有幾句話想說，特別是目前研究的毛
病與瓶頸處。在「民間文書」此一舊文獻與新史料的整理研究
中，近年形成一高潮，尤其是逢甲大學的歷史文物研究所獨領
風騷，建旆立幟，形成重鎭。文書不斷出土出刊，但整個學界
研究相形顯得不足，有分量的研究更少。「民間契約文書數量
的增多並不等於其學術運用價值的同步增長」（見業師，廈大
陳支平教授〈中國大陸開展民間契約文書研究的回顧與展望〉
一文，可見海峽兩岸都有相同現象），此其一。

　　其二，或許諸多民間文書內容涉及地方社會，非在地人
不易解讀，因此研究者多半是年輕的在地學子與在地文史工作
者，年輕學子初入史門，功力尙淺，不知如何運用解讀，重
建史實。文史工作者多非歷史科班出身，基本功訓練不夠，僅
憑著一般普通的文史知識研究，常有錯誤處，更易誤導一般大
眾。對於這些同道，我誠摯建議可去拜讀尹章義教授《台灣歷
史研究法大綱》（未正式出版，僅是講義）與黃卓權兄《進出
客鄉》（南天書局出版）作爲入門書，我之著述也可拋磚引
玉。

其三，學院派學者雖能認識民間文書的重要，也頗有一些導論性的介紹文章，可惜說得多，論得多，做得少，光說不練。彼所謂田野調查云云，說穿了只是收集一些文獻資料；訪談云云，能供參考者少，遑論憑信。尤其文書中的一些小地名、人名，非在地的學者更不易掌握著手，放眼當今台灣學界真能針對文書中地名作細緻深入研究者，恐推逢大的陳哲三教授，我屢屢拜讀其大著《古文書與台灣史研究》，每每有「嘆為觀止，出神入化」之感，實可作為文書中舊地名研究之典範。這些問題多出在缺乏對在地社會的認知與長期參與，形成深度不足的文章毛病。我的論文研究亦有如是毛病，雖然承蒙諸多在地友朋同好皆肯定我的研究結論，但亦批評我「總覺得少了一點泥土味」或「原汁原味」，即是指此。

其四，更麻煩的是學院派研究，喜套理論或企圖建構理論，但望風承流，趨趨時髦者眾，真能勝義獨出者少，而且「觀察視野和研究方法的單一化」（支平師語，同上引文），結論不免片面化、簡單化，不少學者運用「中國－台灣」「全國－區域」「國家－地方」「精英（雅、大傳統）－民眾（俗、小傳統）」截然二分的二元概念，作為分析研究歷史的工具，惟其割裂對立，好像彼此互不關聯，忽略其中千絲萬縷，牽扯互動的關係。尤其人類學者眾多論文中對歷史文獻的考證解讀，或粗疏，或忽視，或無知，和對明清時代典章制度的缺少基本素養，實在令人不敢恭維。

總之，對台灣寺廟的研究，我樂此不疲，目前累積多年的經驗、心得與素材，準備寫成《台灣寺廟調查方法論》（暫定），或許先行寫出通俗性的《閱讀台灣寺廟》（暫定），嘗

試作較全面性的介紹論述，願天假我以年，假我以助力與動力
的因緣，能夠寫出。智和兄，您在天之靈，就默佑我這個不成
材的學弟吧！

卓克華

于三書樓

2012年10月13日

國家圖書館出版品預行編目資料

民間文書與媽祖廟之研究 / 卓克華著. -- 初
版. --新北市：揚智文化, 2012.12
面；　公分. -- (揚智叢刊 ; 58)

ISBN 978-986-298-068-2（平裝）

1.寺廟 2.媽祖 3.民間信仰 4.古文書 5.臺灣

272.097　　　　　　　　　　　101024176

揚智叢刊 58

民間文書與媽祖廟之研究

作　　者 / 卓克華
出 版 者 / 揚智文化事業股份有限公司
發 行 人 / 葉忠賢
地　　址 / 22204 新北市深坑區北深路三段 260 號 8 樓
電　　話 / (02)8662-6826
傳　　真 / (02)2664-7633
網　　址 / http://www.ycrc.com.tw
 E-mail　/ service@ycrc.com.tw
印　　刷 / 鼎易印刷事業股份有限公司
 I S B N　/ 978-986-298-068-2
初版一刷 / 2012 年 12 月
定　　價 / 新台幣 450 元